대학 글쓰기1

개정판

대학 글쓰기 1

초판 1쇄 발행 2019년 3월 15일
개정판 1쇄 발행 2026년 2월 28일

편자 서울대학교 대학글쓰기1 교재편찬위원회

펴낸곳 서울대학교출판문화원
주소 08826 서울 관악구 관악로 1
도서주문 02-889-4424, 02-880-7995
홈페이지 www.snupress.com
페이스북 @snupress1947
인스타그램 @snupress
이메일 snubook@snu.ac.kr
출판등록 제15-3호

ISBN 978-89-521-3968-9 03710

개정판

대학 글쓰기1

서울대학교 대학글쓰기1 교재편찬위원회 편

서울대학교출판문화원

머리말

글을 잘 쓰고 싶다는 생각을 해 보지 않은 사람은 드물 것이다. 글을 쓴다는 말에는 서술형 답안이나 논문을 작성하는 일, 이메일을 보내거나 인터넷 게시판에 글을 올리는 일 등 실로 다양한 작업이 모두 포함된다. 이런 일을 '잘' 한다는 것은 과연 무엇을 의미하는가? 좋은 글에 대한 어떤 약속이나 합의가 과연 존재하는가? 때와 장소에 맞추되 개성 있는 차림새를 갖춘 사람에게 '옷을 잘 입는다'라고 흔히 말하듯, 때와 장소에 맞게 창의적으로 쓴 글을 가리켜 우리는 잘 쓴 글이라 대체로 일컫는다. 자신이 쓰는 글의 목적을 분명히 파악하고, 읽는 이와의 소통과 교감을 지향하면서, 자신의 의견과 감정을 효과적으로 전달하는 일이야말로 글쓰기의 성패를 좌우한다고 할 수 있다.

글쓰기 교육이 가능하거나 필요한 지점은 바로 여기에 있다. 타고난 글재주만으로는 때와 장소에 맞는 독창적 글쓰기를 수행하기 어렵다. 먼저 자신이 어떤 글을 왜 쓰는가를 명확히 인식하는 과정에는 '주제 잡기'라든가 '자료 수집하기'와 같은 일정한 지침에 따른 훈련이 반드시 수반되어야 한다. 또한 글쓰기의 대화적 속성에서 기인하는바 효율적 의사소통을 이루기 위해서는 '정의'나 '비교', '분류' 등과 같은 여러 유형의 글쓰기 방법들을 익힐 필요가 있다. 무엇보다 이 모든 과정은 자신이 속한 공동체의 윤리에 위배되지 않는 방향으로 이루어져야 하기에 글쓰기 윤리에 관한 교육 또한 필수적이다.

소속과 전공의 구분 없이 모든 학생에게 '공통핵심역량 교육', '융합 교육', '글로벌 교육'을 제공하는 서울대학교 학부대학 출범은 위에서 서술한 다양한 글쓰기 역량의 함양과 변화를 요청한다. 2025년 학부대학 설립에 발맞추어 2026년 개편되어 나오는《대학 글쓰기 1》은 교양 교육 혁신에 있어 글쓰기가 갖는 중요성에 대한 여러 필진의 공통된 인식을 바탕으로 쓰였다. 인공지능과의 지적·정서적 협업이 더 이상 낯설지 않은 이 시대에 서울대학교《대학 글쓰기 1》 교재를 개편하는 작업은 대단히 보람되면서도 어쩐지 낯선 작업이기도 했다. 이 보람과 낯섦에는 교재편찬위원들의 여러 고민이 깃들어 있다. 교재 집필 전 과정이 필자 모두의 대화와 토론으로 이루어졌으나 한 사람이 한 장(chapter)을 특별히 책임지는 형식을 취했다. 간혹 의견 대립이나 관점의 충돌도 있었지만 대체로 놀라울 만큼 소통은 생산적이었고 과정은 순조로웠다. 이에 제1부는 손유경, 제2부 1장은 김승민, 2장은 김명운, 3장은 정길수, 4장은 문숙영이 각각 담당했다. 이어지는 제3부 1장은 허윤, 2장은 이은주, 그리고 제4부는 차익종이 맡았다. 제5부 '함께 읽기'에는 교재편찬위원회가 엄선한 모범적 지문이 여러 편 실려 있다. 시대는 빠르게 변하고 있지만, 좋은 글 읽기가 좋은 글쓰기의 왕도라는 사실만큼은 변하지 않는다. 모쪼록 이 책이 좋은 글에 대한 갈증을 느끼는 서울대학교 학생들의 해갈에 다소나마 도움이 되길 바란다.

2026년 1월 30일

서울대학교 대학글쓰기1 교재편찬위원회

차례

3 글쓰기의 방법

4 글쓰기의 실제: 논증하기

5 함께 읽기

1

대학 생활과 글쓰기

1 글쓰기의 의의

글을 쓰는 이유

우리는 왜 글을 쓰는가? 사람들은 자신의 느낌이나 생각을 표현하고 전달하기 위해 글을 쓴다. 인간이 자신을 표현하고 전달하는 방법은 다양하다. 말이나 글과 같은 언어적 방법도 있고, 손짓이나 발짓, 표정 같은 비언어적 방법도 있다. 이 가운데 복잡하고 창조적인 생각을 표현하고 전달하는 데 가장 효과적인 것은 언어적 방법이다. 인간은 언어를 통해 비로소 복잡한 사유를 표현하고 전달할 수 있게 되었다.

이처럼 인간은 언어를 통해 생각을 표현하지만, 우리의 사유 자체가 언어를 통해 구성되기도 한다. 언어는 단순한 표현 수단이 아니다. 말과 글은 우리의 생각과 느낌을 표현하고 전달하는 동시에 바로 그런 생각과 느낌을 생성하는 역할을 한다. 특히 글은 말이 할 수 없는 일을 한다. 글은 이미 존재하는 생각을 담는 그릇이라기보다 생각 자체를 가능케 하고 구성하며 변화시키는 과정이다. 글을 쓰는 과정을 거치면서 인간의 사유는 비로소 싹트고 개발된다.

이렇게 개발된 사유가 궁극적으로 지향하는 것 가운데 하나가 바로 타인과의 소통이다. 글쓰기를 통해 우리는 시간과 공간에 구애받지 않고 대화를 할 수 있다. 말도 중요한 소통 수단이지만 일회적일 뿐 아니라 말하는 사람과 듣는 사람이 같은 시공간에 속해 있어야 한다는 점에서 여러 제한이 있다. 또 말로는 지식을 축적하기가 쉽지 않고 그 내용의 폭과 깊이도 제한된다. 그러나 글은 말의 한계를 넘어 축적된 지식을 바탕으로 다수의 독자와 지속적이고 깊이 있는 소통을 가능하게 한다. 인류가 이룩한 문명은 글쓰기를 통한 소통의 산물이라 할 수 있다.

대학에서의 글쓰기

대학 생활과 글쓰기는 떼려야 뗄 수 없는 관계에 있다. 이는 대학에 다니는 동안 좋은 글을 써 보는 것이 중요함을 강조하는 말이기도 하고, 실제로 매우 자주 글을 쓰고 발표하게 됨을 뜻하기도 한다. 대학에서 이루어지는 전공 및 교양 강의는 대부분 소논문 형식의 보고서나 논술 형식의 시험 답안을 요구한다. 그 밖에도 학생들은 여러 과제를 수행하게 되는데, 실험보고서나 에세이, 감상문 등은 대학 교육 현장에서 필수적으로 요구되는 글쓰기 유형들이다. 학생들은 개인 과제나 팀 과제를 수행하면서 때로는 혼자, 때로는 동료들과 협업하며 다양한 형식의 글을 써서 제출하고 그를 바탕으로 프레젠테이션을 하기도 한다. 글쓰기가 학업의 성패를 좌우한다 해도 과언은 아니다.

그렇다면 대학에서 우리는 어떻게 글을 써야 할까? 첫째, 각각의 글쓰기가 요구하는 형식을 숙지하고 그 형식에 맞춰 써야 한다. 글의 목적과 종류에 따라 여러 다른 형식적 조건들이 요구되므로, 본격적으로 글을 쓰기에 앞서 자신이 쓸 글이 어떤 형식적 요건을 구비해야 하는지 충분히 이해하는 것이 중요하다. 또한 맞춤법이나 띄어쓰기와 같은 정서법을 지키고 인용 표지와 주석, 참고문헌 등을 적절한 양식에 따라 정확하게 적을 필요가 있다.

둘째, 충분한 근거와 타당한 전개를 바탕으로 설득력 있게 글을 써야 한다. 어떤 창의적 발상도 논리적 정합성을 얻지 못하면 설득에 성공하기 어렵다. 따라서 자신의 주장을 뒷받침하는 적절한 근거를 충분히 제시하여 독자의 동의를 구하는 과정이 글 속에서 펼쳐져야 한다. 이는 비단 설득을 목적으로 하는 글에만 필요한 게 아니다. 이해를 목적으로 하는 글에서도 일정한 논리적 순서와 단계를 밟아 새로운 정보와 지식을 전달할 때 효과적인 의사소통이 가능하다.

셋째, 새로운 내용을 담도록 노력해야 한다. 글쓰기에서는 기존의 지식에서 더 나아간 새로운 정보나 자신만의 창의적 생각을 담는 일이 무엇보다 중요하다. 통념과 상식을 따르기보다는 누구의 어떤 입장에서 그것이 통념이자 상식으로 간주되는지를 새삼 질문해 보는 과정도 필요하다. 예컨대 어떤 수업에서 기말 보고서를 작성한다면, 한 학기 동안 배웠던 수업 내용을 잘 정리하고 요약하는 데 머무르는 것이 아니라 배운 지식을 확장하고 응용하여 자신의 독창적 관점과 사유로 이어 나가야 의미 있는 보고서가 될 것이다.

우리 삶과 글쓰기

글쓰기는 시대를 막론하고 불가결한 삶의 요소다. 일단 대학 졸업 후의 삶을 생각해 보자. 사회인으로 살아가면서 우리는 끊임없이 주변 사람들과 글을 통해 의사소통한다. 직장 생활의 경우 어떤 분야가 되었든 우리는 이메일이나 보고서, 제안서, 설명서 등과 같은 실용적 글들을 쓰면서 동료들과 지속적으로 소통하게 된다. 그리고 그런 글들은 논리적일 뿐만 아니라 창의적이어야 주목을 받을 수 있다. 과거에는 글쓰기와 무관한 것처럼 여겨졌던 비즈니스 세계에서도 근래에는 '비즈니스 글쓰기'와 같은 책들이 출간될 정도로 글쓰기가 중요해졌다. 자연과학이나 공학, 의학, 예술 등 거의 모든 분야 종사자가 전문가들 사이의 소통을 넘어 일반인에게 자신들이 하는 일을 쉬운 글로 알려야 하는 상황에 종종 처하곤 한다.

일상적 삶에서도 글쓰기는 큰 비중을 차지한다. 자신이 속한 정치·문화·지역 공동체에 대한 이해와 개입 또한 글쓰기를 통해 주로 이루어진다. 이해관계를 같이하거나 관심사를 공유하는 친구나 이웃을 만나는 주요 통로가 된 SNS는 거대한 글쓰기 무대라 할 수 있다. 이런 공간에서 정확하고 품격 있게 쓰인 글이 갖는 영향력은 상상 이상으로 크다.

마지막으로 글쓰기는 자기 자신과 소통하고 화해하며 자신을 발견해 나가는 소중한 통로다. 글쓰기를 직업으로 삼지 않는 사람에게도 글쓰기는 삶을 성찰하고 정신을 고양하는 역할을 한다. 노트나 블로그에 일기를 쓰면서 일상을 돌아보는 과정이 우리에게 주는 심리적 안정감이나, 자신이 좋아하는 책이나 음악에 관한 소박한 감상문을 남김으로써 우리가 얻게 되는 정서적 충일감이야말로 우리의 일상을 지탱하는 힘이라 할 수 있다. 우리가 글쓰기를 평생의 반려로 삼아야 하는 까닭이 여기에 있다.

2 대학 글쓰기의 목표

타자와 소통하는 글쓰기

대학은 가르침과 배움이 있는 지식의 장이다. 우리는 대학 생활을 하면서 직접 경험한 현상이나 사건뿐 아니라 책이나 지료, 강의 등을 통해 얻은 지식을 다양한 형태로 정리하고 저장한다. 이 과정에서 자신이 서 있는 '지금 여기'를 떠나 다른 장소와 시간 속에 살았던 사람들과 만나게 된다. 배움이란 자신의 세계에 갇히지 않고 다른 사람들의 생각과 느낌을 만나고 배우는 과정인 셈이다.

이처럼 배움을 통해 넓게 확장된 자신의 세계는 글을 매개로 하여 타자와 만난다. 자신의 생각과 느낌을 다른 사람에게 설명하고 어떤 대상이나 사건을 평가하며, 문제의 해결책을 모색하고 자신의 관점이나 의견을 설득력 있게 제시하기 위한 핵심 수단은 글쓰기다. 이처럼 글이란 기본적으로 자신과 타자가 서로의 생각과 느낌을 효과적으로 나누는 교감의 장이라 할 수 있다.

대학 생활은 지식을 습득하는 데서 멈추지 않고, 습득한 지식을 자신의 언어로 발전시켜 타인과 소통하는 방법을 익히는 것을 목표로 삼는다. 따라서 배움과 소통의 도구인 글쓰기 역시 자신만의 세계에 머물지 않고 다른 사람들로부터 두루 타당함을 인정받는 것을 지향해야 한다. 이를 위해서는 먼저 이 세상의 그 누구도 동일한 대상을 동일한 눈으로 보지 않는다는 사실을 인식해야 한다. 일반적으로 우리는 세상을 '있는 그대로' 본다고 생각하지만 사실은 '배운 대로' 본다. 일정한 시각을 통해 무언가를 보는 일과 단순히 그것을 인지하는 일은 다르다. 동일한 현상 역시 다른 방식으로 해석될 수 있다. 이 둘의 차이 때문에 사람과 사람 사이에는 입장의 차이, 문화의 차이, 소통 방식의 차이 등이 항상 존재한다. 이러한 차이를 이해하고 수용하면서 더불어 살아가기 위해서는 낯선 사람들의 낯선 문화와 사고방식을 이해하는 것이 중요하다. 그래서 글을 쓸 때는 항상 자신의 견해가 절대적인 것이 아니며 자기 삶의 방식 또한 유일한 것도 필연적인 것도 아니라는 사실을 고려할 필요가 있다.

나아가 자신의 관점 자체에 이미 항상 타자의 관점이 스며들어 있다는 점도 기억해야 한다. 일상적인 시각 작용이 일어나거나 텍스트를 읽는 예술적·학술적 행위를 할 때 우리의 관점에는 여러 다른 관점들이 "도깨비처럼 서려 있"다고 김우창은 말했다. "타자는 늘 의미의 공동 수립자가 된다."[1] 따라서 글을 쓰는 사람은 글쓰기 본래의 협업적·소통적 본질을 늘 염두에 둘 필요가 있다. 자신의 글을 읽을 독자나 학문 공동체의 이해와 합의를 이끌어 낼 방법을 적극적으로 다양하게 모색해야 할 이유는 여기 있다. 함께 읽고 쓰는 타자야말로 우리 삶을 의미 있게 만들어 주는 존재이기 때문이다.

학문 간 융합을 꾀하는 글쓰기

최근 대학 교육은 분과 학문의 장벽을 강화하기보다는 그것을 허묾으로써 학제적 사유를 함양하는 방향으로 빠르게 변화하고 있다. 인류가 마주친 여러 위기, 이를테면 전쟁이나 기후 변화 등이 우리에게 제기하는 복잡하고 절박한 문제들을 해결해 나가기 위해서는 익숙한 제도와 실천을 근본적으로 바꿀 수밖에 없다. 따라서 현재 대학은 하나의 문제를 다양한 각도에서 관찰하고 문제 해결을 위해 융합적으로 사고하며 협업하는 인재를 양성하는 데 교육 역량을 집중하고 있다.

이러한 흐름 속에서 글을 쓰는 사람이 읽는 사람의 이해와 합의를 이끌어 내는 과정은 더욱 어렵고도 중요한 문제가 되었다. 자신이 속한 학문 공동체 안에서도 글을 통해 타자와 소통하는 일은 어렵다. 익숙한 학문 공동체 밖으로 나가면 그 어려움은 배가된다. 학문 간 융합이 강조되면서, 이제 우리는 지금껏 자신의 학문 공동체 '밖'에 있다고 생각했던 사람들에게도 자신의 전문 지식과 정보를 효과적으로 전달해야 할 상황에 자주 놓이게 되었다. 따라서 자신에게는 익숙하지만 독자에게는 생소한 내용을 글을 통해 잘 전달하고, 이를 바탕으로 상대방과 협업을 해 나가는 것이 대학 글쓰기의 중요한 목표라 할 수 있다.

3 글쓰기의 윤리

윤리적 글쓰기

대학 생활에서 요구되는 글쓰기는 대체로 학술적 성격을 띤다. 서울대학교 학부대학 온라인 글쓰기 교실(https://owl.snu.ac.kr/2387/)에서는 학술적 글쓰기가 갖춰야 할 요건으로 다음 다섯 가지를 꼽고 있다. 독창성, 논리성, 객관성, 정확성, 윤리성이 그것이다. 이 가운데 학생들이 가장 부담을 느끼는 요소는 아마 독창성일 것이다. 독창적으로 사유하고 글을 쓴다는 것은 쉬운 일이 아니다. 더구나 이제 갓 학문의 세계에 들어온 학생에게는 저명한 이들의 업적에 견줄 만한 창의적 결과물을 생산하는 일이 불가능하게 느껴질지 모른다. 새로운 이야기를 해야 한다는 글쓰기의 스트레스는 대학원에 진학하거나 직장 생활을 하면서 해소되기보다는 오히려 더 커지는 것이 보통이다.

학술적 글쓰기가 갖춰야 할 독창성을 '아무도 이전에 쓴 적 없는 내용'으로만 이해해서는 곤란하다. 새로움은 소재가 아닌 관점에서 확보된다. 다르게 보기가 관건이라 할 수 있다. 다른 사람과 다른 자신만의 고유한 경험과 감정, 그리고 견해를 적극적으로 글쓰기에 활용하는 것이 독창적 글쓰기의 핵심이 된다. 저마다 개성이 다르므로 저마다 다른 글을 쓰게 된다는 점을 기억하자. 우리가 쓰는 모든 학술적인 글은 다른 연구자들 또는 일반 독자들에게 관련 지식과 정보를 제공하고 그 성과를 공유하는 데 그 목적이 있다. 그러므로 자신이 관찰하고 조사한 내용이 공유할 만한 가치가 있는 글이 되도록 자신의 느낌과 생각을 진술하고 객관적으로 전달하도록 노력할 필요가 있다.

그런데 글쓰기를 위해 자료를 검토하다 보면, 자신과 유사한 아이디어나 관점, 혹은 접근법을 취한 글을 왕왕 접하게 된다. 이러한 글들이야말로 자신의 글쓰기에 피와 살이 되는 일종의 자양분이라 할 수 있다. 학술적 글쓰기의 윤리성은 바로 이 지점에서 요구된다. 윤리적으로 글을 쓴다는 것은 자신의 글쓰기에 도움을 준 기왕의 자료가 무엇인지 성실하게 밝히는 일과 다르지 않다. 출전을 정확히 밝힘으로써 타인의 노고와 성과에 존중을 표하게 되는 것이다. 자기가 참고한 자료의 서지사항을 일일이 확인하고 자신의 생각을 남의 생각과 섬세하게 구별해 논하는 자세가 글쓰기 윤리의 핵심이다.

서울대학교 연구진실성위원회가 밝힌 연구 윤리 위반 행위를 살펴보면 다음과 같다.

제2장 연구진실성위반행위

제4조(허위작성·표절 등)

고의(사실을 인식한 경우를 의미한다) 또는 과실(연구자로서의 주의의무를 위반하여 사실을 인식하지 아니한 경우를 의미한다)로 연구의 제안·수행·보고·발표 등 전 과정에서 다음 각 호의 어느 하나에 해당하는 행위를 한 연구자는 연구진실성위반행위의 책임을 진다.

1. 연구데이터 또는 연구자료를 허위로 만들거나 기록 또는 보고하는 행위
2. 연구데이터를 근거없이 변경·추가·누락함으로써 연구자료를 조작하는 행위
3. 타인의 연구성과, 연구아이디어, 연구데이터 및 문장을 마치 자신의 것처럼 사용하는 행위(표절)

제5조(부당 연구성과사용)

고의 또는 중대한 과실(연구자로서의 주의의무를 현저히 위반한 경우를 의미한다)로 다음 각 호의 어느 하나의 행위를 한 연구자는 연구진실성위반행위의 책임을 진다.

1. 타인의 연구 아이디어, 연구 데이터 및 문장을 정확한 출처표시 또는 인용표시 없이 사용하는 행위로서 제4조제3호의 표절에 해당하지 않는 경우

2. 정당한 사유 없이 이미 게재·출간된 자신의 연구 아이디어, 연구 데이터 및 문장(연속된 5문장 또는 한 단락 이상)을 정확한 출처표시 및 인용표시 없이 동일 언어 또는 다른 언어로 중복하여 사용하거나 게재·출간하는 행위

제6조(부당 저자표시)

고의로 기여도에 관한 판단권을 일탈·남용하여 연구에 직접적으로 기여한 바가 없는 자를 저자에 포함시키거나 직접적으로 기여한 자를 저자에서 배제하거나 기여도에 위반하여 저자 순서를 정하는 행위를 한 연구자는 연구진실성위반행위의 책임을 진다.

제7조(기타 위반행위)

① 연구진실성위반행위를 제안 또는 허용하거나 공동으로 한 자는 해당 연구진실성위반행위의 책임을 진다.

② 고의로 다음 각 호의 어느 하나의 행위를 한 자는 연구진실성위반행위의 책임을 진다.

1. 연구진실성위반행위를 묵인, 방조 또는 은폐하는 행위

2. 예비조사, 본조사 또는 위원회의 조사를 정당한 사유 없이 기피, 방해 또는 거부하는 행위

3. 보관 중인 연구자료 또는 연구데이터를 정당한 사유 없이 변경·삭제 등 훼손하는 행위

4. 제보자에 대한 보복행위

제8조(연구진실성위반행위의 판정)

① 연구진실성위반행위의 해당 여부 및 위반의 정도는 전공 분야 및 해당 학계의 특성을 고려하여 판정한다.

② 자신의 행위가 연구진실성위반행위에 해당하지 않는 것으로 오인한 경우에는 그 오인에 정당한 이유가 있는 때에 한하여 연구진실성위반책임을 면한다.

③ 연구진실성위반행위의 위반 정도는 위반의 동기 및 주관적 정황, 횟수와 범위, 위반으로 얻게 되는 이익, 재발방지 노력 등 사안의 구체적 경위를 고려하여 판정한다.

④ 연구진실성위반행위의 판정 기준에 관하여 위에서 정하지 아니한 세부적인 사항은 〈서울대학교 연구윤리 지침〉에 따른다.

인공지능 시대의 글쓰기와 윤리

인공지능의 등장으로 인해 글쓰기의 윤리에 관한 통념은 심각한 도전에 직면했다. 인간보다 훨씬 빠른 속도로 방대한 자료를 처리하고 이를 바탕으로 새로운 콘텐츠를 만들어내는 생성형 인공지능은 글쓰기의 생태계를 '교란'하는 것으로 보통 인식된다. 마음만 먹으면 굳이 자료의 늪에 빠지지 않고도 얼마든지 한 편의 글을 완성할 수 있는 환경이 이미 조성돼 있기 때문이다. 인간과 인공지능 가운데 누가 더 나은지를 판가름하려는 경향도 존재한다.

그러나 인공지능과 인간 사이의 대결 구도에 매달리는 이러한 태도는 도래한 인공지능 시대를 살아가는 데 별 도움이 되지 않는다. 전통적인 자료 수집 방법에 기초한 글쓰기가 흔들림 없이 지속되기 위해서도 인공지능의 현명한 활용법에 관해 진지하게 고민할 필요가 있다. 인공지능의 위협에서 어떻게 벗어날 것인가가 아니라 "여전히 깊이 읽고 정성 들여 쓰기가 가치를 갖는 시대, 우리는 인공지능과 어떤 관계를 맺어야 하는가?"[2]를 질문해야 한다는 것이다.

인공지능과 우리가 윤리적이며 생산적인 관계를 맺기 위해서는 첫째, 자료 선별 능력을 함양해야 한다. 인공지능이 무차별적으로 제시하는 정보와 데이터 가운데는 학술적 가치가 높은 것도 섞여 있지만 개중에는 무가치하거나 심지어 해로운 내용을 담은 경우도 적지 않다. 인공지능과의 생산적 협업을 위해서는 무엇이 '쓸 만한' 자료인지, 어떤 자료가 '믿을 만한' 것인지를 판별하는 우리의 주체적 시각과 윤리적 태도가 요구된다.

둘째, 글을 구성하는 과정에 인공지능의 도움을 받더라도 그것이 자동화한 방식으로 이끄는 방향 그대로 끌려가서는 곤란하다. 알고리즘은 우리가 '앞으로' 보고자 하는 것을 진취적으로 보여 주기보다 우리가 '예전에' 봤던 것에 우리를 못 박으려는 경향이 있다. 이런 위험에서 벗어나기 위해서는 자신이 주도적으로 질문을 던지거나 새로운 질문을 구성하는 능력, 그리고 상식과 통념에 도전하려는 자세가 요청된다.

셋째, 인공지능의 도움을 받은 글의 최종 책임은 다름 아닌 우리 자신에게 있음을 명심할 필요가 있다. 인공지능의 조력으로 쓰인 어떤 글에 만약 치명적 오류가 발견되거나 그 글에 담긴 잘못된 정보로 인해 누군가 피해를 입는 상황이 발생한다면, 그 도의적·법률적 책임은 전적으로 인간에게만 물을 수 있다. 기계가 문제를 발생시켜도 그것을 해결하는 주체는 인간일 수밖에 없다.

앞으로 대학 글쓰기는 지식 생태계를 근본적으로 변화시키는 인공지능과 그러한 인공지능을 개발한 당사자인 인간이 어떻게 공존을 꾀할 것인지를 고민하는 핵심적인 장이 될 것이다. 바로 앞에서 우리는 글쓰기의 윤리가 "출전을 정확히 밝힘으로써 타인의 노고와 성과에 존중을 표하"는 일이며, 이를 위해 "자기가 참고한 자료의 서지사항을 일일이 확인하고 자신의 생각을 남의 생각과 섬세하게 구별해 논하는 자세"가 필요하다고 말한 바 있다. 인공지능 시대를 살아갈 우리는 이제 '타인의 노고와 성과'뿐 아니라 기계라는 새로운 에이전트와 소통하고 교감하는 데 필요한 새로운 윤리에 대해 끊임없이 고민해야 할 것이다.

2

글쓰기의 과정

1 주제와 제목 정하기

주제 선정의 중요성

주제를 잘 정하는 것은 좋은 글을 쓰기 위한 첫 관문이다. 좋은 주제를 정했다고 해서 곧바로 좋은 글이 보장되는 것은 아니지만, 주제가 적절하지 않다면 좋은 글로 발전시켜 나가기 어려운 것은 분명하다. 따라서 어떤 주제를 다룰지 결정하는 일은 글쓰기 과정에서 핵심적인 단계이다.

인공지능에게 좋은 주제를 추천받으면 어떨까? 실제 인공지능에게 특정 주제와 관련된 글감을 추천해 달라고 요청하면 흥미로워 보이는 다양한 주제들을 제안해 준다. 인공지능에게 글쓰기를 의뢰하는 것은 윤리적으로 문제가 되지만, 주제를 추천받는 정도는 큰 문제가 되지 않는다고 생각하기 쉽다. 하지만 윤리적인 문제보다 더 본질적인 점을 간과해서는 안 된다. 글쓰기에서 주제를 선택하고 다듬는 것은 단순히 형식적인 절차가 아니라, 작은 아이디어를 출발점으로 삼아 이를 명확한 관점과 의미로 발전시켜 가는 사고화 과정이다. 이는 곧 자신의 문제의식을 형성하고, 글의 방향과 핵심 논지를 구성하는 데 결정적인 역할을 한다. 따라서 이를 인공지능에게 위임하는 것은 사고를 발전시키는 핵심 과정을 생략하는 것이다. 아무리 인공지능이 제안한 주제가 흥미롭고 유익해 보이더라도, 그것이 스스로 숙고하여 선택한 것이 아니라면, 자신의 문제의식과 자연스럽게 연결하기 어렵다. 결국 인공지능에게 의존해 선택한 주제로는 글의 논리적 흐름과 의미 구조를 자율적으로 세우기 힘들고, 깊이 있는 글로 발전시킬 수 없다.

그러므로 글쓰기의 시작 단계에서부터 자신의 생각을 능동적으로 발전시킬 수 있도록 인공지능이나 다른 사람에게 의존하기보다는 대상을 탐색하며 스스로 판단을 내려 주제를 구체화할 필요가 있다. 물론 주제를 선정하는 것이 중요하다고 해서 처음부터 완벽한 주제를 찾아야 한다는 부담을 가질 필요는 없다. 학술적 글쓰기가 자료 기반 글쓰기(research-based writing)임을 이해하고, 주제 선정 단계에서부터 적극적으로 자료를 탐색하고 활용한다면 좋은 주제를 발견할 가능성을 충분히 높일 수 있다.

자료를 활용한 주제 선정 과정

주제 잡기는 관심이 있는 대상을 한 편의 글에서 논의 가능한 탐구 과제로 구체화하는 것이다. 글쓰기 초보자들은 종종 대상을 선택한 것만으로 주제를 정했다고 착각하지만, 실제로 한 편의 글에서 다룰 주제를 설정하는 것은 이 지점에서 비로소 시작된다. 대상에 대한 이해가 부족하면 이 과정을 수행하기 어렵다. 특히, 학술적인 글은 단지 '내'가 쓰고 싶은 글을 쓰는 것이 아니라, 학술적인 의사소통의 과정에서 가치 있는 내용으로 구성하는 것이 목적이다. 따라서 신뢰할 수 있는 기존 자료를 비판적으로 검토하며 대상을 깊이 있게 탐구하는 과정이 필수적이다.

(1) 좋은 글의 특성과 문제의식의 중요성

일반적으로 '좋은 글'로 평가받는 글은 두 가지 공통된 특징을 지닌다. 첫째, 다른 사람들이 미처 인식하지 못한 관점에서 대상을 새롭게 해석한다는 점이다. 둘째, 익숙한 주제를 깊이 있게 탐구하여 기존에는 명확히 드러나지 않았던 의미를 구체적으로 밝혀낸다는 점이다. 이러한 글을 쓰기 위해서는 대상의 표면 너머의 본질에 다가갈 수 있는 통찰력이 요구된다. 하지만 이 통찰력은 흔히 생각하듯 직관적 감각이나 타고난 재능에서 비롯되는 것이 아니라, 대상에 관한 지속적인 탐구를 통해 점차 형성된다. 특히, 대상을 탐색하는 과정에서 '무엇이 중요한가', '왜 중요한가'를 판단하려는 적극적인 인식, 즉 문제의식이 뒷받침될 때 비로소 통찰은 깊이를 갖는다. 다시 말해, 문제의식은 통찰의 출발점이자 기반이다.

문제의식이란, 문자 그대로 어떤 '문제'에 대한 인식을 뜻한다. 국어사전에서는 이를 '문제점을 찾아서 그에 적극적으로 대처하려는 태도'로 정의하고 있다. 그러나 이러한 정의는 '문제의식'을 사회 현상에 대한 비판적 태도로 한정 짓는 경향이 있다. 문제의식에서 '문제'란 사회적 문제(problem)에 한정되지 않으며, 인간과 세계에 대해 해답을 요구하는 근본적인 질문(question)을 포함한다. 즉, 문제의식이란 특정 대상이나 현상이 지닌 '문제성', 곧 그 중요성에 대한 인식을 포괄하는 의미인 것이다. 대상에 대한 문제의식을 가질 때, 비로소 우리는 그것의 의미를 해명하거나 문제를 해결하려는 인식을 갖게 된다. 반면, 문제의식이 없으면 대상을 깊이 있게 탐색할 수 없을 뿐 아니라, 탐색의 필요성조차 인식하지 못한다. 글쓰기에서도 문제의식은 주제를 명확히 설정하고, 글쓰기의 목적과 방향을 구체화하며, 지속적인 동력을 확보하는 데 핵심적인 역할을 한다.

(2) 자료를 활용한 문제의식 개발

그렇다면 문제의식은 어떻게 개발할 수 있을까? 문제의식은 대상을 능동적으로 탐색하고, 그 의미를 파악하려는 적극적인 태도에서 출발한다. 따라서 일차적으로 스스로 적극적으로 탐구하고 싶은 마음을 갖고 있는 대상에서 출발하는 것이 중요하다. 그리고 그 분야에서 주목받고 있는 책이나 논문들을 검토하면서 주요 논점들을 파악하며 대상에 대한 이해도를 높여야 한다. 만약 어떤 자료를 먼저 살펴봐야 할지 막막하다면, 해당 분야의 전문 학술지나 평론지의 리뷰 코너를 참고하거나, 관심 분야의 논문들을 찾아 참고문헌에서 반복적으로 인용되는 핵심 자료들을 중심으로 검토하는 것이 효과적이다.

단순히 많은 정보를 수집하거나 지식을 축적하는 것만으로는 날카로운 문제의식을 갖기 어렵다. 정보는 그 자체로 문제의식을 만들어 주지 않는다. 주제를 개발하는 초기 단계에서는 관련 자료를 탐색하고 핵심적인 내용을 파악하는 것 외에도, 저자가 무엇을 문제로 설정했는지, 어떤 맥락에서 그 문제의 중요성이 제기되었는지, 문제의식을 바탕으로 어떻게 논의를 전개시켜 나갔는지를 추적해 보는 것이 중요하다. 이러한 탐색은 단순한 독해를 넘어, 필자의 시선을 따라가되 대상을 이해하는 스스로의 관점을 구성하게 하는 힘이 된다. 이 과정을 거치면서 독자 역시 고유의 시각을 갖춘 독자적인 인식의 틀을 형성하게 되며, 새롭게 발견한 문제의식을 바탕으로 사고를 확장하고, 주제를 자기화하여 깊이 있는 글을 써 나갈 수 있게 된다. 다시 한번 강조하자면 문제의식은 연구 대상과 논의의 범위를 결정하는 근거이자, 글의 전체 구조와 방향을 이끄는 사고의 중심축이 된다. 그러므로 주제 선정 단계에서부터 좋은 자료를 경유하여 적극적으로 새로운 문제의식을 발견하고, 자신의 문제의식을 개발해야 한다.

주제 선정 과정

① 관심 대상 선정

② 자료 수집 및 주요 논점 검토

③ '나'의 문제의식 개발

④ 범위의 한정 및 구체적인 주제 설정

⑤ 가설 설정

위의 과정을 '우리 사회 장애(인)에 대한 인식'과 관련한 문제에 적용하면 다음과 같다.

① 관심 대상 선정
평소 자신이 관심을 갖고 있던 문제 중 깊이 있게 탐색해 볼 가치가 있는 문제를 선택한다.
<예시> 관심 대상: 우리 사회의 장애(인)에 대한 인식 전반적으로 대중들의 인권 의식이 향상되었음에도 불구하고 우리 사회에서 장애를 바라보는 시선은 여전히 문제적인 부분이 있다. 장애인의 인권 문제와 관련하여 재고해 볼 문제에 대해 탐색해 본다.

⬇

② 자료 수집 및 주요 논점 검토

해당 주제가 속한 분야에서 새로운 관점을 제시한 것으로 평가받는 주요 자료를 확인하고, 이를 비판적으로 검토하는 것이 중요하다. 이때 반드시 최신 자료일 필요는 없다. 발표된 지 시간이 지난 자료라 하더라도, 특정 대상이나 문제에 대한 관점을 전환시켜 학문적 시야를 확장하고 새로운 연구 방향을 이끌어낸 것이라면, 여전히 지속적인 가치를 지닌 자료로 평가할 수 있다. 여러 자료 중에서 거점으로 삼을 만한 자료를 선택하여 집중적으로 검토해 본다.

<예시>

《사이보그가 되다》(김초엽·김원영, 사계절, 2021)의 제3장 〈장애와 기술, 약속과 현실 사이〉(5부 '함께 읽기' 15 참조)에 나타난 문제의식과 관점 정리

김초엽과 김원영의《사이보그가 되다》는 과학기술과 인간의 몸이 맺는 관계를 중심으로 장애를 새롭게 조명한 책이다. 특히 장애를 결핍이나 극복의 대상으로 보지 않고, 사회적 맥락 속에서 재구성해야 할 개념으로 접근한 점에서 주목받고 있다. 이 중 기술 발전이 장애인의 삶에 가져올 수 있는 가능성과 그 이면의 현실 사이의 간극을 집중적으로 다룬 〈장애와 기술, 약속과 현실 사이〉의 문제의식을 확인해 본다.

이 책에 제시된 문제의식

① 이 책의 저자는 최첨단 기술을 활용하여 장애를 극복한 사람들의 이야기가 영상 매체를 통해 널리 퍼지는 현상에 주목한다. 이러한 콘텐츠는 감동을 유발하며 대중의 주목을 끌지만, 동시에 '장애는 반드시 극복하거나 제거해야 할 대상'이라는 왜곡된 인식을 강화한다. 이는 장애를 '정상'과 '비정상'으로 구분하는 비장애인 중심적 시각에서 비롯된 것으로, 결과적으로 장애인을 주변화하고, 장애를 있는 그대로 받아들이고 살아갈 수 있는 가능성 자체를 봉쇄한다.

② 또한, 저자는 '미래 기술'이 장애를 해결해 줄 것이라는 기술 낙관주의 역시 문제라고 지적한다. 미래에 개발될 기술이 장애를 치료하거나 제거해 줄 것이라는 낙관론적 기대는 현재 장애인들이 처한 구조적 문제와 고통을 가리는 결과를 초래하며, 지금 당장 해결해야 할 현실적 문제들을 방기하게 만든다.

종합하면, 저자는 장애를 비정상으로 규정하고 기술을 통해 제거해야 한다는 사회적 통념에 의문을 제기하고, 기술과 인간의 몸이 관계를 맺는 방식에 대해 성찰하도록 한다. 또한, 현재 장애인을 지원하기 위한 기술 연구의 방향이나 제도에 대해서도 장애인의 실제 경험과 삶의 조건을 충분히 고려하는 방식으로 이루어졌는지 비판적으로 검토해야 한다고 주장한다.

⬇

③ '나'의 문제의식 개발

자료에서 확인한 새로운 문제의식을 바탕으로 '나'의 문제의식을 재구성해 보고, 새롭게 구성한 문제의식을 바탕으로 다시 생각해 볼 문제에 대해 정리해 본다.

<예시>

이 책을 읽기 전에는 장애인들이 당연히 장애가 없는 신체를 갖기 원할 것이라 생각했기 때문에 장애인들이 '정상성'을 회복할 수 있도록 도와주는 기술을 개발하는 것이 중요하다고 생각했다. 하지만 이 책을 읽고 이와 같은 생각이 장애를 다양성의 관점에서 이해하는 것이 아니라 치료와 제거의 대상으로 본다는 점에서 문제가 있다는 것을 인지하게 되었다.

그렇지만 현실적으로 장애인들이 장애를 그대로 갖고 살아갈 수 있는 세상이 되기를 기대하는 것은 너무 이상적이지 않은지 여전히 의문이 든다. 장애인들의 어려움을 사회적으로 어떻게 해결해 나가는 것이 바람직할까?

<예시>

과학기술을 활용하여 장애가 없는 신체를 갖도록 하는 것이 인간의 삶을 더 행복하게 만들어 줄 것인가에 대한 의문은 비단 장애인의 신체에 국한된 문제가 아니다. 이 문제는 '과학기술을 활용하여 생물학적 한계를 넘어 인간의 신체를 더 뛰어나게 만드는 것이 반드시 필요한가?'와 같은 더 큰 질문과 연결된다.

핵심 텍스트에서 출발한 문제의식을 보다 넓은 맥락 속에서 심화하려면, 동일 주제에 접근한 다양한 자료를 검토하며 비교하는 과정이 필수적이다. 다양한 자료를 비교·검토하면서 반복적으로 등장하는 문제나 시각을 확인해 본다. 이 과정에서 자료 간의 공통점뿐 아니라 충분히 조명되지 않은 쟁점이나 시각의 공백을 발견하게 되는데, 이러한 발견은 문제의식을 더욱 확장하고 심화하는 데 중요한 토대가 된다.

⬇

④ 범위의 한정 및 구체적인 주제 설정

③에서 정리한 문제의식을 바탕으로, 새롭게 떠오른 질문이나 논점이 무엇인지 재정리하고, 이 중 자신의 문제의식을 가장 예리하게 드러낼 수 있는 문제가 무엇인지, 최우선으로 살펴볼 가치가 있는 문제가 무엇인지 등을 고려하여 자신의 관심과 역량에 맞는 적절한 범위 내에서 최종적으로 자신의 글에서 다룰 **핵심 질문**을 세운다. 핵심 질문은 글쓰기의 전반적 과정에서 글의 범위를 한정하고, 글의 목적을 제시해 주는 나침반과 같은 역할을 한다.

<예시>

- 신체 장애를 보조하는 기구들은 어떤 것들이 있으며, 이 기구들은 어떻게 발전되어 왔는가?
- 장애를 보조하는 기구들은 어떤 특성을 지니는가?
- 장애인들의 불편을 해소하는 데 활용된 최첨단 기술의 사례에는 어떤 것들이 있는가?
- 과학기술을 활용해 인간의 신체적 기능을 향상시킬 수 있다면 인간 사회는 어떻게 변할까?

⬇

⑤ 가설 설정

핵심 질문에 대한 예상 답변을 작성해 본다. 단, 아직 대상에 대한 탐색이 완료되지 않았으므로 '가설'을 너무 일찍 단정하지 말고, 자료를 폭넓게 살피며 탐구를 진행하는 과정에서 수정할 가능성을 염두에 두어야 한다.

이와 같은 과정을 거쳐 문제의식을 중심으로 구성한 '핵심 질문'은 논리적인 구조를 구성하는 중심축으로 작용한다. 문제의식이 뚜렷할수록 글의 전개 방향이 명확해지고, 글쓴이는 자신의 관점을 일관되게 유지하며 독자에게 설득력 있는 논지를 전달할 수 있다.

더 알아보기

핵심 질문의 유형과 주제 설정

한 편의 글에서 독자에게 전달하고자 하는 내용은 '핵심 질문'의 형태로 구체화된다. 글의 성격은 핵심 질문의 유형에 따라 달라지므로, 글을 어떤 핵심 질문을 중심으로 구성할 것인지 결정하는 일은 매우 중요하다. 특히, 초보 필자들은 글쓰기의 주제를 선정할 때, 자신의 주장을 분명하게 드러내기 위해서는 정책에 대한 찬성/반대 입장을 제시하거나, 사회 문제의 해결 방안을 제시하는 글을 써야만 하는 것으로 오해하는 경우가 많으므로 다양한 주제를 선택하고 대상을 깊이 있게 살필 수 있는 가능성을 제한하지 않도록 유의해야 한다.

글쓰기의 목적이 아직 명확히 설정되지 않은 단계에서는, 관심 있는 대상과 관련하여 탐구해야 할 중요한 질문들을 유형별로 구분하여 이해함으로써 대상을 깊이 있게 탐구하고, 한 편의 글에서 다룰 주제를 글쓰기의 목적과 관련하여 좀 더 명확히 설정할 수 있다. 핵심 질문은 크게 '문제 제기형', '문제 이해형', '문제 해결형' 세 가지 유형으로 나누어지며, 하나의 대상을 다루는 핵심 질문도 세 가지 유형으로 개발할 수 있다.

	문제 제기형	문제 이해형	문제 해결형
질문의 내용	• 무엇이 문제인가 • 무엇이 중요한가 • 지금 주목해야 할 대상이 무엇인가	• 이 문제가 왜 중요한가 • 문제가 어떻게 발생했는가 • 문제의 원인이 무엇인가 • 이 현상은 어떤 의미인가	• 문제를 해결하기 위해 무엇을 해야 하는가
글쓰기의 목적	• 문제 설정 • 문제의식 공유 • 대상의 중요성 설득	• 문제 분석 • 문제에 대한 해석	• 문제 해결 방안 제시
글의 종류	• 칼럼 • 제안서(Proposal)	• 심층 보도 기사 • 보고서 • 설명문 • 비평문 • 학술 논문	• 기획서(Plan) • 학술 논문

① 문제 제기형

문제 제기형 질문은 이제까지 전혀 드러나지 않거나, 충분히 해명되지 못했던 대상에 대해 '무엇이 중요한가', '지금 주목해야 할 대상이 무엇인가' 등에 대해 탐색하게 하는 질문들이다. 여기에서 '문제'는 문제점을 의미할 뿐만 아니라, 풀어야 할 수수께끼, 아직 명확한 답이 제시되지 않은 질문까지 포함한다. 순수한 학문적 호기심에서 출발한 질문들부터 현실적인 문제에 기인한 질문들을 모두 포괄하는 것이다. 문제 제기형 질문이 중심이 되는 글의 핵심은 독자들이 통념을 넘어 대상의 문제성을 인식할 수 있는 문제의식을 부각시키는 것으로, 새로운 문제를 제기할 경우 이 질문이 중요하다는 것을 독자에게 이해시키는 것이 주목적이 된다. 특히, 이제까지 생각해 보지 않던 문제에 대해 질문을 던지는 것은 그 자체만으로도 중요한 가치를 지니기 때문에 칼럼과 같은 짧은 글에서는 치밀한 논증이 이루어지지 않더라도 이 문제의 중요성을 강조하는 것으로 글을 마무리할 수 있다. 그리고 꼭 새로운 질문을 던지는 것이 아니더라도 여전히 재고해야 할 문제가 남아 있는 경우, 문제의식을 더 많은 독자와 공유하고 독자의 의식 변화를 촉구할 목적으로 글을 쓰는 것도 가치 있는 일이다.

② 문제 이해형

문제 이해형 질문은 '이 문제가 왜 중요한가'에 대한 구체적인 이유와 근거를 제시하거나, '문제가 어떻게 구성되었는가', '문제가 왜 발생했는가', '그것이 어떤 의미를 지니는가'와 같이, 특정 대상이나 현상의 맥락과 의미를 심층적으로 이해하는 데 기여하는 질문들이다. 대상의 관찰, 문제 제기, 문제의 분석, 문제에 대한 가치 판단 및 해석은 학술적 탐구의 핵심 과정이며, 많은 학술 논문이 문제 이해형 질문을 중심으로 구성된다. 다만, 독자가 해당 문제의 중요성에 동의하지 않는다면, 그 의미를 탐구할 동기를 부여하기 어렵다. 따라서 문제의 중요성에 대한 공감대가 형성되지 않은 경우, 문제 이해형 질문에 앞서 문제 제기형 질문과 이에 대한 해명을 먼저 제시할 필요가 있다.

문제 이해형 질문을 중심으로 구성된 글의 일차적인 목적은 특정 개념이나 현상을 관찰하고 분석함으로써, 그 의미를 해명하는 데 있다. 사회적인 문제를 다루는 경우, 직접적으로 해결 방안을 제시하지 않더라도 문제의 심각성과 해결 필요성에 대한 인식을 높일 수 있다. 이를 통해 독자는 자연스럽게 문제 해결에 관심을 갖게 된다.

③ 문제 해결형

문제 해결형 질문은 '문제를 어떻게 개선하고, 해결할 수 있는가', '문제점을 해결하기 위해 어떤 대책을 마련해야 하는가'와 같이, 해결 방안을 집중적으로 탐색하게 하는 질문들이다. 이러한 질문을 중심으로 구성된 글은 문제의 해결 방안을 제시하고, 궁극적으로 문제를 해소하는 것을 목적으로 한다.

문제 이해형 질문이 문제의 맥락과 의미를 깊이 있게 해석하는 데 초점을 둔다면, 문제 해결형 질문은 실질적인 해결 방안을 탐색하는 데 목적이 있다. 문제 해결형 질문을 중심으로 한 글쓰기는 구체적인 원인 분석과 대책 제시를 통해 독자에게 실행 가능한 방향을 제시하고자 한다. 그런데 문제 해결형 글에서 구체적인 해결 방안을 제시하기 위해서는, 해당 문제와 관련하여 문제 이해형 질문에 대한 검토가 선행되어야 한다. 예를 들어, 백혈구 모세포가 비정상적으로 증식하는 것을 치료하기 위해서는 우리 몸의 면역 체계가 작동하는 방식을 먼저 이해해야 한다. 사회 현상과 관련한 문제를 다룰 때도 마찬가지이다. '어떻게 능력주의의 폐단을 없앨 수 있을까?'에 대해 피상적인 수준을 넘어 실현 가능하고 참신한 해결책을 제안하기 위해서는, 먼저 이 문제가 얼마나 문제적이며, 구체적으로 문제가 어느 지점에서 어떻게 발생하고 있는지를 먼저 파악하고 이해할 필요가 있다.

탐구 대상과 핵심 질문 예시

탐구 대상	문제 제기형	문제 이해형	문제 해결형
백혈구	왜 백혈구 연구가 필요한가?	• 백혈구는 어떻게 감염으로부터 우리 몸을 보호하는가? • 백혈구 모세포가 비정상적으로 증식하면 우리 몸은 어떻게 반응하는가?	• 백혈구 모세포가 비정상적으로 증식하는 것을 막기 위한 방법은 무엇인가?
능력주의	과연 능력주의는 공정한가	• 능력주의는 차별을 어떻게 정당화하는가? • 대학입시제도는 사회 불평등을 어떻게 강화하는가?	• 능력주의의 폐단을 없애려면 대학 입시제도를 어떻게 개선해야 할까?

글의 지면을 충분히 확보할 수 있다면 한 편의 글에서 반드시 1개의 핵심 질문만 다뤄야 하는 것은 아니다. 학술적인 글에서는 문제 제기형과 문제 이해형 질문을 함께 다루는 것이 일반적이며, 문제 이해형 질문들을 연쇄적으로 이어가면 대상과 관련한 문제를 심층적으로 살펴볼 수 있다. 또한, 문제 이해형 질문에서 시작하여, 이를 해명하는 과정에서 확인한 문제를 해결할 수 있는 구체적인 방법을 제시하는 문제 해결형 질문으로 발전시켜 나가는 것도 가능하다. 주제를 확정하는 단계에서는 예상 독자의 문제 인식 수준, 관점 등을 고려하여 글쓰기의 목적을 명확히 설정하고, 그에 따라 적절한 질문을 구성하여 집필 계획을 수립해야 한다.

주제 선정 과정에서 점검할 사항

최종적으로 주제를 확정하는 단계에서는 다음 사항을 점검해 보고, 주제의 적절성에 대해 평가해 볼 필요가 있다.

① 보편성: 자신뿐만 아니라 다른 사람들에게도 가치가 있는 주제인가?

글의 주제는 자신뿐만 아니라 다른 사람에게도 탐구할 만한 가치가 있는 것으로 인정될 수 있어야 한다.

② 검증 가능성: 객관적인 자료를 확보하여 검증할 수 있는가?

글을 통해 제시한 가설이나 주장이 참인지 검증할 수 있는 자료 및 연구 방법 등을 확보할 수 있어야 한다.

③ 창의성: 전체적, 혹은 부분적으로 접근 방식이나 내용 면에서 새로움을 확보할 가능성이 있는가?

글이 다루는 주제는 이제까지 언급되지 않은 것이거나 또는 이미 언급된 것들을 다른 시각에서 재조명하는 것이어야 한다. 글쓰기의 창의성은 독창성(originality), 참신성(novelty)과 관련된 것으로 다음과 같은 논의들은 모두 창의적인 글로 인정할 수 있다.

- 새로운 대상에 대한 논의
- 새로운 방법론에 입각한 논의
- 새로운 자료로 기존 주장을 뒷받침하는 논의
- 선행 연구에서 잘못 해석했거나 부족한 부분을 보완하는 논의
- 비교 가능한 여러 이론이나 현상을 다루는 논의

④ 수행 가능성: 주어진 기간 안에, 자신의 능력으로 다룰 수 있는 수준인가?

아무리 학술적인 가치가 높은 주제라도 정해진 기간 안에 감당하기 어려운 대상이라면 좋은 글로 완성할 수 없다. 따라서 더 많은 것을 알고자 하는 탐

구심을 유지하되 자신의 현재 지적 수준과 시간적 제약을 냉철하게 판단하여 적절한 난이도의, 도전적인 주제를 선택하는 것이 바람직하다.

제목 정하기

제목은 독자에게 가장 먼저 노출되는 요소로, 글의 주제와 성격을 직·간접적으로 전달한다. 상점이 특색 있는 간판으로 고객의 관심을 끄는 것처럼, 제목도 글의 '간판' 역할을 한다. 간판은 고객이 직관적으로 그 가게의 성격을 파악할 수 있는 내용과 형식으로 구성되어야 고객을 상점에 들어오도록 유인할 수 있다. 마찬가지로 글의 제목도 독자의 주의를 끌 수 있는 적절한 내용과 형식으로 구성해야 독자가 글을 읽도록 유도할 수 있다.

주제를 선정하는 단계에서는 아직 본론의 내용을 확정하기 전이므로 제목을 잘 붙이기 어렵지만, 그렇다고 해서 초고를 쓸 때 제목을 아예 생략하는 것은 좋지 않은 습관이다. '가제(假題)'로 작성한 후, 글쓰기를 완료한 후 다시 수정하는 것이 필요하다. 가제를 다는 것은 필자 스스로 글쓰기의 목적을 분명하게 확인할 수 있는 절차가 될 수 있으므로, 주제어나 주제문을 활용하여 임시로 가제를 달아 두는 것이 좋다.

많은 글이 넘쳐 나는 세상에서 제목이 지니는 중요성은 점점 커진 반면, 제목을 잘 붙이는 것은 쉽지 않다. 좋은 제목을 붙이기 위해서는 다음 원칙을 이해하고 반복적으로 연습하는 것이 필요하다.

① 제목은 간결하고 명료해야 한다.

글의 핵심을 압축하여 작성하되, 단어나 화제를 제시하는 데 그쳐서는 안 된다. 모호하거나 추상적으로 작성하지 말고, 독자가 글이 담고 있는 구체적인 내용과 관점 등을 대략적으로 추측할 수 있도록 구성한다.

유전자 편집 기술 (×) 기술 발전에서 고려해야 할 것 (×)	➡	**유전자 편집 기술 활용과 윤리적 문제** **질병 치료를 위한 유전자 편집 기술의 현재와 미래**

② 제목은 글 전체 내용을 포괄해야 한다.

제목은 글의 일부가 아니라 전체 주제와 핵심 주장을 아우를 수 있어야 한다. 글을 쓰다 보면 특정 사례나 에피소드에 집중하게 되는 경우가 있다. 이럴 때 제목이 그 일부만 반영하면, 실제 글과 제목이 어긋나 독자에게 혼란을 준다. 종종 신문 기사의 헤드라인은 독자의 흥미를 끌 만한 내용을 발췌하여 쓰는데, 지나치게 자극적인 문구만 담은 제목은 조회수를 높일 수는 있지만 글에 대한 신뢰를 떨어뜨릴 수 있으니 주의해야 한다.

슈퍼 솔저를 만드는 유전자 편집은 허용하면 안 돼 (×)	➡	**유전자 편집 기술과 인간의 미래** **질병 예방을 위한 유전자 편집의 가능성과 한계**

③ 독자의 반응을 고려하여 제목 형식을 결정한다.

제목은 짧은 문장이나 구의 형식을 모두 취할 수 있다. 어떤 형식의 제목이 적절한가는 글의 성격과 독자에게 미칠 수사적 효과를 고려하여 결정해야 한다. 제목의 가장 일반적인 형식은 명사구로 압축하는 것이다. 먼저, 핵심어를 중심으로 간결하고 명료하게 작성한 후, 문장형 제목은 특별한 효과를 발휘하는 경우에만 분명한 목적의식을 갖고 활용해야 한다.

문장형(의문문): 독자의 적극적 사고를 유발하거나 문제 제기할 때 효과적

왜 유전자 편집이 위험한가?

인간은 생명을 설계할 자격이 있는가?

문장형(평서문): 행위의 의미를 강조할 때 효과적

과학기술에 윤리를 묻다

유전자 비밀을 파헤치다

④ 부가적인 정보를 제시할 필요가 있을 때는 부제를 활용한다.

학술적인 글에서는 핵심 내용 외에 분석 대상, 연구 범위, 연구 방법 등 부가적인 정보를 제시해야 할 필요가 있을 때가 많다. 이때 모든 내용을 하나의 제목 형식 안에 담으면 제목이 지나치게 길어져 효율적으로 정보를 전달하기 힘들기 때문에, 주제목과 부제목으로 나누어 작성하는 것이 효율적이다.

> 현대판 프로메테우스적 욕망에 대한 비판: 마이클 샌델, 《완벽에 대한 반론》 서평
> 미래를 약속하는 과학의 윤리적 문제: 줄기세포 연구를 중심으로
> 유전자 혁명의 최전선: 질병 치료를 위한 유전자 편집 기술의 현재와 미래

가제로 작성한 제목은 본문을 작성한 후, 실제 작성한 본문의 내용과의 관련성을 확인하고, 본문의 내용을 더 잘 반영할 수 있는 것으로 수정한다. 글쓰기를 완료한 후에도 한 번에 작성하기보다는 핵심어를 중심으로 단계적으로 압축해 가면서 다듬는다. 한 번에 인상적인 제목을 완성하려고 할 때 제목이 갖추어야 할 주요 요건을 누락할 가능성이 커진다. 글쓰기의 모든 과정은 반복적으로 구성된다는 점을 다시 한번 기억할 필요가 있다.

점검 사항

- [ ] 명확한 문제의식을 바탕으로 주제를 선정했는가?
- [ ] 글쓰기의 목적을 분명히 세우고 핵심 질문을 설정했는가?
- [ ] 예상 독자를 고려하여 주제를 선정했는가?
- [ ] 글의 주제를 압축하여 제목을 작성했는가?

2 자료 수집하고 정리하기

문제의식을 주제로 발전시키는 과정에서 주제를 구체화하기 위해서는 필수적으로 관련 자료를 검토해야 한다. 비슷한 주제에 대해서 기존에 어떤 연구가 있었는지 살펴보고, 그러한 선행 연구가 자신의 문제의식과 어떻게 연결되는지에 대해 숙고해야 한다. 선행 연구에 대한 이해가 없으면 의도하지 않더라도 표절을 하게 될 수 있다. 논의를 진행해 가는 과정에서도 매 단계마다 관련된 자료가 필요하다. 자료란 글의 핵심 생각을 검증하거나 뒷받침하는 데 직간접적으로 제공되는 일체의 정보를 말한다. 자료를 살필 때는 '누가 이야기하는가', '근거는 무엇인가', '다른 자료는 어떻게 이야기하는가'를 고려하여야 한다. 이 장에서는 이러한 자료를 어디서 어떻게 찾을지, 수집한 자료를 어떻게 선별할지, 또 선별된 자료를 어떻게 이용할지를 살펴보도록 한다.

자료 수집하기

전통적으로 문헌 자료에 집적되어 있던 학술 담론은 현대에 와서 다양한 매체와 방대한 데이터베이스로 확장되었다. 이들 모두를 통틀어 연구에서 활용되는 상대적 층위에 따라 1~3차 자료로 구분하곤 한다.

1차 자료(primary sources)는 연구자의 직접적 분석 대상이 되는 것들이다. 문학·철학 텍스트나 역사적 기록물뿐 아니라 연설 대본, 광고, 사진, 영화, 예술품, 오디오 파일, 웹상의 글까지 분석·연구하고자 하는 모든 것이 대상이 될 수 있다. 예를 들어 최만리의 상소문, 정약용의 편지, 김중업의 설계 도면, 김환기의 그림, 자동차 광고, 빛의 입자 관찰 데이터, 연극 무대도 1차 자료가 된다. 물론 1차 자료를 분석한 텍스트(주로 2차 자료로 이용된다)나 백과사전(주로 3차 자료로 이용된다)이라도 그것이 연구자의 연구 분석 대상일 경우에는 1차 자료가 된다. 그러므로 1차, 2차, 3차라는 것은 매우 상대적인 개념이다.

2차 자료(secondary sources)는 1차 자료를 분석하거나 조망하는 텍스트이다. 학술 서적, 논문, 전문가 칼럼, 대중적 해설, 설문 자료 등이 있다. 분석하고자 하는 대상을 이해하는 데 도움이 되거나 그 대상을 들여다보는 도구로 쓰일 수 있는 자료들이다.

3차 자료(tertiary sources)는 기초 자료(foundational sources)라고도 하는데 백과사전이나 개론서, 문헌 연감, 기사문 등을 가리킨다. 용어에 대한 기본 정의나 역사적 배경에 대한 정보를 제공한다. 1, 2차 자료에 비해 부차적으로 활용되기는 하지만, 연구의 체계를 잡는 과정에 중요하게 활용되므로 연구를 계획하는 초반에 검토하는 것이 좋다.

자료 목록을 확보한 뒤에는 이를 사용 목적에 따라 분류해 볼 수 있다. 조셉 비접(Joseph Bizup)은 자료의 이용 목적에 따라 다음과 같은 분류 방식을 제시하고 있다.[3] 각 머리글자를 모은 BEAM은 자료가 해당 글에 '빛'을 불어넣는다는 점을 함축하는 듯하다.

- 배경 자료(Background): 맥락을 제공하기 위해 필자와 독자가 공유할 수 있는 사실·정보들로, 비교적 논란이 적은 내용의 자료들이다. 주제에 대한 일반적이고 기초적인 정보를 제공한다.
- 증거 자료(Exhibit): 문서 자료, 데이터, 관찰 기록, 시각적 이미지, 연구자가 분석하고자 하는 사물·사례들로 필자의 논증 근거로 사용된다.
- 논증 자료(Argument): 연구자의 질문을 둘러싼 학자들의 연구 담론, 다른 학자들의 논문과 저서 등이 여기 속하며, 분석적 전망을 더해 준다.

• 이론 자료(Method): 연구자가 채택한 이론과 방법에 대한 참고 논저들. 이론적 체계, 포괄적 개념, 연구자의 글과 관련한 방법론을 제시한다.

대체로 배경 자료는 3차 자료를, 증거 자료는 1차 자료를, 논증 자료는 2차 자료를 본인의 글 속으로 끌어오는 방법이라고 할 수 있다. 논증 자료가 구체적인 긍정·부정의 대상이 되거나 주장에 대한 근거 자료로 쓰이는 데 비해서, 이론 자료는 연구의 프레임과 관련하여 포괄적으로 사용된다. 글을 쓰는 과정에서 취약한 부분의 자료는 필요에 따라 보강해 나갈 수 있다.

자료에 접근하는 방식은 온라인과 오프라인 경로에 따라 차이가 있다. 도서관은 양쪽 경로를 다 열어 두고 있는 체계적이고 기본적인 출발 지점이다. 학생들이 오프라인으로 가장 접근하기 쉬운 기관은 교내 도서관일 것이다. 서울대학교 중앙도서관을 예로 들어 살펴보면 자료는 참고자료실, 단행본자료실, 학위논문실, 신문자료실, 고문헌자료실, 멀티미디어 자료실 등에 나뉘어 배치되어 있다. 각 자료실의 명칭이 보여 주는 바와 같이 단행본과 논문, 신문 자료, 고문헌을 도서관에서 찾아볼 수 있으며, 멀티미디어 자료실에서는 영상 자료를 살필 수 있다. 백과사전 등의 사전류와 저널 등 연속간행물은 참고자료실에 비치되어 있다. 보존 서고에 있는 자료는 요청하여 열람할 수 있으며, 본 도서관에 없는 자료는 타 기관에 상호대차를 신청할 수 있다.

또한 도서관 온라인 사이트를 통해서는 도서관 내의 자료를 검색하고 일부를 열람할 수 있으며, 외부 기관의 자원도 볼 수 있다. 국립중앙도서관, 국회도서관과 연결되어 있으며, RISS(한국교육학술정보원), ScienceON(과학기술지식인프라)등 방대한 학술 데이터베이스와도 연결되어 있다. 교내 도서관의 회원이라면 이러한 외부 자원을 기관이용자 자격으로 편리하게 사용할 수 있다.

온라인 검색이 촘촘한 연결망을 통해 자료를 분류적으로 보여 준다면, 오프라인에서 직접 서가를 방문하는 것은 주제를 좀 더 느슨하고 포괄적으로 살펴보게 한다. 때로 생각지도 않은 뜻밖의 자료를 발견하게 되는 것도 오프라인 방문이 주는 큰 선물이다. 양쪽 자료를 다 살핌으로써 주제에 다각적·다층적으로 접근할 수 있다.

문헌 자료에 대한 정보는 해당 주제를 다룬 선행 연구에서 얻을 수 있다.

글에 따라 참고문헌 목록이 따로 마련되어 있기도 하고, 본문에서 그때그때 주요 자료에 대한 인용이 이루어지기도 한다. 최근의 글을 요약하여 소개하는 문헌 연감이나, 새로운 연구 결과를 평가하는 학술 서평지처럼 분야마다 특화된 문헌을 찾아보는 것도 유용하다. 최근의 연구 경향이나 중요하게 다루어지는 선행 연구를 알아낼 수 있기 때문이다. 점차 발달하는 인공지능을 효율적으로 이용하기 위해서도 자료의 성격을 치밀하게 이해해야 한다.

문헌 탐색 외에 1차 자료를 직접 얻기 위한 방법으로는 설문 조사나 인터뷰, 관찰 조사 등 현장 연구(fieldwork)도 있다. 현장 연구는 실험실이나 도서관 환경에서 벗어나, 현장에서 데이터를 모으는 작업이다. 이는 문헌 자료를 보충하고 주제에 관한 담론에 독창적 기여를 할 수 있다. 현장 연구 방법은 분야에 따라 다르다. 공식·비공식 인터뷰, 직접 관찰, 체험, 집단 토의, 사적(私的) 기록물의 분석 등 다양한 방법이 사용된다. 이때 양적 조사가 필요한 주제인지 질적 조사가 필요한 주제인지에 따라 그 방식과 범위를 결정하고 질문지를 작성하게 된다. 현장 연구에는 이 외에도 특정 공간과 시설을 확인하거나, 주제와 관련된 회의에 참여하는 등 직접 행하는 다양한 형태가 있다. 다음의 〈더 알아보기〉를 참고하라.

더 알아보기

인터뷰[4]

현장 연구에서 가장 보편적인 방식의 하나인 인터뷰는 주제와 관련된 전문가로부터 면밀한 정보를 얻을 수 있는 기회를 제공한다. 인터뷰를 하는 것은 누군가와 가볍게 담소를 나누는 것과 달리 만나기 전에 주의 깊은 계획과 준비가 필요하다. 현장 연구의 한 방법으로 인터뷰를 계획한다면 다음과 같은 과정을 단계적으로 밟아야 할 것이다.

1. 목적 확인

인터뷰를 설계하기 전에 연구의 목적을 명료하게 한다. 다른 연구 방식이 제공하지 못하는 어떤 정보를 인터뷰가 제공할 것인가? 인터뷰로부터 무엇을 얻기를 바라는가?

2. 인터뷰 대상 결정

주제에 관해 통찰력 있는 정보를 줄 수 있는 이가 누구인가? 해당 분야의 전문가인 본교의 교수인가? 타 연구 집단의 전문가인가? 같은 강좌를 듣는 학우, 기숙사 친구, 운동선수, 또는 지역사회의 공무원인가?

3. 인터뷰 형식 선택

면대면, 전화, 문자, 이메일 등 여러 방법 중 연구자의 필요에 적합하고, 인터뷰 대상자가 소통하기 편한 방법을 선택한다.

4. 사전 준비

인터뷰할 상대를 파악한다. 인터뷰할 상대의 경력과 저작 등에 대해 조사하고, 주제와 관련한 그의 저작을 읽는다. 본인의 연구 주제에서 대상자의 위치를 이해한다. 이러한 정보는 유용한 질문지를 구성할 수 있게 하고, 인터뷰를 하는 동안 연구자의 에토스를 구축하게 한다.

5. 질문지 작성

질문이 논의의 틀을 제공하기 때문에 공을 들여야 한다. 성공적인 질문지는 주제에 대한 면밀하고 풍부한 정보뿐 아니라 에세이에 인용할 유용한 순간과 근거를 생산해 낼 수 있다. 질문지를 설계할 때 다음에 유의해야 한다.

① 구체적인 언어를 쓴다. 간결하고 명료하게. 인터뷰 대상자가 연구자의 질문을 이해하지 못하면 도움이 될 대답을 얻기가 힘들어진다. 장황한 수사를 제거하고 초점에 집중하라.

② 판정의문문을 피한다. 네 / 아니오로 대답할 수 있는 질문은 상세한 설명을 제한한다. "이번 학생회장 선거 방식에 동의하시나요?"라고 묻는 대신에 "이번 학생회장 선거 방식에 대해 어떻게 생각하십니까?"와 같이 열린 질문을 제시한다.

③ 편향된 질문에 유의한다. 잠정적인 주장을 발전시켜 나가는 중이라면 대상자의 대답에 영향을 줄 만한 질문을 삼가야 한다. 중립적인 술어와 편파적이지 않은 질문으로 질문지를 구성한다.

④ 질문들을 엮어서 틀을 만들고 흐름을 짠다. 질문지 초안을 구상할 때, 주제와 인터뷰 대상자의 전문 영역에 대한 연구자의 지식을 질문과 관련지어 맥락을 만드는 것이 좋다. 주제에 대해 기초적인 연구를 했다는 것을 보여 줌으로써 연구자의 에토스를 강화하고, 풍부한 대화의 토대를 구축하게 된다.

6. 접촉

잠재적 인터뷰 대상자와 연락을 할 때, 연구자가 누구인지, 연구 주제가 무엇인지, 현장 연구의 목적이 무엇인지를 명료하게 설명한다. 모든 방식의 인터뷰에서 요구되는 시간과 시한을 밝히고, 특히 면대면 대화를 계획한다면, 가능한 시간대를 최소 둘 이상 제안한다. 덧붙여 대상자가 인터뷰 전에 생각해 볼 수 있도록, 질문 유형을 요약하여 미리 제공한다. 응답이 없을 때는 정중한 이메일과 전화로 후속 조치를 한다. 다시 요청하는 것은 주저할 필요가 없지만, 예의 바르게 해야 한다. 인터뷰 약속이 잡히면 하루 전날 장소와 시간을 다시 확인한다.

7. 연구자의 에토스 유지

연구자의 인터뷰어로서의 모습이 인터뷰에 큰 영향을 미친다. 단정한 복장을 하고, 필요한 것들을 인터뷰 시작 전에 잘 정돈하고, 전문가로서의 톤을 유지한다. 인터뷰 대상자의 시간을 존중한다. 제시간에 도착하도록 하고, 약속된 시간 안에 마칠 수 있도록 한다. 질문지를 따르지만 너무 얽매일 필요는 없다. 대상자의 대답을 잘 듣고, 핵심을 놓치지 않도록 한다. 대답에 따라 미리 준비하지 못했던 질문을 할 수도 있다. 역으로 너무 주제에서 벗어나지 않도록 유의한다. 연구 주제에 초점을 두고 대화를 진행한다.

8. 녹취와 기록

인터뷰 기록에 대상자의 성명과 직함, 인터뷰한 날짜, 시간, 장소를 반드시 기록해 둔다. 적절한 인용을 위해 필수적이다. 녹취를 하면 인터뷰 도중에 대상자의 언행을 다 따라 적고 싶은 충동을 피할 수 있다. 다만 사전 허락을 반드시 받아야 한다. 인터뷰 말미에 인터뷰를 에세이에 인용할 수 있다는 서면 허락을 받아야 한다. 익명 처리를 요구받으면 따라야 한다.

9. 대화 분석

녹취 전사는 가능한 빠른 시일 내에 한다. 강조할 부분과 핵심 인용 부분 등 더 읽어야 할 논저 목록과 다른 자료들과의 관련성 등을 인터뷰 기억이 생생할 때 하는 것이 좋다.

10. 후속 작업

감사 인사를 하고, 완성된 에세이를 보낸다.

설문

해당 연구 과제와 관련된 중요한 통계를 제공하는 설문을 자료로 이용하는 경우가 많다. 조사자가 자신의 고유한 설문을 고안하고자 할 때 충분한 시간을 가지고, 정교하게 접근해야 한다. 설문조사의 이점은 넓은 범위의 참여자들로부터 데이터를 축적할 수 있다는 것이다. 특히 양적 데이터 수집에 유용할 뿐 아니라, 단문식 질문을 통해 해당 주제에 대한 질적 접근도 가능하다.

설문지 작성에 유의할 점

1. 목적 확인

목표를 명확히 한다. 어떤 연구 질문에 답하고자 하는가? 어떤 종류의 결과를 도출하는 것이 유용한가? 통계적 자료를 모을 것인가? 질적 분석을 할 섬세한 답변을 원하는가? 이러한 질문에 대한 답이 설문의 형태를 잡아 줄 것이다.

2. 조사 대상의 규모

설문 주제에 따라 조사자의 나이, 직업, 이념, 성, 정치, 종교 성향, 국적 등을 고려하여 안배하고 규모를 정한다.

3. 대표 표본의 목적

신뢰할 만한 자료를 얻기 위해서는 편의에 따라 표본을 정해서는 안 된다. 친구들만을 대상으로 하거나, 주변의 접근하기 쉬운 대상만으로 표본을 구성해서는 안 된다. 표본의 규모가 결과에 어떤 영향을 미칠지 고려한다.

4. 질문 고안

다양한 가능성을 고려하여 여러 방식으로 설문 포맷을 결정한다. 폐쇄형 질문은 주로 양적 데이터를 수집하는 데 쓰이며, 선다형 위계형으로 구성된다. 개방형 질문은 짧게는 한 문장, 길어도 한 단락을 넘지 않는 대답을 요구하도록 구성한다. 짧은 선다형은 기본적 통계자료로 유용하며, 짧은 대답형은 좀 더 복잡한 반응을 관찰 분석할 수 있게 한다. 질문지가 길수록 완결된 설문지를 돌려받기 어렵다는 점을 명심하여 간결하고 명료하게 구성한다.

5. 설문지 작성

① 매체에 따라 설문 설계 방식이 달라진다. 설문지는 어떤 매체(종이, 이메일, 구글 폼 등)를 통해 배포되는지에 따라 구성 방식에 차이가 있다. 종이 설문지는 시각적 레이아웃에 주의를 기울여야 한다. 페이지 수를 고려하여 구성하고, 응답 방식(체크박스, 서술식 등)을 명확히 해야 한다. 이메일 설문은 짧고 간결한 문장으로 설문 목적과 응답 방법을 안내하고, 클릭 가능한 링크를 제공한다. 온라인 설문(예: 구글 폼)은 페이지 구분 기능을 활용해 문항을 주제별로 나누고, 사용자가 현재 설문 위치를 쉽게 알 수 있도록 페이지 번호(예: 1/3, 2/3 등)를 표시한다.

② 설문의 외형적 틀을 갖추어야 한다. 설문지를 보다 신뢰감 있고 체계적으로 보이게 하려면 전체적인 외형적 틀을 갖추는 것이 중요하다. 설문을 시작할 때는 설문의 목적을 알 수 있도록 전체 내용을 아우르는 간단한 서두를 포함한다. 예: "본 설문은 1학년 학생들의 대학 초기 적응 경험을 조사하기 위해 설계되었습니다. 총 10개의 문항에 응답해 주십시오." 설문이 여러 페이지로 구성되어 있다면, 각 페이지에 현재 진행 상황을 명시한다. 예: "페이지 2/3" 마지막 문항 이후 설문을 마무리할 때 감사의 인사를 반드시 포함한다. 예: "귀중한 시간을 내어 설문에 응답해 주셔서 감사합니다. 여러분의 의견은 향후 교육 개선에 큰 도움이 됩니다." 설문지는 응답자가 쉽게 흐름을 따라갈 수 있도록 논리적 순서에 따라 문항을 범주화해야 한다.

③ 명료하고 간결한 언어를 사용하라. 질문은 쉽게 이해할 수 있는 명확하고 간결한 언어로 작성되어야 한다. 복잡한 문장이나 중의적 표현은 피하고, 응답자가 혼란 없이 해석할 수 있도록 한다. 판정의문문(예/아니오로 답할 수 있는 단순 질문)이나 편파적 유도 문항은 지양한다. 예: "신입생 세미나는 매우 유익했나요?" 개선 예: "신입생 세미나에 참여하셨습니까?"(객관적 질문) "신입생 세미나의 장점과 단점은 무엇이라고 생각하십니까?"(서술형 문항)

6. 예비 검사와 수정

설문지는 본격 배포 전, 사전 테스트를 해 보는 것이 바람직하다. 이 과정을 통해 문항의 명료성, 구성의 논리성, 문항의 길이 및 응답자 입장에서의 적절성을 점검하고 수정한다.

7. 설문 배포

설문 배포 시, 응답 기한과 제출 방법(예: 링크, 이메일 회신, 인쇄본 제출 등)을 명확히 제시해야 한다. 응답자가 혼란 없이 참여할 수 있도록 안내 문구를 친절하고 구체적으로 작성한다.

8. 결과 분석

수집된 응답은 양적 또는 질적 방법으로 분석할 수 있다. 양적 분석에는 퍼센트 계산, 막대그래프, 원형 차트 등을 활용하여 시각적 자료를 제시하는 것이 효과적이다. 질적 분석의 경우 응답자의 서술형 답변을 주제별로 범주화하여 해석한다.

9. 후속 작업과 결과 공유

설문 결과는 필요한 경우 응답자와 공유할 수 있다. 공유 방식은 이메일, 요약 보고서, 프레젠테이션 자료 등 다양하게 고려할 수 있으며, 개인정보 보호를 위한 조치도 함께 마련해야 한다. 결과 공유 여부는 사전에 고지하거나, 설문 종료 후 선택적으로 진행할 수 있다.

실험설계: 단계별 지침

1. 연구 문제 및 가설 설정

실험설계의 출발점은 해결하고자 하는 문제 또는 연구 질문을 명확히 정의하는 것이다. 연구자는 자신의 관심 주제를 좁혀 구체적인 질문을 도출해야 하며, 기존 연구와 문헌 검토를 통해 가설(hypothesis)을 설정한다. 가설은 검증 가능한 형태로 명료하게 서술되어야 한다. 예: "온도 변화가 식물의 광합성 속도에 영향을 미칠 것이다."

2. 변수 결정

실험에서 관찰 대상이 되는 변수들을 명확히 구분하여 사용한다.

① 독립 변수(independent variable)는 연구자가 조작하는 요소로, 실험에서 원인이 되는 변수이다.

② 종속 변수(dependent variable)는 독립 변수에 따라 변화하는 결과 변수이다.

③ 통제 변수(control variable)는 외부 영향을 줄이기 위해 일정하게 유지해야 하는 조건들이다.

예: 온도(독립 변수), 산소 발생량(종속 변수), 빛의 세기 · 물의 양(통제 변수)

3. 실험 방법 설계

실험은 체계적인 절차에 따라 설계되어야 하며, 실험의 일관성과 재현 가능성을 보장할 수 있어야 한다. 실험 절차는 단계별로 구체적으로 계획하고, 실험군과 대조군(통제군)을 설정하여 비교 가능하도록 구성한다. 사용될 측정 도구, 장비, 측정 단위 등도 사전에 결정하고 문서화해야 한다.

4. 예비 실험(파일럿 테스트)

본 실험 전에 소규모로 예비 실험을 진행하여 설계상의 문제점을 사전에 점검한다. 이 과정에서 데이터 수집 방식이나 측정 기기의 정확성을 확인하고, 필요하면 실험 절차나 변수 정의를 수정할 수 있다. 예비 실험은 본 실험의 성공 가능성을 높이는 중요한 단계이다.

5. 데이터 수집

실험 데이터를 수집할 때는 측정 단위와 방법을 명확하게 하고, 실험 조건이 일관되도록 관리한다. 실험의 신뢰성을 높이기 위해 반복 측정을 실시하며, 수집된 데이터를 정확하게 기록한다. 노트, 사진, 동영상 등을 활용하여 실험 과정을 시각적으로 기록해 두는 것도 효과적이다.

6. 데이터 분석

수집한 데이터를 정리하여 의미 있는 정보를 도출한다. 표와 그래프를 통해 시각적으로 데이터를 표현하며, 통계적 방법(평균, 표준편차, 상관관계 등)을 활용하여 분석한다. 분석 결과가 가설과 일치하지 않을 경우, 실험상의 오류 가능성이나 외부 변수의 영향을 면밀히 검토해야 한다.

7. 결과 해석 및 결론 도출

분석된 데이터를 바탕으로 가설이 지지되었는지를 평가하고, 실험 결과의 의미를 해석한다. 예상과 다른 결과가 나왔을 경우, 그 원인을 분석하고 실험 설계나 데이터 수집 과정에서의 문제점을 논의한다. 연구의 한계점과 향후 보완해야 할 점, 추가 연구의 방향성 등을 함께 제시함으로써 학술적 가치를 높일 수 있다.

8. 보고서 작성 및 발표

실험의 전체 과정을 보고서로 정리하여 공유한다. 보고서는 실험의 목적, 방법, 결과, 결론을 논리적인 구조로 구성하며, 그래프와 표를 활용해 정보를 시각적으로 전달한다. 최종 결과는 발표나 토론의 형태로 공유하고, 동료의 피드백을 반영하여 연구의 완성도를 높인다.

자료 선별하기

자료는 목록을 만들어 관리하게 되는데, 이때 학계에서 통용되는 틀을 사용하는 것이 효율적이다. 예비 자료 목록을 먼저 만든 후 그 가운데 논의에 도움이 되는 것들을 추린다. 좋은 자료 하나가 신통치 않은 자료 수십 개보다 유용할 수 있으므로 가치 있는 자료를 놓치지 않도록 집중해야 한다. 자료의 신뢰성을 파악하기 위해서 자료의 서지사항을 살펴보는 것 또한 필수적이다. 서지사항을 기록하는 방식에 대해서는 다음 절 '자료 활용하고 기록하기'에서 상술하겠지만, 선별을 위해 고려해야 할 사항은 다음과 같다.

- 필자: 필자가 누구인지 분명해야 하며, 해당 분야의 권위자나 전문가일수록 신뢰도가 높다.
- 출간 시기: 출간 시기가 분명해야 논의의 맥락을 파악할 수 있다. 가장 최근 판본 외에 최초의 판본도 확인해야 한다.
- 출간 기관: 해당 분야의 권위 있는 학술지에 실렸거나, 전문 분야 출판사의 것일수록 신뢰도가 높다. 정식 출간 전(preprint) 자료의 경우 그것이 탑재된 사이트의 신뢰도를 확인한다.
- 피인용 빈도: 해당 분야의 글에 자주 인용되는 것일수록 신뢰도가 높다.

자료 평가를 위한 질문 1 - 서지 관련	
1. 저자	• 해당 주제의 전문가인가? • 소속 기관이 있다면 그 기관이나 저자의 행보가 주제와 관련 있는가? • 주제에 대한 저자의 다른 논저가 있는가? • 다른 자료에 언급되는 저자인가?(온라인과 다른 논저의 참고문헌 참조)
2. 출판 정보	• 주로 어떤 종류의 책을 내는 기관이나 출판사인가?(대학출판사나 학술기관인가 아니면 기업홍보처나 상업광고, 처세술 책을 주로 펴내는 대중출판사인가) • 온라인 자료라면, 사이트 내에 정보에 대한 책임소재를 밝히고 있는가?(연구 주제에 따라서 근거로 사용할 만큼 신뢰할 수 있는 자료를 제공하고 있는 주체인지 확인할 필요가 있다.) 사이트의 주소에서 주체를 짐작할 수 있는데, .go.kr/.gov(government)는 정부 기관, .or.kr/.org(organization)는 비영리 민간단체, ac.kr/.edu(education)는 대학 사이트이다.

	• 오픈 액세스(open access) 논문 저장소라면 운영 방식과 저장 논문 검토 방식을 반드시 확인한다.
3. 출판 날짜	• 언제 출판되었는가? 최근 것인가 오래된 것인가? • 전자자료라면 마지막 업데이트 시기가 언제인가? 연결된 링크가 아직 유효한가? (오래된 자료라고 해서 꼭 가치가 없는 것은 아니다. 경우에 따라서 오래된 자료가 역사적 맥락을 보여 주거나 해당 주제에 대한 토대를 조망하게 할 수도 있다.)

서지사항의 검토를 통해서 신뢰하기 어려운 자료를 일차적으로 걸러 내고 난 뒤에는, 내용 검토를 통해 필요한 자료를 추린다. 빠른 시간 안에 내용을 파악하기 위해서는 전체 구조를 이해하는 것이 좋다. 초록이나 목차가 있으면 우선 읽고, 없을 때는 본문을 넘겨 보면서 소절의 제목은 무엇인지, 내용 요약이 있는지 살펴본다. 자료의 주요 성격을 파악하고 나면, 서론에서 연구 질문을 찾고 결론에서 그에 대한 해답을 확인해 본다. 서문의 마지막 부분에 주요 내용을 어디에서 다루는지 밝히는 경우가 있으니 이를 확인할 필요도 있다.

자료 평가를 위한 질문 2 - 내용 관련	
1. 집필 목적이나 계기	• 특정 텍스트에 대한 대응이나 구체적 연구 질문에 대한 대답인가? • 정보 전달을 위해서 쓰였나? • 해당 주제에 대한 개설적 소개를 위해서 쓰였나? • 설득을 위해 쓰였나?
2. 독자 - 누구를 위한 글인가	• 특정 영역의 전문가를 위한 글인가, 대중을 위한 글인가? • 십대, 노년층 등 특정 집단을 위한 글인가? (해당 독자에 따라 공동체 특정적 술어를 사용하고, 주요 개념의 정의 방식이 다를 것이다.)
3. 논증 - 논증 구조가 명료한가	• 숨겨진 가정이나, 드러나지 않은 전제가 있는가? • 전체를 포괄하는 시작 단락이나 서문, 소개의 글이 있는가? • 논증 구조에 대한 이론적 틀과 형태를 보이고 있는가? • 관련 논저에 대한 전문가의 서평이나 논의를 참고하고 있는가?

4. 근거 - 주장을 지지하기 위해 사용하는 근거 유형은 무엇인가	• 1차 자료(텍스트/인터뷰)를 사용하는가, 2차 자료를 사용하는가, 둘 이상을 조합하여 사용하는가? • 자료를 전체적으로 다양하게 사용하는가, 부분적으로 선별하여 사용하는가? • 반론을 언급하는가? 반론을 정중하게 다루는가? • 인용할 때 적절하게 윤리적으로 하는가? 주석과 참고문헌을 제시하는가? • 온라인 자료라면 인용한 사이트의 주소를 링크하여 보여 주는가?
5. 어조	• 객관적 언어를 사용하는가? • 해학적인가 진지한가? 현학적인가 일상적인가? • 구체적인가? 정치적인가? 문화적인가? 이념적인가? (특정한 이념 때문에 자료를 버릴 필요는 없지만, 논의의 힘에 영향을 줄 어떤 편견의 가능성이 있다면 설명한다.)

위와 같은 과정을 거치면, 중요하게 다루어야 할 자료들이 대개 결정된다. 이들을 발표 연대순으로 배열하여 자료 목록을 작성한다. 물론 이 자료 목록은 이후에도 조금씩 수정될 수 있다. 자료의 정확한 출처를 자료마다 적어 두는 것도 잊지 말아야 한다. 책을 복사할 경우에는 정확한 서지 정보를 알 수 있도록 서명과 출판 날짜 등이 적힌 판권면을 함께 복사해 두는 것이 좋다.

활동

앞 장에서 다루었던 '우리 사회 장애에 대한 인식'에 대해 관심을 가지고 관련 자료를 찾아보았다. 주제를 한정하기 전에 다각도로 접근하기 위해서 다양한 키워드를 중심으로 검색하였다. 먼저 '장애'를 검색하였더니, '고용', '교육', '정상성'이라는 연관어가 따라왔다. '장애' 개념과 관련하여 '의학 모델'과 '사회 모델'을 알게 되었고, 관련하여 '권력', '에이블리즘', '유니버설 디자인'을 찾아보았다. 다시 '권력'과 관련하여 '낙인', '정상성' 개념도 나왔고, '정상성' 개념을 분명히 하기 위해서, '경계'와 '타자성' 등의 개념을 알아야겠다는 생각이 들었다.

개념을 보다 구체적인 일상과 연결 지어 고민해 보고 싶어졌다. 평상시에 좋아하는 연극 공연과 극장 접근성을 생각해 보니 '유니버설 디자인'과 관련지을 수 있을 것 같아서, '배리어 프리' 현장을 확인하고 분석해 보기로 했다. 다음은 오프라인과 온라인에서 찾은 자료들이다. 각각의 자료들이 어떻게 이용될 수 있을지, BEAM으로 구분해 보고, 보충해야 할 부분의 자료를 더 찾아보자.

a. **장애학의 도전**은 김도현이 집필하여 2019년에 파주의 오월의봄에서 출간되었다.

b. 권영숙이 1996년 쓴 **미셸 푸코에서 '사회적인 것'(the social)에 대한 연구: 신체, 권력, 그리고 사회방위 개념을 중심으로**라는 논문은 서울대학교 대학원 석사학위 논문이다.

c. **비정상성에 대한 저항에서 정상성에 대한 저항**은 2004년 서울 아르케에서 출간된 조희연의 책이다.

d. 박치완이 2012년에 쓴 **사회적 정상성의 희화 또는 극복 - <세 얼간이>를 중심으로 -** 라는 논문은 철학연구 45호 345-378에 게재되었다.

e. 한국장애인고용공단 고용개발원의 2024년 **EDI 2024 장애인 통계**를 찾아보았다. 고용개발원의 조사통계부가 저술하였다.

f. 이길호의 논문 **익명적 저항의 경로들: 익명성 실천으로서의 어나니머스와 '정상성'의 해킹**은 2019년 비교문화연구 25.2의 145면부터 189면에 게재되었다.

g. 남영림이 2022년에 쓴 **탈(脫) 에이블리즘 미술교육의 방향 연구**는 조형교육 81호 51-82면에 실렸다.

h. 미셸 푸코Michel Foucault가 쓴 ***Surveiller et punir: Naissance de la prison***은 1975년 파리의 Gallimard 출판사에서 나왔고, 국문본은 1994년 오생근이 번역하여 **감시와 처벌: 감옥의 탄생**이라는 제목으로 나남출판사에서 나왔다. 2003년에 개정판이 나왔다.

i. **장애인의 차별 인식 실태와 정책과제**는 한국보건사회연구원에서 펴내는 정기간행물 보건복지포럼 263호 47면에서 58면에 실려 있다. 연구자는 오욱찬이고 2018년에 간행되었다.

j. 국가법령정보센터의 **장애인복지법, 장애인차별금지 및 권리구제 등에 관한 법률, 장애인 등에 대한 특수교육법 시행령**을 찾아보았다.

k. 수전 웬델(Susan Wendell)의 ***The Rejected Body: Feminist Philosophical Reflections on Disability***는 1997년 oxford의 Routledge 출판사에서 출간되었다. 한국어 번역본은 2013년 강진영, 김은정, 황지성이 번역하여 **거부당한 몸: 장애와 질병에 대한 여성주의 철학**이라는 제목으로 서울 그린비에서 출간되었다.

l. **푸코와 장애의 통치**는 셸리 트레마인(Shelley Tremain)이 2005년에 엮은 ***Foucault and the Government of Disability***를 박정수, 임송이가 번역한 책이다. 2020년 그린비 장애학 컬렉션으로 출간되었다.

m. 2008년 Tobin Siebers가 쓴 ***Disability Theory***는 University of Michigan Press에서 Corporealities: Discourses Of Disability 시리즈로 출간되었다.

n. 연극 **너의 왼손이 나의 왼손과 그의 왼손을 잡을 때**는 2023년 6월 27일부터 7월 15일까지 두산인문극장 Space111에서 공연되었는데 다중장애형 관객을 위한 매우 포괄적인 배리어 프리 시스템을 운영하였다. 정진새가 쓰고 연출하였다.

o. 푸코가 영향을 받았던 캉귈렘의 정상성 개념에 대한 한희진의 논문 **조르주 캉귈렘의 의철학에서 '정상성(*normalité*)' 개념**은 2012년 한국의철학회가 펴낸 의철학연구 14호 115면에서 150면 사이에 실렸다.

p. 김혜윤이 쓴 **정상성의 호출에 대한 거부와 탈주: 〈필경사 바틀비〉와 《채식주의자》의 저항 양상 비교 분석**은 2024에 동서비교문학저널 70호 109면에서 138면에 게재되었다.

q. **정상성의 경계 재구성하기**는 하정옥이 2008년에 쓴 논문이다. 페미니즘 연구 8권 2호 117면에서 156면에 게재되었다.

r. 최보연과 정종은이 함께 쓴 **문화예술 분야 장애인 접근성 제고를 위한 개념적 고찰: 접근성 개념 및 관련 용어 분석을 중심으로**는 2024년 교육연극학 16권 2호 85-114면에 실렸다.

1. 논의의 배경을 이해하는 데 도움이 될 자료들은 어떤 것들이 있을까, 기초적이고 일반적인 정보, 독자와 필자가 공유할 수 있을 만한 사실과 정보를 담고 있는 자료들을 찾아보자.
2. 데이터나 관찰 기록, 필자가 분석하고자 하는 사례를 보여 주는 자료들은 어떤 것들이 있는가?
3. 연구자의 질문을 둘러싼 담론들, 다른 이들의 연구 결과물들은 어떤 것이 있는가?
4. 이론과 방법론에 관한 참고 논저들이 있는가?
5. 제시된 자료 중에 신뢰도가 약한 자료가 있다면 왜 그런지 이야기해 보자.
6. 연구 대상을 '공연 접근성'으로 하여 범위를 한정하고, 심화하여 보려면 어떤 자료가 더 보충되어야 할지 이야기해 보자.

자료 활용하고 기록하기

자료의 수집과 선별이 끝나면 자료를 면밀하게 읽고 정리하는 일이 필요하다. 엘렌 식수(Hélène Cixous)는 《글쓰기 사다리의 세 칸》에서 천천히 읽기(slow reading), 능동적 읽기(active reading), 꼼꼼히 읽기(close reading), 다시 읽기(re-reading)를 권장한다.[5] 이를 풀어 설명하면 생각하며 읽고, 질문하고 연결하며 읽고, 행간의 숨은 의미를 읽고, 때로는 의심하고 때로는 기억하며 읽으라는 주문이다. 이러한 적극적 읽기가 주제에 대해 주체적으로 사고할 힘을 줄 수 있다.

(1) 자료 활용하기

이렇게 읽은 자료들은 글에서 요약하여 제시되거나, 해석 과정을 거쳐 바꿔쓰기로 나타나거나, 때로는 직접 인용되기도 한다. 학술적 사고는 의심하고, 정의하고, 분석하고, 추론하는 행위와 관련이 있다. 때로는 선행 연구를 지지하고 비판하거나 서로 비교하고 대비한다. 선행 연구를 역사적 흐름에 따라 분류하고 조직하여 재구성하는 경우도 많다. 어떤 자료를 인용하며 그에 대한 자신의 해석을 내어놓기도 하고, 다른 이의 연구 결과를 인용해 자신의 주장을 뒷받침하거나 확인하는 근거로 이용하기도 한다. 논증 과정에서 필요할 때는 자신의 생각과 다른 주장을 인용하여 비판하기도 한다. 모든 글은 잠재적으로 비판의 대상이 될 수 있는데, 이는 그 글이 학술 담론 안에서 언급할 만한 가치가 있다는 의미이므로 꺼릴 일이 아니다. 다만 반대 의견을 가진 사람을 희화화하거나 자신의 주장을 위해 반대 의견을 잘못 옮겨서는 안 되며, 지나치게 단순화해서도 안 된다. 다른 이의 글을 인용할 때는 어떻게 해야 하는지 알아보자.

(2) 직접 인용과 간접 인용

인용은 크게 직접 인용과 간접 인용으로 나뉜다. 이는 원 텍스트를 변형 없이 그대로 옮겨 쓰는가 아니면 글 쓰는 이의 표현으로 바꾸어 쓰는가에 따른 구분으로, 어떤 경우라도 출전은 꼭 밝힌다.

직접 인용(quote)은 짧은 언급이나 요약만으로는 불충분한 경우 혹은 어떤 특수한 생각이 특정 표현 방법을 통해서만 나타났다고 판단될 경우, 인용 대상의 저자가 표현한 대로 옮기는 것이 효과적이라고 판단될 때 쓰인다. 직접 인용은 해당 대목을 큰따옴표로 묶어 드러내거나, 독립된 문단으로 구성해 인용 문단 위아래로 한 줄을 비우고 본문보다 안으로 들여쓰기하는 등 시각적으로 구별이 되게 한다. 직접 인용은 원전대로 인용하는 것이 원칙이므로 만일 인용자가 강조하거나 필요 부분만 드러내기 위해 원문에 부호를 덧붙이거나 일부를 생략했을 경우에는 다음과 같이 그 사실을 밝혀 주어야 한다.

> "이를 극복하려면 글쓰기의 기본부터 착실히 익히겠다는 자세를 지녀야 한다. 주제에 접근하는 방법이나 자료를 찾고 정리하는 방법, (중략) 참고 자료를 제시하는 요령에 이르기까지 하나씩 배워 가야 한다. <u>자료의 정확한 독해와 철저한 인용은 학계에서 오랜 시간에 걸쳐 이룩된 권위와 성과를 인정하는 행위</u>라는 사실을 잊지 말아야 한다."(밑줄은 인용자 표시)

간접 인용은 글 쓰는 이가 다른 이의 생각이나 말을 자신이 이해한 내용으로 바꾸어 표현하는 것이다. 여기에는 간단한 언급(comment)이나 요약(summarize), 바꿔 쓰기(paraphrase) 등 여러 방식이 있다. 비교적 분량이 긴 참고 자료의 요지를 자신의 말로 줄이는 요약이나, 참고 자료 자체가 지닌 논리적 순서를 유지하면서 내용을 자신의 말로 다시 쓰는 바꿔 쓰기는 가장 흔한 간접 인용의 방법이다. 이때 원 텍스트의 뜻이 왜곡되지 않도록 조심해야 한다. 다른 사람의 글 내용을 그대로 옮기지 않고 간단히 언급할 때도 그 출전을 표기해야 한다. 인용에서 특별히 주의할 점은 자신의 말과 다른 사람의 말이 혼동되지 않도록 하는 것이다. 요약의 경우에도 직접 인용한 부분이 포함된다면 큰따옴표를 써서 해당 부분을 분명하게 표시해야 한다. 내용을 요약해서 옮겨 적을 때 원문의 표현이나 글의 구조, 전개를 그대로 빌려 와서는 안 된다. 올바른 바꿔 쓰기는 원문의 내용만을 빌려 오는 것이 아니라 그에 대한 자기 나름의 이해와 평가를 포함해야 하기 때문이다. 다음 구체적 사례를 통해 이 점을 확인해 보자.

필자가 이해하는 한, 기존의 대부분의 일제 시기 근대화 문제에 관한 연구는 다양한 입장 차이에도 불구하고 대단히 대립적인 두 가지 주장으로 정리될 수 있다. 즉 일제가 조선을 지배하지 않았다면 조선에서는 근대적 변혁이 제대로 이루어지지 않았을 것이라는 주장과, 일제의 조선 지배는 한국 근대화를 압살하였기 때문에 결국 근대는 해방 이후부터 시작될 수밖에 없었다는 주장이 그것이다. 거기에는 일제의 조선 지배에도 불구하고 조선인들이 주체적으로 대응해 나가는 역사가 탈락되어 있다. 일제 시기의 역사가 한국 역사의 일부가 되기 위해서는 민족 해방 운동 같은 적극적인 항일 운동뿐만 아니라, 지배의 억압 속에서도 치열하게 삶을 영위해 가면서 자기 발전을 도모해 나간 조선인의 역사도 정당하게 평가되지 않으면 안 되는데, 기존의 여러 연구에서는 바로 이런 인식이 거의 나타나지 않는다는 것이다.(허수열, 〈'개발과 수탈'론 비판〉, 《역사비평》 48호, 1999, 165-166면)

① 부적절한 인용의 예

허수열에 의하면, 기존의 일제 시기 근대화 문제 연구에는 일제가 조선을 지배하지 않았다면 조선에서는 근대적 변혁이 제대로 이루어지지 않았을 것이라는 주장과, 일제의 조선 지배는 한국 근대화를 압살하였기 때문에 결국 근대는 해방 이후부터 시작될 수밖에 없다는 주장이 대립하고 있다. 그러나 그 대립에는 조선인들의 주체적인 역사가 빠져 있다. 일제 시기의 역시도 한국 역사의 일부라고 본다면, 민족 해방 운동 같은 적극적인 항일 운동뿐만 아니라, 지배의 억압 속에서도 자기 발전을 꾀했던 조선인의 역사도 정당하게 평가하지 않으면 안 되는데, 기존의 여러 연구에서는 이런 인식이 거의 나타나지 않는나.

② 적절한 인용의 예

지금까지 일제 시기 근대화론을 둘러싼 논쟁에서는 개발론과 수탈론이라는 두 가지 입장이 대립하고 있다. 개발론은 일제가 조선의 근대화를 가능케 하였다는 입장이고, 수탈론은 일제의 목적이 조선의 수탈이었으며 이 때문에 조선의 근대화가 저해되었다는 입장이다. 허수열은 이 두 입장이 경제적 주체로서의 조선인의 역할을 인정하지 않는다는 점에서 서로 다르지 않다고 비판한다. 개발을 했든, 수탈을 했든, 경제적 변화의 주체는 모두 일본으로 상정되고 있다는 것이다. 이러한 관점에서 그는 일제 시기에 조선의 근대화가 일정 수준까지 이루어졌음을 인정하면서도, 그것을 가능케 한 요인으로서 식민 지배에도 불구하고 시대에 적응하며 좀 더 나은 삶을 도모한 조선인의 주체적 역할에 주목해야 한다는 제3의 입장을 제시한다.[3]

---

3) 허수열, 〈'개발과 수탈'론 비판〉, 《역사비평》 48호, 1999, 165-166면.

위의 예 중에서 ①은 문장 사이의 연결을 위한 몇몇 표현을 달리했을 뿐 글의 구조와 전개가 원문과 일치하며 그로 인해 글쓴이의 말과 인용문 저자의 말을 구분하기 어렵게 되어 있다. 이런 경우 처음에 비록 인용 사실을 밝혔다고 할지라도 바꿔 쓰기가 아니라 표절에 해당한다. 그러므로 글 쓰는 이가 원문 내용에 대해 이해한 부분과 평가 등을 반영하여 명시한 ②가 제대로 바꾸어 쓴 것이다.

다른 사람의 글을 인용할 때는 인용문이 자신의 논증과 어떤 관계가 있는지, 왜 이 부분을 자신의 글 속에서 인용했는지를 밝혀야 한다. 요약하고 바꾸어 쓰더라도 원문 속의 중심어는 그대로 이용하는 것이 일반적이며, 자신의 문장으로 재구성해서 인용 부분이 매끄럽게 연결되도록 한다. 인용에 쓰이는 전형적인 문구들(signal phrase)을 알아 두는 것은 초보 연구자들이 학술 문장을 쓸 때 매우 유용할 것이다. 다음 표를 참고하되, 동일한 표현을 똑같이 반복하지 말고, 조합하고 응용하여 풍부하게 사용하도록 노력하라.

1. 연구자의 주장(주요 견해)을 소개할 때

류이소(2019)는 ~라고 주장한다. /설명한다./ 말한다./ 강조한다./ 분석한다.
류이소(2019)에 따르면, ~이다./ ~을 밝혀냈다./ ~를 ~라고 보고 있다. / ~을 보여 준다.
류이소(2019)의 연구에서는 ~라는 점이 강조되었다.
류이소(2019)는 연구를 통해 ~을 발견했다.

2. 연구자의 주장에 동의할 때

류이소(2019)의 주장처럼, ~는 ~라고 볼 수 있다.
류이소(2019)의 연구 결과는 ~을 뒷받침한다.
류이소(2019)도 이와 유사한 견해를 보인다.
류이소(2019)의 연구는 ~을 확인해 준다.
류이소(2019)는 ~와 같은 결론을 내리고 있다.
이러한 관점은 류이소(2019)의 연구에서도 찾아볼 수 있다.

3. 후속 연구자의 논의로 선행연구자의 주장을 반박할 때

그러나 류이소(2019)는 ~와는 다른 입장을 취한다./ 이러한 견해를 비판한다./ ~의 한계를 지적한다.

류이소(2019)는 ~라고 주장하며, 기존 연구와 차이를 보인다./ ~라고 말하며 다른 해석을 제시한다.

4. 후속 연구자의 논의로 선행연구자의 논의를 확장할 때

류이소(2019)는 ~을 바탕으로 추가 연구를 제안한다.
류이소(2019)의 연구는 ~에 대한 후속 연구로 이어졌다.
류이소(2019)의 연구를 기반으로, ~한 논의가 발전했다.
이후 연구에서는 류이소(2019)의 주장을 더욱 심화하였다.
류이소(2019)는 ~의 가능성을 제기하며, 후속 연구의 필요성을 강조했다.
류이소(2019)의 연구는 이후 ~ 연구의 기초가 되었다.

5. 서로 대립되는 주장들을 검토하여 비교·대조할 때

류이소(2019)는 ~라고 주장한 반면, 박선재(2024)는 ~라고 본다.
류이소(2019)의 연구와 박선재(2024)의 연구는 일부 차이를 보인다.
류이소(2019)와 박선재(2024)는 공통적으로 ~을 강조하지만, 접근 방식에는 차이가 있다.
류이소(2019)와 박선재(2024)는 같은 결론을 도출했지만, 연구 방법론에서 차이를 보인다.
반면에 박선재(2024)는 ~라고 주장하며, 류이소(2019)의 견해를 반박한다.
류이소(2019)는 ~라고 분석하지만, 박선재(2024)는 다르게 해석한다.

6. 선행 연구에서 아직 다루어지지 않은 부분을 찾아 언급할 때

기존 연구들은 주로 ___에 조섬을 맞추어 왔디.
그러나 ___에 대한 실증적 분석에는 상대적으로 소홀했다.
지금까지의 연구는 대부분 ___에 국한되어 있었다.
이러한 선행 연구의 한계를 보완하고자 본 연구는 ___을 시도한다.

특히 6번과 같이 선행 연구의 공백을 밝히고, 본 연구의 의미를 드러내는 이러한 표현들은 학술 논문의 서론(introduction) 또는 이론적 배경(문헌 고찰) 부분에서 자주 사용된다. 또한 자신의 연구가 기존 연구의 어떤 한계를 메우는지를 설득력 있게 드러내어 의미를 밝히는 이런 표현들은 결론 부분에서 연구의 기여를 보일 때에도 중요하게 활용될 수 있다.

자료를 이렇게 활용하기 위해서 연구할 대상이 되거나 연구에 참고가 되는 문헌들을 치밀하게 조사하여 정확하게 읽고 그 내용을 정리하는 것은 매우 중요한 활동이다. 내용의 전체적인 개요만이 아니라 핵심 내용을 분명하게 파악할 수 있도록 자료를 정독해야 한다. 특히 자신이 쓰게 될 글과 관련이 깊은 중요한 자료는 정확하게 이해하기 위해 여러 번 정독할 필요가 있다. 또한 아무리 정밀하게 자료를 읽었다고 하더라도 그 내용을 기록해 두지 않으면, 나중에 그것을 제대로 활용할 수 없기 때문에 자료의 개요를 간추려 두거나 그 핵심 사항을 요약하여 기록해 두어야 한다.

요약할 때 유의해야 할 것은 가장 핵심적인 내용을 간결하고 정확하게 서술해야 한다는 점이다. 축약이 단순히 글의 분량을 줄이는 기계적인 축소의 작업이라면, 요약은 중요한 것과 그렇지 않은 것을 구분하여 중요한 것을 가려내는 판단과 평가가 전제된 작업이다. 요약을 할 때 지켜야 할 원칙은 간단하다. 필요한 내용은 반드시 포함시키고, 그렇지 않은 내용은 과감하게 삭제하면 된다.

먼저 글의 내용과 주제가 무엇인지에 집중하면서 처음부터 끝까지 정확하게 읽어야 한다. 그리고 글의 전체적인 맥락을 파악한 후에는 그 중심 생각이 무엇이며 그 생각을 어떻게 전개하고 있는지 살펴보아야 한다. 즉 정확한 읽기를 통한 '논점 파악'이 요약의 시작이다. 논점을 파악하기 위해서는 글쓴이의 주장은 결국 무엇인가, 그 주장을 뒷받침하는 근거는 무엇인가, 제시한 근거가 효과적으로 주장을 뒷받침하는가 등을 주로 살피면서 궁극적으로 글쓴이가 무엇을 전달하고자 하는지 이해하는 작업이 필요하다. 더 나아가 글에서 글쓴이의 주관적 의견과 객관적 사실을 구분하고, 같은 주제를 다룬 다른 글과는 어떠한 차이가 있는지, 어떠한 맥락과 배경에서 이와 같은 논지를 펼치는지, 제시한 통계나 수치가 정확하게 인용되었는지, 고의적인 왜곡이나 오독의 여지는 없는지, 서술이 모순 없이 일관성을 유지하는지 등을 판단해야 한다. 이때 주요 내용은 따로 기록하거나 해당 부분에 표시를 해 둔다. 자료를 읽고 요약문을 작성할 때 떠올랐던 아이디어나 자료에 관한 여러 정보를 요약문과 함께 기록하고 정리하여 두면 나중에 사유의 과정을 다시 떠올릴 수 있어서 편리하다. 대체로 다음과 같은 정보를 요약문과 같이 기록해 둔다.

- 정확한 서지 정보: 인용에 필요한 서지 정보를 정확하게 기록해야 자료를 다시 찾는 수고를 덜 수 있다. 인용 면수도 반드시 기록해야 한다. 만약 도서관에서 빌린 책이라면 청구 기호를, 인터넷에서 찾은 자료라면 전자 주소 정보

를 함께 표시해야 다시 찾아보기 편하다.

- 인용문: 나중에 인용할 만한 구절을 그대로 옮겨 놓는다. 정확한 면수 표시와 함께 따옴표를 사용하여 원문을 그대로 옮겼음을 표시한다. 필요하면 원문을 복사(스캔)하거나 입력하여 첨부하는 것도 좋다.
- 부연 설명: 요약한 자료가 어떤 맥락에서 나온 것인지, 어떻게 확장되고 발전되는지 등을 기록하여 놓는다. 나중에 요약문이나 인용문만 보았을 때 생길 수도 있는 오독을 막기 위해 필요한 메모를 위주로 한다.
- 개인적 견해: 요약문, 인용문, 부연 설명이 혼동되지 않도록 정리해야 한다. 다른 색깔 펜으로 쓰거나 자신만의 기호를 사용하여 그것이 자신의 개인적 견해임을 두드러지게 한다. 자신이 왜 이 자료를 주목하는지, 나중에 어떻게 활용할 수 있는지 등을 기록해 놓으면 구상하기 단계에서 자료의 활용도를 높일 수 있다.

(3) 자료의 기록 1: 참고문헌

글에 인용한 자료나 논저는 반드시 출처를 표기해야 한다. 참고한 논문, 책, 기사, 자료집 등의 서지사항을 논문이나 저서의 말미에 일정한 형식에 따라서 제시하는 것을 '참고문헌(bibliography 또는 references)'이라고 한다. 대부분의 학위논문에서 하는 것처럼, 인용한 자료는 물론이고 글을 쓰는 과정에서 도움이 된 모든 문헌을 적어 주는 것을 bibliography라 하고, 글 안에서 실제로 인용한 자료들의 목록만 적는 경우를 references라 하여 구분하기도 한다.

주석과 참고문헌 정보는 논지의 정확성과 타당성을 뒷받침해 준다. 유사한 주제를 연구하고자 하는 사람들은 이를 통해서 유용한 정보를 얻을 수 있다. 주석이나 참고문헌란에서 서지사항 기록 방식의 대체적 큰 틀은 같다. 저자가 누구인지, 자료가 무엇인지, 어디서 출간했는지(발행 기관)와 언제 출간했는지(발행 시기)를 밝히는 것이다. 둘의 차이는 배열 순서와 참조 면수 기록 여부에 있다. 주석은 인용을 전제로 하기 때문에 인용 순서대로 번호를 붙여 기록하고 인용 면수를 밝힌다. 참고문헌 목록은 참조한 자료들을 저자명의 내림차순으로 적어 주며, 자료 전체를 참조하였다고 보기 때문에 인용 면수는 밝히지 않는다.

참고문헌은 1차 자료나 단행본, 논문 등을 구분하여 배열하기도 하고, 국문 논저를 앞에 놓은 뒤 동양 논저, 서양 논저의 순으로 배열하기도 한다. 같은 범주 내에서는 저자 성명의 자모순으로 배열한다. 저자명을 배열할 때는 성을 기준으로 표기한다. 이름을 먼저 쓰는 문화권의 자료에서도 성이 기준이다. 성과 이름의 순서가 바뀔 때는 성 뒤에 쉼표를 찍어 표기한다. 복수 저자일 때는 맨 앞의 저자만 성을 앞으로 가져온다. 정렬과 무관한 모든 경우는 원 순서대로 기록한다.

참고문헌이나 주석을 작성하는 방식은 학문 분야별로 특수한 체제가 있을 수 있으므로 해당 학문 분야의 사례를 잘 살펴보아야 한다. 구체적인 출전 표기 방식과 참고문헌 작성법은 각 학문 분야별로 간행되는 학회지의 논문 투고 규정에 설명되어 있다. 미처 합의되지 못한 다양한 형식의 매체에 대한 인용기록 양식(documentation style)은 서울대학교 중앙도서관 사이트의 '학술연구지원' 중 '논문작성 가이드'의 〈참고문헌 작성법〉을 참고하는 것이 좋다. 대표적인 인용기록 양식이 소개되어 있고, 각 사이트와 관련 도서가 링크되어 있다. 이들 사이트는 급속하게 늘어나는 다양한 매체에 대한 기록 양식을 상대적으로 신속하게 반영하여 소개한다.

분야에 따른 다양한 기록 양식(documentation style)

양식	활용하는 분야
APA: American Psychological Association	심리학, 사회학 분야
MLA: Modern Language Association	인문학 분야
CSE: Council of Science Editors	자연과학과 이공계 분야
Chicago/Turabian/CMoS: The Chicago Manual of Style	인문학, 사회학, 예술
AP: Associated Press Style	언론, 뉴스, 미디어
IEEE: Institute of Electrical & Electronics Engineers Style	공학, 컴퓨터 사이언스
AMA: American Medical Association	의학, 간호학
ACM: Association for Computing Machinery	컴퓨팅, 정보과학
ASME: The American Society of Mechanical Engineers	기계공학

참고문헌 목록 작성의 관례

① 저자명의 가나다순으로 배열한다. 외서의 경우도 저자명은 성, 이름 순서로 쓰고, 성과 이름 사이에 쉼표를 한다.

② 동일한 필자의 문헌이 여럿일 경우 간행 연도순으로 배열한다.

③ 동일한 필자의 단독 집필 문헌과 공동 집필 문헌이 있을 경우, 단독 집필 문헌부터 적는다.

④ 공저일 경우 다음 관례를 따른다.

- 일정 순서에 따라 저자명을 모두 표기한다.
- 공저자가 4인 이상이면 대표 저자만 적고 나머지는 '외(外)'로 표기할 수 있다. 외서일 경우 et al.을 사용한다. 라틴어 et(and)+ alii(others)의 축약형이다. 양식에 따라 공저자 20인까지 기록할 것을 제안하는 경우도 있다.
- 외서의 첫 저자명은 성, 이름순으로 쓰고 두 번째부터는 이름, 성으로 쓴다. 성을 앞으로 가져오는 이유는 정렬을 위해서이므로, 정렬과 무관한 경우는 굳이 순서를 바꿀 필요가 없다.

⑤ 단행본과 논문은 분리하지 않고, 기호로 구분해 준다. 다만 분야나 학회의 편집 방침에 따라 단행본과 논문을 구분하여 배열하거나, 자료와 논저를 구분하여 배열하는 경우도 있다.

⑥ 편찬서는 편자 성명 뒤에 '편', 번역서는 번역자 성명 뒤에 '역'이라고 써서 '저'와 구분한다. 외서의 ed.(edited by)/eds.(복수 편자)는 '편', trans.(translated by)는 '역'의 대당어이다.

⑦ 외서의 저서명은 이탤릭체로 쓴다.

⑧ 출판지를 기록할 때는 도시 이름을 출판사와 쌍점(:)으로 연결한다. 최근에는 출판지를 생략하는 경향도 보인다.

⑨ 출판 연도는 양식에 따라 서지사항의 끝부분에 적거나, 저자 이름 바로 뒤 괄호 속에 쓰기도 한다.

⑩ 논문은 필자명, 논문 제목 다음에 게재지명과 권호수, 간행기관, 간행 연도, 게재 면수를 쓴다. 게재지는 책의 서지 기록 양식(외서는 이탤릭체)을 따른다. 출판사 대신 간행기관을 제목과 권호수 다음에 밝혀 준다.

최근에 논문의 새로운 공유 형태로, 공개 저장소가 있다. 급변하는 첨단 이론을 빠르게 공유한다는 장점이 있어 관련 분야에서 자주 인용되곤 한다. 미국의 코넬대에서 주관하는 arXiv와 같은 오픈액세스 논문 저장소가 그 예이다. 게재지와 간행기관 대신에 저장소와 고유번호를 쓴다.

⑪ 학위논문 중 박사학위 논문을 기록하는 방식도 최근 들어 변화가 보인다. 학위논문의 디지털 방식 공유가 일반화되면서, 논문도 출판된 저작물처럼 다루는 경향이 생겼다. 특히 공개 저장소에 업로드된 학위논문은 전자책이나 단행본처럼 기록되는 경우가 많다. 이에 따라 스타일 가이드(APA, MLA, Chicago 등)도 그 규정을 수정하고 있다. 학문 분야별 관행으로 살펴보면 인문/사회과학은 전통적으로 학위논문은 비출판물로 구분하고, 자연과학/공학 분야는 공개 저장소 기반으로 학위논문은 출판물처럼 취급하는 경향이 있다. 논문을 저서로 기록해야 하는지 여부는 해당 논문이 정식으로 저장소에 등록되어 있으며, 누구나 열람 가능한 상태인지에 따라 판단한다. 반드시 본인의 해당 영역의 관례를 확인해야 한다.

⑪ 번역서의 경우는 단행본의 원칙을 따르나, 역자 정보를 넣는 위치에 대한 합의된 전형이 없다. 외국어 이름의 국문 표기가 통일되지 않아 같은 저자가 달리 표기되는 경우가 있고, 성과 이름을 쓰는 순서에 대한 관례가 언어마다 다르다. 다음과 같이 기록해 볼 수 있는데, 어떤 방식을 선택하더라도 원서 정보에서 필자의 원어명과 간행 연도를 반드시 밝혀 줄 필요가 있다.

- 프리모 레비 저, 이현경 역,《이것이 인간인가》, 파주: 돌베개, 2007.[Primo Levi, *SeQuesto è un Uomo*, Turin: Giulio Einaudi editore, 1958]
- Levi, Primo《이것이 인간인가》, 이현경 역, 파주: 돌베개, 2007.[Primo Levi, *Se Questo è un Uomo*, Turin: Giulio Einaudi editore, 1958]

단행본

필자, 《책 제목》, (판수), 출판지: 출판사, 출간 연도.

김현경, 《사람, 장소, 환대》, 서울: 문학과지성사, 2015.

Chomsky, Noam, *Reflections On Language*, New York: Pantheon Books, 1975.

편찬서/선집(anthology)

필자, 〈제목〉, (편자 편), 《책 제목》, 출판지: 출판사, 출간 연도, 게재 면수.

이진아, 〈장소특정적 연극에서 '장소'와 '장소성'의 문제〉, 한국연극학회 편, 《연극 공간의 이론과 생산》, 서울: 연극과인간, 2017, 147-191면.

Goffman, Erving, On Face-Work: An Analysis of Ritual Elements in Social Interaction, 1955 in *Interaction Ritual: Essays on Face-to-Face Behavior*, New York: Pantheon Books, 1967, pp.5-46.

학술지 논문

필자, 〈논문 제목〉, 《게재지 제목》 권호수, 출간 학회, 출간 연도, 게재 면수.

이익섭, 〈국어 경어법의 체계화 문제〉, 《국어학》 2, 국어학회, 1974, 39-64면.

Baltin, Mark, Head Movement in Logical Form, *Linguistic Inquiry* 22-2, MIT Press Journals, 1991, pp.225-249.

오픈액세스 논눈

필자, 논문 제목, 저장소, 고유번호, 업로드 날짜, DOI/URL.

Karve, Nachiket, Nathan Rose, David Campbell, Diffusion as a Signature of Chaos, *arXiv*, arXiv:2507.18617, 24 Jul. 2025, https://doi.org/10.48550/arXiv.2507.18617

학위논문

필자, 〈논문 제목〉, 학위 수여 기관 및 학위 종류, 간행 연도.

오인환, 〈안소니 카로 이후의 영국 조각에서 나타난 영역 확대에 대하여〉, 서울대학교 대학원 석사학위논문, 1993.

Koo, Jasook, Politeness Theory: Universality and Specificity, Ph. D. Dissertation, Harvard University, 1995.

신문 칼럼

필자, 〈기사 제목〉, 《신문 제목》, 간행 연월일.

이정우, 〈싼 게 비지떡, 선별 복지의 함정〉, 《경향신문》, 2015. 3. 31.

사전(온라인일 경우 URL)

"검색항", 《사전명》, 출판기관, 출간 연도, URL, 검색 일자.

"정체성", 《표준국어대사전》, 국립국어원, 2008/1999,
https://stdict.korean.go.kr, 2025. 7. 23.

영화, TV 시리즈물, 시리즈물 중 에피소드

《작품명》, 감독/제작/연출/작가(중 완성물에 창작적 기여를 한 사람), 배급사, 2019.

《기생충》, 감독 봉준호, CJ ENM, 2019.

《나의 아저씨》, 극본 박해영, 연출 김원석, tvN, 2018.

〈무궁화 꽃이 피었습니다〉, 《오징어 게임》, 시즌 1, 1화, 극본·연출 황동혁, 넷플릭스, 2021. 9. 17.

앞의 예시를 참고해 다음과 같이 서지사항을 정렬하고 기록할 수 있다.

참고문헌

김현경, 《사람, 장소, 환대》, 서울: 문학과지성사, 2015.

오인환, 〈안소니 카로 이후의 영국 조각에서 나타난 영역 확대에 대하여〉, 서울대학교 대학원 석사학위논문, 1993.

이문영, 〈꽃으로 때리니 더 아프다〉, 《한겨레21》, 2013. 5. 25.,
https://h21.hani.co.kr/arti/society/society_general/34581.html, 2025. 7. 28.

이익섭, 〈국어 경어법의 체계화 문제〉, 《국어학》 2, 국어학회, 1974, 39-64면.

이정우, 〈싼 게 비지떡, 선별 복지의 함정〉, 《경향신문》, 2015. 3. 31.

이진아, 〈장소특정적 연극에서 '장소'와 '장소성'의 문제〉, 한국연극학회 편, 《연극 공간의 이론과 생산》, 서울: 연극과 인간, 2017, 147-191면.

"정체성", 《표준국어대사전》, 국립국어원, 2008/1999.
https://stdict.korean.go.kr, 2025. 7. 23.

프리모 레비, 이현경 옮김, 《이것이 인간인가》, 파주: 돌베개, 2007. [Primo Levi, *Se Questo è un Uomo*, Turin: Giulio Einaudi editore, 1958]

Baltin, Mark, Head Movement in Logical Form, *Linguistic Inquiry* 22-2, MIT Press Journals, 1991, 225-249면.

Chomsky, Noam, *Reflections On Language*, New York: Pantheon Books, 1975.

Goffman, Erving, On Face-Work: An Analysis of Ritual Elements in Social Interaction, *Psychiatry*, Vol. 18, Iss. 3, 1955, pp.213-231.[6]

Karve, Nachiket, Nathan Rose, David Campbell, Diffusion as a Signature of Chaos, *arXiv*, arXiv:2507.18617, 24 Jul. 2025, https://doi.org/10.48550/arXiv.2507.18617

Koo, Jasook, Politeness Theory: Universality and Specificity, Ph. D. Dissertation, Harvard University, 1995.

(4) 자료의 기록 2: 주석

주석은 내용, 위치, 표기 방식에 따라 몇 가지로 구분할 수 있다. 우선 내용상으로 보면 인용문의 출처를 밝히기 위한 참조주와, 본문의 논지와 관련이 있지만 본문에 들어갈 만큼 긴밀하지는 않은 방계적 내용이나 본문에 대한 보충 설명을 하기 위한 내용주로 나뉜다. 위치에 따라 본문 안의 해당 부분 뒤에 괄호를 하고 쓰는 내주(內註, in-text) 방식과 본문과 별도로 작성하는 외주(外註) 방식이 있다. 외주는 해당 면의 본문 아래쪽에 쓰는 각주(脚註, footnote)와, 글의 끝 또는 각 장의 끝에 몰아서 배열하는 미주(尾註, endnote 또는 후주[後註])로 나뉜다.

내주 방식은 압축된 요약을 제시하면서 그 출전을 해당 부분에 바로 밝히는 방식이다. 맥락에 따라 괄호와 부호를 사용하여 필자와 연도를 기록하고, 구체적 인용이 있을 때는 해당 면을 표시하되 쉼표(,)나 쌍점(:)으로 구분한다. 괄호 속의 연도는 해당 논저의 제목을 대체하는 필수 요소이므로, 괄호 밖의 조사는 괄호 속의 내용에 준하여 사용한다.

왕한석(2005b, 122)는 의사친족호칭이 신분계급의 소멸과 함께 신분 지위 호칭 대신에 전략적으로 채택된 흥미로운 호칭체계임을 밝히고 있다.

Lakoff(1973, 296)에서는 대화를 위한 두 가지 기저 화용규칙으로 '명료하라'와 '공손하라'를 들고 있다. 명료성에 대한 대표적인 격률은 그라이스의 협력원리(Grice, 1975)이다.

필자명을 알파벳으로 표기할 때 흔히 이름은 생략하고 성만 제시하지만, 같은 성을 가진 다른 필자와 구분할 필요가 있을 때는 이름을 함께 써 준다. 같은 필자의 논저를 여럿 인용하는 경우에는 Kang(1960), Kang(1966) 등으로 표시할 수 있다. 또 같은 해에 나온 논저를 두 편 이상 인용할 경우에는 이기문(1972a), 이기문(1972b) 등으로 구분해서 표시한다.

> 광양만의 해조류에 관한 조사는 독자적으로 수행된 것이 없고 상기 Kang(1966)에서 채집지가 여수 오동도 등지로 기술된 것과 Noda(1966)이 중국 동북부 및 한국 해조류를 보고하면서 여수산으로 지적한 것이 조금 있을 뿐이다.
>
> 공손 현상에 대한 여러 이론들(Leech, 2002; Brown and Levinson, 1987; R. Lakoff, 1973)에서 공통으로 전제하는 대원칙은 '타인에 관련된 것을 높이고, 자신에 관련된 것을 낮추라'는 것이다.

이렇게 내주에 약식으로 기록된 문헌 정보는 참고문헌란에서 자세히 확인할 수 있다.

외주로 참조주를 작성할 때는 참고문헌 목록을 작성할 때와 마찬가지로 각 학문 분야나 학술지 등에 따라 특별히 요구되는 방식이 있을 경우 그것을 따라야 한다. 일반적인 외주의 작성 방법은 참고문헌 작성 방식과 비슷하다. 참고문헌 목록과의 차이는 배열을 주석 번호순으로 하고 인용 면수를 기록한다는 것이다. 외주 형식의 일례를 보이면 아래와 같다. 각주로 할지 미주로 할지, 그 위치에 따라 목록의 모습은 달리 보이겠지만 항목의 기록 방식은 대체로 같다. 같은 글 안에서는 주석 작성 방식의 통일성이 지켜져야 한다.

> 1) 김현경, 《사람, 장소, 환대》, 서울: 문학과지성사, 2015, 40-42면.
> 2) 오인환, 〈안소니 카로 이후의 영국 조각에서 나타난 영역 확대에 대하여〉, 서울대학교 대학원 석사학위논문, 1993, 27면.
> 3) Noam Chomsky, *Reflections On Language*, New York: Pantheon Books, 1975, pp. 63-77.
> 4) 이진아, 〈장소특정적 연극에서 '장소'와 '장소성'의 문제〉, 한국연극학회 편, 《연극 공간의 이론과 생산》, 서울: 연극과 인간, 2017, 158면.

5) Jasook Koo, Politeness Theory: Universality and Specificity, Ph. D. Dissertation, Harvard University, 1995, p.8.
6) 이정우, 〈싼 게 비지떡, 선별 복지의 함정〉, 《경향신문》, 2015. 3. 31., 2면.
7) Erving Goffman, *Interaction Ritual: Essays on Face-to-Face Behavior*, New York: Pantheon Books, 1967, p.12.
8) "정체성", 《표준국어대사전》, 국립국어원, 2008/1999. https://stdict.korean.go.kr, 2025. 7. 23.

한편, 동일한 논저를 반복 인용하는 경우에는 필요한 서지사항들을 모두 다 기록하지 않고 약식 부호를 사용하여 간략히 적는 약식 주석의 방식을 취한다. 대표적인 약식 부호는 다음과 같다.

Ibid.: '*ibidem*'의 약자. 바로 위의 주석에서 서지사항이 완전하게 소개된 문헌을 바로 이어 인용하면서 인용 면만 달리하는 경우에 쓰인다. '위의 책', '위의 글' 또는 '상게서(上揭書)', '상게논문(上揭論文)' 등으로 쓰기도 한다.

op. cit.: '*opere citato*'의 약자. 바로 위에서가 아니라 그 앞의 어디에선가 인용했던 문헌을 다시 인용하는 경우 필자명 다음에 이 부호를 사용해 약식으로 작성한다. '앞의 책', '앞의 글' 또는 '전게서(前揭書)', '전게논문(前揭論文)' 등으로 쓰기도 한다.

Loc. cit.: '*loco citato*'의 약자. 바로 위에서 인용된 문헌의 같은 면을 다시 인용할 경우에 쓰인다.

약식주 방식은 서구 전통에서 오래 쓰여 왔으나 점차 간소화되는 추세이다. 현대에는 출판이 수월하고 다양해지면서 동일한 저자의 여러 논저를 반복해서 인용하는 경우가 많아 약식 부호가 혼동을 일으키기도 한다. 이러한 불편을 해소하기 위해 'Ibid.' 하나로 'op. cit.'과 'Loc. cit.'을 대신하거나, '같은 책'에 저자명을 덧붙이는지 아닌지에 따라 '앞의 책'과 '위의 책'을 대신하기도 한다. 저서명과 출판사 정보를 생략한 채 '저자, 출판 연도, 인용 면수'를 밝혀 적거나, 'Ibid.' 혹은 '같은 책'/'같은 글'/'같은 곳' 등을 확장 사용하여 바로 앞뒤

문헌에만 사용하는 방식이 늘어나고 있다. 이런 다양한 기록 방식들은 절대적인 것은 아니지만, 하나의 글 안에서는 통일성이 지켜져야 한다. 연구 논문의 경우는 관련 기관에서 요구하는 형식을 따르면 된다.

내용주는 다음 예시문의 주석 30번과 같이 내용을 확장하거나 심화하여 설명할 때 쓰인다. 내용주와 참조주는 따로 구분하지 않고, 나란히 일련번호를 붙여서 기록한다.

> 나이를 따지는 문화는 권위주의나 유교적 가치관, 봉건적 인간관계 등과 한데 묶여서 비판받곤 한다. '나이주의'라는 신조어마저 생겼다. 그런데 '나이주의'를 비판하는 사람들이 종종 놓치는 사실이지만, 나이를 따져서 높임말 사용 여부를 결정하는 것은 전통의 잔재라기보다는 오히려 근대화가 만들어낸 새로운 습관이다.30) 조선 시대의 양반은 아무리 나이가 어리더라도 상민에게 말을 놓았다. 신분이 나이보다 더 중요했기 때문이다. 장유유서는 신분이 같을 때 적용되는 원칙이다.31)
>
> ---
>
> 30) 근대화와 관련하여 나이주의는 양면적인 역할을 수행한다. 나이는 누구나 먹기 마련이므로, 나이에 따른 서열화는 지위나 권력이 없는 사람에게도 대접받을 기회를 준다. 하지만 다른 한편으로 자연적인 특징인 나이를 앞세움으로써, 나이주의는 재능과 업적을 중시하는 근대 사회의 원리에 저항한다.
>
> 31) 김현경, 《사람, 장소, 환대》, 서울: 문학과지성사, 2015, 132-133면.

활동

앞서 이용 목적에 따라 분류해 보았던 자료의 목록이다. 이 목록은 필요한 서지정보를 갖추고 있기는 하지만 체계가 통일되지 않아서 효율적으로 정보를 알기 어렵다. 경제적 소통을 위해 위에서 공부한 서지사항 기록 방식을 참고하여 정리해 보자.

a. **장애학의 도전**은 김도현이 집필하여 2019년에 파주의 오월의봄에서 출간되었다.

b. 권영숙이 1996년 쓴 **미셸 푸코에서 '사회적인 것'(the social)에 대한 연구: 신체, 권력, 그리고 사회방위 개념을 중심으로**라는 논문은 서울대학교 대학원 석사학위 논문이다.

c. **비정상성에 대한 저항에서 정상성에 대한 저항**은 2004년 서울 아르케에서 출간된 조희연의 책이다.

d. 박치완이 2012년에 쓴 **사회적 정상성의 희화 또는 극복 — 〈세 얼간이〉를 중심으로** - 라는 논문은 철학연구 45호 345-378에 게재되었다.

e. 한국장애인고용공단 고용개발원의 2024년 **EDI 2024 장애인 통계**를 찾아보았다. 고용개발원의 조사통계부가 저술하였다.

f. 이길호의 논문 **익명적 저항의 경로들: 익명성 실천으로서의 어나니머스와 '정상성'의 해킹**은 2019년 비교문화연구 25.2의 145면에서 189면에 게재되었다.

g. 남영림이 2022년에 쓴 **탈(脫) 에이블리즘 미술교육의 방향 연구**는 조형교육 81호 51-82면에 실렸다.

h. 미셸 푸코Michel Foucault가 쓴 ***Surveiller et punir: Naissance de la prison***은 1975년 파리의 Gallimard 출판사에서 나왔고, 국문본은 1994년 오생근이 번역하여 **감시와 처벌: 감옥의 탄생**이라는 제목으로 나남출판사에서 출간되었다. 2003년에 개정판이 나왔다.

i. **장애인의 차별 인식 실태와 정책과제**는 한국보건사회연구원에서 펴내는 정기간행물 보건복지포럼 263호 47면에서 58면에 실려 있다. 연구자는 오욱찬이고 2018년에 간행되었다.

j. 국가법령정보센터의 **장애인복지법, 장애인차별금지 및 권리구제 등에 관한 법률, 장애인 등에 대한 특수교육법 시행령**을 찾아보았다.

k. 수전 웬델(Susan Wendell)의 ***The Rejected Body: Feminist Philosophical Reflections on Disability***는 1997년 oxford의 Routledge 출판사에서 출간되었다. 한국어 번역본은 2013년 강진영, 김은정, 황지성이 번역하여 **거부당한 몸: 장애와 질병에 대한 여성주의 철학**이라는 제목으로 서울 그린비에서 출간되었다.

번역본을 참조하였다.

l. **푸코와 장애의 통치**는 셸리 트레마인(Shelley Tremain)이 2005년에 엮은 ***Foucault and the Government of Disability***를 박정수, 임송이가 번역한 책이다. 2020년 그린비 장애학 컬렉션으로 출간되었다.

m. 2008년 Tobin Siebers가 쓴 ***Disability Theory***는 University of Michigan Press에서 Corporealities: Discourses Of Disability 시리즈로 출간되었다.

n. 연극 **너의 왼손이 나의 왼손과 그의 왼손을 잡을 때**는 2023년 6월 27일부터 7월 15일까지 두산인문극장 Space111에서 공연되었는데 다중장애형 관객을 위한 매우 포괄적인 배리어 프리 시스템을 운영하였다. 정진새가 쓰고 연출하였다.

o. 푸코가 영향을 받았던 캉길렘의 정상성 개념에 대한 한희진의 논문 **조르주 캉길렘의 의철학에서 '정상성(*normalité*)' 개념**은 2012년 한국의철학회가 펴낸 의철학연구 14호 115면에서 150면 사이에 실렸다.

p. 김혜윤이 쓴 **정상성의 호출에 대한 거부와 탈주: 〈필경사 바틀비〉와 《채식주의자》의 저항 양상 비교 분석**은 2024년에 동서비교문학저널 70호 109면에서 138면에 게재되었다.

q. **정상성의 경계 재구성하기**는 하정옥이 2008년에 쓴 논문이다. 페미니즘 연구 8권 2호 117면에서 156면에 게재되었다.

r. 최보연과 정종은이 함께 쓴 **문화예술 분야 장애인 접근성 제고를 위한 개념적 고찰: 접근성 개념 및 관련 용어 분석을 중심으로**는 2024년 교육연극학 16권 2호 85-114면에 실렸다.

1. 18편의 자료를 참고문헌 목록 형식에 맞추어 정렬해 보자. 정렬한 결과를 소통의 효율 측면에서 예제의 자료 목록과 비교하여 보자.

2. 위의 목록 중 아래의 인용 사항을 참조주로 달아 보자. 외주 형식으로 하고 필요한 곳에 약식주를 사용하라.

   1) 한희진의 논문 **조르주 캉길렘의 의철학에서 '정상성(normalité)' 개념** 125면에서 130면을 인용했다.
   2) 하정옥의 **정상성의 경계 재구성하기**는 120면을 인용했다.

3) 셸리 트레마인(Shelley Tremain)이 엮고, 박정수, 임송이가 번역한 **푸코와 장애의 통치** 45면을 인용했다.

4) 김혜윤이 쓴 **정상성의 호출에 대한 거부와 탈주: 〈필경사 바틀비〉와 《채식주의자》의 저항 양상 비교 분석** 135면을 인용했다.

5) 셸리 트레마인의 같은 글 75면을 인용하였다.

6) 셸리 트레마인의 같은 글 170면을 인용하였다.

7) 미셸 푸코(Michel Foucault)가 쓰고 오생근이 번역한 **감시와 처벌: 감옥의 탄생** 27면을 인용했다.

8) 권영숙의 논문 **미셸 푸코에서 '사회적인 것'(the social)에 대한 연구: 신체, 권력, 그리고 사회방위 개념을 중심으로** 57-62면을 인용했다.

점검 사항

- ☐ 주제와 관련하여 그 배경, 현재 논의되는 담론, 분석 대상이 될 구체적 자료를 온라인과 오프라인에서 찾아보았는가?
- ☐ 1차 점검을 통해서 자료의 목록을 만들어 두었는가?
- ☐ 자료를 철저히 읽고 내용을 정확히 파악하였는가?
- ☐ 글에 직간접적으로 이용한 모든 자료에 대해 인용 사실을 밝혔는가?

3 구성하기

구성하기의 필요성

글의 주제를 정하고 글쓰기에 필요한 자료를 확보했다면 이제 글을 어떻게 쓸지 구상해야 한다. 주제에 대한 자신의 생각을 어떤 순서로, 어떤 방식으로 전달하는 것이 가장 효과적일지 고민해야 한다.

글쓰기에는 정해진 방식이 없다. 자신의 목적에 알맞은 방법을 찾을 뿐이다. 그럼에도 어느 정도의 형식을 갖춘 글에는 시작과 끝이 있다. 논문의 서론과 결론이 이에 해당한다. 논문이 아니라도 낯선 사람들과의 모임에서 누군가 처음 인사말을 하고 모임을 마치는 마무리 말을 하면 그 자리가 깔끔하게 정리되는 것처럼 글의 실마리가 되는 서두와 전체 글을 매듭짓는 마무리가 글 전체를 짜임새 있게 만든다.

개요 작성하기

글의 시작과 끝은 각각 서론과 결론으로 고정되어 있으니, 본론의 내용을 어떻게 구성할 것인가 하는 것이 '구성하기'의 핵심 문제다. 주제에 관한 자신의 의문을 나열하고 그 물음에 대한 생각을 여러 갈래로 전개하면서 그 주요 내용을 미리 간추리고 간단한 어구로 요약해 보는 것이 좋다. 이를테면 "웹툰은 언제, 어떻게 생겨났으며, 어떤 과정을 통해 발전해 왔는가?"라는 질문을 던진다면 '웹툰의 출현 시기', '웹툰의 등장 배경', '웹툰의 형성 과정', '웹툰의 발전 과정' 등의 핵심 어구가 그 과정에서 추출된다. 핵심 어구 중 유사한 것을 하나로 묶고, 구별되는 것을 분리한 뒤 핵심 어구의 묶음을 시공간의 순서대로, 또는 이미 알려진 내용에서 알려지지 않은 내용으로, 쉽고 간단한 내용에서 어렵고 복잡한 내용으로 이리저리 배치해 보면서 글의 전체 구조를 설계한다. 이런 방식으로 만들어 가는 글쓰기의 설계도를 '개요(槪要)'라고 한다. 개요는 대개 목차와 일치하는데, 목차를 좀 더 세밀하게 표현한다는 생각으로 작성하면 된다. 개요와 목차는 외형상 잘 구별되지 않지만 역할이 다르다. 개요는 글쓴이가 글을 구성하는 단계에서 작성하는 설계도이고, 목차는 독자가 글의 전체 구조를 파악할 수 있도록 글쓴이가 글 앞에 제시한 안내도(案內圖)이다.

처음에는 개요를 쓰는 것이 막막할 수 있으나 질문에서 출발해서 핵심 어구를 추출한다는 점만 기억하면 최초의 개요를 만들 수 있다. '이른바 샤로수길은 어떻게 만들어졌을까?' '녹두거리 상권이 쇠퇴하고 샤로수길 상권이 흥성하게 된 이유는 무엇일까?'라는 질문을 던지고 생각을 이어 가면 '샤로수길의 형성 배경', '샤로수길의 형성 과정', '녹두거리의 쇠퇴', '주변 상권(商圈)의 변화' 등의 핵심 어구가 떠오른다. 글의 주제를 '샤로수길의 형성과 성공 요인'으로 집약한 뒤 처음의 문제의식과 관련된 핵심 어구를 정리하고 출발 시점에서 떠올릴 수 있는 답을 적절히 배치하여 다음과 같은 개요를 작성할 수 있다.

주제: 샤로수길의 형성과 성공 요인

1. 서론
2. 샤로수길의 형성 배경
    2.1. 소셜미디어의 발달과 골목상권의 부상
    2.2. 녹두거리의 쇠퇴로 인한 서울대학교 앞 상권의 변화
3. 샤로수길의 형성 과정
    3.1. 소규모 점포의 초기 정착과 상권 형성

3.2. 샤로수길 명칭의 확립과 관악구청의 가로환경 정비
4. 샤로수길의 성공 요인
4.1. 1인 가구, 20-30대 연령층의 높은 점유율과 소비문화의 변화
4.2. 인근 상업가로의 상대적 부진과 샤로수길의 차별화
4.3. 상권 활성화를 위한 지자체의 참여와 골목길의 정체성 확립
5. 결론

조선 후기 남성 독자와 여성 독자, 상층 독자와 하층 독자 모두의 사랑을 받은 것으로 알려진 〈구운몽〉에 대해 '〈구운몽〉의 문제의식과 심층적 의미를 가장 잘 이해할 수 있던 조선 후기 독자는 누구인가?'라는 질문을 던졌다고 가정해 보자. 〈구운몽〉 원작이 서민층 독자가 읽은 후대의 축약본과 달리 교양 있는 상층 독자를 위한 작품이었다는 생각에 이르면 '상층 독자의 교양'과 같은 핵심 어구가 추출된다. 〈구운몽〉은 일부다처제를 정당화한 점에서 남성 독자를 위한 작품으로 보인다. 그러나 다른 각도에서 보면 실제 서사의 주도권이 여주인공들에게 있고 남주인공 양소유가 항상 여주인공의 놀림감이 된다는 점에서 상층 여성 독자의 흥미를 이끌어낼 만한 요소가 있다는 생각에 이른다. 이 지점에서 '여성의 서사 주도'와 같은 핵심 어구가 추출된다. 그러나 작품 저변에 놓인 엄격한 신분 위계, 힘겨루기에서 늘 패배하지만 자신의 모든 욕망을 충족하고 평화로운 가정을 이룬 궁극의 승리자는 남주인공이라는 점에서 작품의 표면과 이면의 메시지를 모두 긍정할 수 있는 독자는 상층 남성이라는 생각에 이른다. 이 지점에 이르면 '엄격한 신분 위계', '조화로운 가정' 등의 핵심 어구가 부각된다. 이상의 핵심 어구를 일부 변형하여 다음과 같은 개요를 작성할 수 있다.

주제: <구운몽>의 독자는 누구인가
1. 머리말
2. <구운몽>을 읽기 위한 교양의 수준
2.1. 원작과 후대 축약본의 차이
2.2. 상층의 교양과 하층의 심복

3. 여성을 위한 소설
    3.1. 여성이 주도하는 서사
    3.2. 힘겨루기의 승리자
4. 남성을 위한 소설
    4.1. 차등의 질서
    4.2. 조화로운 세계의 승리자
5. 맺음말

학위논문이나 학술 저서의 경우에는 매우 세밀하게 개요를 작성하기도 한다. 개요가 자세할수록 글 전체의 핵심 내용을 파악하기 쉽다. 개요를 다듬은 결과인 학위논문의 목차를 예시하면 다음과 같다.

주제: 한국 반지하 주거의 사회적 표상과 거주자의 정체성
1. 서론
2. 반지하 주기 형태의 형성 과정과 거주자의 사회경제적 특성
    2.1. 반지하 확대의 사회적·기술적·제도직 계기
        2.1.1. 반지하의 등장
        2.1.2. 단독주택의 '내부 분화'와 반지하의 주거 전용
        2.1.3. 다세대주택의 도입과 반지하 주거형태의 공식화
    2.2. 반지하 주거의 실태와 거주자의 특성
        2.2.1. 반지하의 규모와 전국적 분포
        2.2.2. 반지하 밀집지역의 분포와 그 형성 과정
        2.2.3. 반지하 거주자의 인구적 특성
        2.2.4. 반지하 가구의 주거실태
3. 반지하에 관한 사회적 표상의 형성과 변화
    3.1. 주거 빈곤의 사회적 표상 변화
    3.2. 반지하에 관한 사회적 표상의 추이
    3.3. 반지하에 관한 사회적 표상의 특성
        3.3.1. 열악한 주거
        3.3.2. '고립'과 '유폐', '절연'이라는 표상
        3.3.4. 빈곤과 범죄가 만나는 위험한 공간
4. 반지하 거주자의 주거 경험과 정체성
    4.1. 반지하라는 낙인에 대한 거주자들의 대응 전략

4.1.1. '일시화' 전략을 통한 낙인의 회피

4.1.2. '거리두기' 전략을 통한 낙인의 모면

4.1.3. 신분 위장 전략

4.1.4. 무시 전략

4.1.5. 노출 전략

4.2. 반지하 거주자와 주민 정체성

4.2.1. 중장년 거주자와 주민 정체성

4.2.2. 청년 거주자와 주민 정체성

5. 결론

장진범, 〈한국 (반)지하 주거의 사회적 표상과 거주자의 정체성 연구〉, 서울대학교 대학원 석사학위논문, 2013, 목차.

한국의 독특한 주거 형태로서 종종 사회 문제가 되기도 했던 '반지하 주거'를 주제로 삼아 다음의 질문을 던졌다. 한국의 반지하 주거는 언제 어떻게 만들어지고 어떻게 확대되어 왔는가? 반지하 주거에 대해 사회적으로 어떤 이미지가 형성되어 있는가? 반지하 거주자들의 실제 주거 경험은 어떠한가? 거주자들의 실제 경험과 사회의 부정적 반응의 영향으로 거주자들은 어떤 정체성을 가지게 되는가? 첫째 질문을 본격적인 논의에 앞선 예비적 고찰 성격의 2장에 두고, 둘째 질문에 해당하는 '반지하 주거의 사회적 표상'을 3장에, 셋째와 넷째 질문에 해당하는 '반지하 거주자의 정체성'을 4장에 편성하여 문제에 대한 접근 방법 및 질문에 대한 해답을 촘촘하게 배열한 결과가 위와 같이 표현되었다.

개요는 설계도다. 설계도는 집을 짓기 전은 물론 집을 짓는 중에도 여러 번 수정되곤 한다. 개요도 그렇다. 아직 본격적인 글쓰기를 시작하기 전에 미리 자신의 구상을 간결하게 표현해 본 것이 최초의 개요다. 처음부터 완벽한 개요란 존재하기 어렵다. 개요를 작성하고 나면 거의 언제나 문제점이 발견된다. 개요 작성 후에 곧바로 문제점이 발견되는 경우도 있고, 개요만 보았을 때에는 잘 드러나지 않던 결함이 어느 정도 글쓰기를 진행한 뒤에야 발견되는 경우도 있다.

글을 쓰기 전에 개요를 반복해서 다듬어 어느 정도 틀을 갖추었다 하더라도 실제 글쓰기를 진행하면 또 다른 문제가 발견되는 일이 허다하다. 처음의 생각대로 글쓰기가 순조롭게 진행되는 경우는 매우 드물기 때문이다. 새로운 자료를 추가하고, 좀 더 깊이 있게 고민하고, 생각을 논리화하는 과정에서 글의 방향이 처음의 계획에서 벗어나기 일쑤다. 그때마다 개요로 돌아와 그 시점까지의 글과 비교하는 일이 필요하다. 개요에 당초의 문제의식이 정확히 반영되어 있고 본문 내용이 개요에서 벗어나 있다면 본문의 방향을 개요에 맞추어 다시 설정해야 한다. 실제 글쓰기의 과정에서 생각을 구체화한 결과 당초의 개요와 다른 길로 가야 한다는 결론에 이르렀다면 그 시점까지 이루어진 글에 비추어 개요를 수정해야 한다. 글의 전체적인 흐름에는 큰 문제가 없어 보이더라도 항목별로 균형이 맞지 않아 가령 3장 내용은 지나치게 길고 4장 내용은 지나치게 짧다면 글의 서술 분량을 조절하기에 앞서 당초의 개요 구성에 어떤 문제가 있지 않았는지 다시 검토할 필요가 있다. 글쓰기 과정 내내 개요와 그 시점까지의 글을 비교하면서 끊임없이 조율하고 수정하는 작업이 필요하다.

서론 쓰기

글을 어떻게 시작할까? 본론보다 서론 쓰기가 더 어렵게 느껴진다고 하는 경우가 적지 않을 정도로 막막한 문제다. 첫 문장으로 이 글의 성패가 갈릴지 모른다는 부담감을 내려놓고 가벼운 인사말을 쓴다는 기분으로 일단 시작해 보자. 서론은 자신의 목적을 말하기에 앞서 건네는 인사말이라고 생각해 보자. 낯선 곳에 이사를 와서 못을 박아야 하는데 망치가 없다. 이웃집에서 잠깐 망치를 빌리면 좋겠다. 나의 목적은 망치를 빌리는 것이다. 이웃집 초인종을 누르니 이웃이 나온다. 다짜고짜 "망치 좀 빌려 주세요."라고 말하면 나의 목적은 정확히 전달했지만 분위기가 이상해진다. 먼저 내가 누구인지 밝히며 공손히 인사한 뒤 목적을 밝히는 것이 올바른 순서일 것이다. 이사로 소란을 피워 미안한 마음까지 표현하면 더욱 좋은 분위기에서 목적을 달성할 수 있을 것이다.

누군가에게 읽힐 목적으로 글을 쓴다면, 특히 누군가를 설득하기 위해 글을 쓴다면 글쓰기의 고려 대상 1순위는 당연히 독자다. 내가 말하고 싶은 내용이 본론이라면 본론으로 들어가기에 앞서 독자에게 이 글을 읽어 주십사 하는 인사와 소개의 말이 필요하다. 이것이 서론이다. 좋은 서론은 독자로 하여금 본론을 읽어 보고 싶다는 마음을 갖게 한다. 서론을 어떻게 써야 할지 정해진 방식은 없다. 그러나 일반적으로 서론에 포함되는 세 가지 내용이 있다.

- '무엇'을 다루고자 하는가?
- '어떻게' 접근하려 하는가?
- '왜' 그 내용을 다루는가?

'무엇'이 글쓰기의 대상과 목적에 관한 것이라면 '어떻게'는 연구 방법, 또는 전체 글의 순서에 해당하고, '왜'는 문제의식에 해당한다. 분량이 짧은 글이나 목차가 일목요연한 글이라면 '어떻게'를 생략해도 좋지만 '무엇'과 '왜'에 대한 대답은 필수적이다. '무엇'과 '왜'에 대한 대답이 없으면 독자는 이 글이 어떤 문제를 다루는지, 글쓴이가 그 문제에 주목하는 이유가 무엇인지 알 수 없다. 글쓴이의 문제의식과 목표를 알 수 없는 글을 읽어 줄 독자는 없다.

서론에 들어갈 내용은 위의 두세 가지 물음에 대한 대답을 정리하는 것으로 충분하다. 문제 제기의 수준을 넘어 구체적인 자료를 들어 본격적인 주장을 펴거나 제기된 문제에 대한 최종적인 입장을 밝히는 등 본론에서 다루어야 할 내용이 들어가지 않도록 주의하기만 하면 된다. 중요한 것은 글쓴이의 목적과 문제의식이다. 차분하게 자신의 문제의식과 목적을 밝히는 것이 정통파의 길이다. 다만 한 가지 더 고민할 일이 있다. 글쓴이의 문제의식과 목적의식에 독자가 더욱 흥미를 느끼고 집중할 수 있도록 만드는 글쓰기를 시도해 보는 것이다. 어떻게 독자의 관심을 불러일으킬 것인가? 글의 목적과 성격에 따라 다양한 방식을 생각할 수 있다. 자신의 친근한 경험에서 출발할 수도 있고, 최근의 사회 이슈에 주목하여 문제를 환기할 수도 있다. 주요 개념어를 정의하며 문제를 제기할 수도 있고, 짧지만 도발적인 물음으로 관심을 집중시킬 수도 있다.

① 미술관의 관람객들이 바빠지고 있다. 손도 들고, 발도 올리고, 몸도 흔들고, 소리도 질러 대고, 심지어 뛰어다닌다. 장갑도 끼고, 헬멧도 쓰고, 이어폰도 꽂는다. 조용하고 엄숙한 미술관에 무슨 일이 생긴 것일까. 가만히 서서 음미해야 할 작품 앞에서 웬 호들갑인가. 점잖은 관람객의 눈살을 찌푸리게 하는 일이 미술관에서 벌어지고 있다.

디지털 기술을 이용한 미술, 즉 디지털 미술은 오늘날 미술 관람의 풍경을 바꾸어 놓고 있다. 디지털 미술이 바꾸어 놓은 미술 관람의 풍경을 몇몇 대표적 작품들을 통해 살펴보자.

김진엽, 〈디지털 기술 시대의 미학〉, 서울대학교 인문대학 편, 《스무살, 인문학을 만나다》, 서울: 그린비, 2010, 169면.

② H. G. 웰스가 1898년 발표한 소설 《우주전쟁》에서 지구를 침공한 화성인들은 결코 쓰러트릴 수 없을 것 같은 강력한 존재였지만 결국 미생물에 의해 전멸한다. 지구 미생물에 대한 면역력이 없었기 때문이다. 마이클 크라이튼의 1969년작 《우주 바이러스》에서는 반대의 상황이 펼쳐진다. 애리조나의 작은 마을에 인공위성이 추락하면서 우주 미생물이 유입되고 이에 감염된 마을 사람들은 목숨을 잃는다. 두 소설에서 특정 행성의 미생물은 면역력이 없는 다른 행성의 생명체에게 매우 치명적이다. 한편, 고든 딕슨의 1987년 소설 《순례자의 길》에서 지구를 정복한 외계인 알라아그들은 지구의 미생물이 자신들이 사는 행성의 미생물과 생화학적 구조가 완전히 다르기 때문에 지구 미생물의 영향을 받지 않는다. H. G. 웰스와 마이클 크라이튼이 옳을까, 아니면 고든 딕슨이 옳을까?

팀 캘러핸, 〈우주 바이러스의 위협: 외계병원체가 지구인을 몰살할 수 있을까?〉, 《SKEPTIC Korea》 11호, 서울: 바다출판사, 2017. 9., 29면.

①은 최근 들어 달라진 미술관 풍경을 보여 주면서 디지털 기술을 이용한 현대미술에 대한 궁금증을 불러일으켰다. ②는 우주 바이러스가 등장하는 과학 소설 세 편의 차이를 대비하면서 어느 쪽의 상상력이 오늘날의 과학 연구 결과에 가까울지 의문을 던지는 방식으로 글을 시작했다. 두 경우 모두 평소 이 문제에 큰 관심이 없던 독자라면 딱딱하게 여길 수 있는 주제에 대해 자연스럽게 호기심을 가지도록 유도한 사례다.

③ 페미니즘이란 간단히 말해서 성차별주의와 그에 근거한 착취와 억압을 끝내려는 운동이다. 이 정의는 남성을 적으로 돌리지 않는다는 점에서 중요하다. 성차별주의를 문제로 지목하면 상황의 본질을 곧장 파고들 수 있기 때문이다. 실제로 페미니즘을 이렇게 정의하면 성차별주의를 공고히 하는 주체가 여성이든 남성이든, 아이든 어른이든 상관없이 성차별주의적 사고와 행동이 문제라는 걸 일깨워 줄 수 있다. 게다가 이는 구조적으로 제도화된

성차별주의에 대한 이해까지 포함할 정도로 포괄적이기도 하다. 그런 점에서 볼 때 이 정의는 일종의 열린 결말과도 같다. 페미니즘을 이해하려면 성차별주의부터 알아야 한다고 이 정의는 시사하고 있다.

벨 훅스, 이경아 옮김, 《모두를 위한 페미니즘》, 파주: 문학동네, 2017, 25면.

④ 천하에 두려워할 만한 존재는 오직 백성뿐이다. 백성은 홍수나 화재, 호랑이나 표범보다 훨씬 두려운 존재인데, 윗자리에 있는 사람들은 오히려 업신여기며 모질게 부리니, 대체 무슨 이유에선가?

이미 이루어진 일이나 함께 즐길 줄 알고 항상 눈앞에 보이는 것에만 얽매이며 순순히 법에 따라 윗사람의 부림을 받는 자들은 '항민(恒民: 늘 그대로인 백성)'이다. 항민은 두려워할 바가 못 된다.

모질게 빼앗겨 살이 깎이고 골수가 부서지며, 가정의 수입과 땅의 소출을 다 가져다 나라의 끝없는 요구에 응하면서 시름하고 한숨 쉬며 윗사람을 탓하는 자들은 '원민(怨民: 원망을 품은 백성)'이다. 원민도 반드시 두려워할 존재는 아니다.

푸줏간 속에 자취를 감추고 몰래 딴마음을 품은 채 세상을 흘겨보고 있다가 행여 무슨 변고라도 일어나면 자신의 바람을 실현하고자 하는 자들은 '호민(豪民: 호걸스러운 백성)'이다. 이 호민은 몹시 두려워해야 할 존재다.

허균, 〈호민론(豪民論)〉, 《성소부부고(惺所覆瓿藁)》

⑤ 해외 입양은 20세기 전쟁의 역사 및 전 세계 양극화와 맞물려 시작되고 이어져 온 친족 구성의 한 형태다. 그중에서도 20세기 중후반 아시아에서 미국으로의 입양은 한국 전쟁과 베트남 전쟁이라는 냉전의 구체적 사건을 경유해 이뤄진다. 그러나 전쟁 이후로도 한국의 해외 입양은 지속되고 있다. 이른바 '정상 가족' 이외의 형태를 정서적으로 인정하지 않고 행정적으로도 지원하지 않는 한국 사회의 독특성이 그 원인이라 할 수 있다. 이러한 역사적 맥락에서 보면 입양 서사(adoption narrative)는 입양을 소재로 한 사실적·허구적 서사 일반을 지칭하는 것을 넘어서, 불가피하게 시대의 풍경과 모순을 담는 역사기록학(historiography)의 성격을 갖게 된다.

김정하, 〈불가능한 기원: 입양 서사와 친족의 욕망들〉, 서울대학교 인문대학 엮음, 《욕망에 대하여》, 서울: 사회평론아카데미, 2024, 100-101면.

③은 글의 핵심 개념인 '페미니즘'을 정의하여 그 속성을 이해하게 함으로써 개념의 혼란으로부터 비롯되는 불필요한 오해를 없애고 글의 목표를 명확히 제시할 수 있게 한다. ④는 중세 조선 사회 통치자의 입장에서 통치의 대상인 백성을 어떻게 대해야 하는지 묻는 글인데, 백성을 '항민(恒民)'·'원민(怨民)'·'호민(豪民)'의 셋으로 나누어 규정하는 데서 논의의 실마리를 찾았다. ⑤는 오늘날 여전히 사회 이슈가 되고 있는 '해외 입양' 문제를 환기하며 입양을 제재로 삼은 서사가 지닌 복합적 의미를 부각했다.

> ⑥ 글은 어떻게 써야 하는가? '반드시 옛것을 모범으로 삼아야 한다'라고 사람들은 말한다. 그리하여 세상에는 마침내 옛것을 모방하면서도 부끄러운 줄 모르는 사람들이 생겨나게 되었다. (중략) 그러니 어찌 옛것을 모범으로 삼을 수 있겠는가?
>
> 그렇다면 새것을 만들어야 하겠지. 그리하여 세상에는 마침내 괴상하고 허황되고 지나치고 치우친 글을 쓰면서도 두려워할 줄 모르는 이들이 생겨나게 되었다. (중략)
>
> 그렇다면 어찌해야 좋단 말인가? 우리는 장차 어찌해야 하는가? 글쓰기를 그만두어야 할 것인가?
>
> 박지원, 〈초정집(楚亭集) 서문〉, 《연암집(燕巖集)》

⑥은 '글을 어떻게 써야 하는가'라는 질문을 던지고 전통을 따를 때의 문제점과 완전히 새로운 것을 만들 때의 문제점을 나열한 뒤 '글쓰기를 하지 말아야 하는가?'라는 탄식으로 글의 서두를 끝냈다. 다소 도발적이지만 독자들은 이 시점에서 글쓰기는 정말 어떻게 해야 할까, 마땅한 방법이 없다는 것인가, 글쓴이는 이 문제를 어떻게 풀어 나갈까 하는 질문을 던지며 이후 글이 어떻게 전개될지 관심을 기울이게 된다.

본론 쓰기

본론은 앞서 작성한 개요에 맞추어 작성한다. 본론의 출발점은 서론에 이미 제시되어 있다. 서론에서 제기한 문제에 대해 생각을 발전시켜 하나하나의 해답을 찾아가는 과정이 본론의 내용을 이룬다.

논문의 경우 글쓴이의 주장을 전개하고 근거를 제시하는 논증이 빈번히 활용된다. 자료를 세밀하게 분석하기도 하고, 적절한 사례를 열거하기도 하며, 기존의 훌륭한 의견을 참고하기도 하면서 독자를 설득하기 위한 모든 방법을 동원해야 한다. 문장과 문장 사이에 '왜냐하면', '예를 들면', '그러므로', '그럼에도'와 같은 접속어를 적절히 활용하여 자신의 생각을 논리적으로 전개하도록 한다. 자료와 작품, 기존의 연구 논문과 저서, 온라인 매체를 통해 확보한 정보 등을 활용할 때는 항상 주석을 달아 정확한 출처를 밝힌다. 본문의 흐름에 다소 어긋나지만 본문의 특정 문장이나 문단에 대해 글쓴이 자신의 생각을 보충할 필요가 있을 때에도 주석을 활용할 수 있다. 이 경우의 주석은 본문과 대화 관계를 맺고 있다는 점에 유의해서 본문의 흐름으로부터 크게 이탈하는 내용이 되지 않도록 한다.

본론에서는 문단을 만드는 데 각별히 주의할 필요가 있다. 문단은 하나의 의미 단위를 이루는 문장의 묶음이다. 개요에 따라 본론을 작성해 나가되 하나의 생각이 작은 매듭을 이룰 때마다 문단을 바꿔 준다. 문단을 이루는 문장들이 공통된 의미로 모일 수 있도록, 이질적인 내용의 문장이 섞이지 않도록 유의한다. 문단과 문단의 연결 또한 글의 논리적 전개를 판단하는 주요 근거가 된다. 생각의 흐름이 일관되고 논리적이면 앞뒤 문장의 연결이 자연스럽게 느껴지는 것처럼 앞뒤의 문단이 관계를 맺어 매끄럽게 이어지도록 해야 한다. 문단의 전환이 느닷없는 것처럼 느껴진다면 우선 적절한 접속어를 활용해 보고, 접속어로 문제가 해결되지 않는다면 문단을 바꾸는 과정에 논리적 비약이 있거나 이어져야 할 앞뒤 문단이 전혀 다른 내용을 담고 있는 경우에 해당하므로 앞뒤 문단의 관계를 재검토해서 나중 문단의 내용을 대폭 수정하는 것이 좋다.

하나의 문단이든, 본론이든, 한 편의 글 전체이든 글쓰기의 목표는 자신의 생각을 독자에게 명료하게 전달하는 것이다. 글쓴이 자신만을 위한 글이 아니라면 글쓰기의 과정 내내 독자에 대한 고려가 필수적이다. 따라서 다음과 같은 질문을 던지며 글을 쓸 필요가 있다.

• 나는 이 글을 통해 독자에게 무엇을 말하고자 하는가?
• 독자는 이 주제에 대해 이미 무엇을 알고 있는가?

- 독자의 이해를 돕기 위해 어떤 정보가 도움이 될까?
- 주제와 관련되는 주요 개념에 대해 독자가 오해하거나 혼란스럽게 느낄 여지는 없는가?
- 내가 이 주제를 명확하게 이해하는 데 도움을 준 것은 무엇인가?
- 독자에게 제시할 수 있는 최상의 예시와 설명은 무엇인가?
- 나의 입장에 대해 독자는 어떤 반론을 던질 수 있는가?

항상 가상의 독자를 앞에 두고 이러한 질문에 대한 답변을 생각하면서 글을 쓴다면 글의 요점을 좀 더 명료하게 제시하면서 상황마다 가장 적합한 설명과 예시를 찾고자 노력하게 될 것이다. 다루는 내용이 어렵고 복잡할수록 쉽고 간명하게 전달하기 위해 힘을 기울여야 하는데, 이 또한 독자를 고려한 글쓰기의 기본에 해당한다.

글을 쓰다 보면 자신의 생각만 앞세워 거침없이 나가다가 본론의 마무리 단계에 이르러 논리의 빈틈이 발견되는 경우가 적지 않다. 글쓴이 자신이 판단하기에도 글의 설득력이 부족하다고 느끼는 경우 또한 허다하다. 이런 일은 '반론 가능성'에 대한 고려가 부족할 때 자주 발생한다. 주장을 펴고 근거를 제시해서 하나의 생각을 매듭지을 때마다 자신이 미처 살피지 못한 문제가 없는지, 예리한 독자가 글쓴이와 다른 입장에서 어떤 반론을 제기할 수 있는지 한 번 더 깊이 생각해 보아야 한다. 시비가 분명해 보이고 찬반이 극명하게 갈릴 수 있는 주제일수록 항상 글쓴이 자신과 반대되는 입장에서 문제를 살펴 자기 주장의 근거가 확실한지, 자신의 입장이 논리적으로 전개된 결과인지 거듭 자체 검증해 볼 필요가 있다.

결론 쓰기

서론에서 문제를 제기하고 본론에서 그 문제에 대한 답을 썼으니 이제 전체 글을 마무리할 차례다. '결론'의 임무는 지금까지 쓴 내용을 총괄하여 글의 최종 입장을 간명히 제시하는 것이다. 독자가 본론 내용을 명확히 이해하면서 결론에 이르는 과정을 납득할 수 있어야 하니, 본론이 긴 글일수록 결론 쓰기가 쉽지 않다.

결론은 서론의 문제 제기와 그에 대한 본론의 주요 답변을 최대한 간단히 요약한다는 가벼운 마음으로 쓴다. 글쓰기의 전체 과정을 돌아볼 때 느낀 한계나 그에 대한 반성 등이 추가될 수 있으나, 결론의 핵심은 전체 글의 요약이다. 글의 종착점에서 새롭게 제기되는 문제나 향후 전망을 간단히 언급하는 것은 좋으나, 본론에서 다루지 않았던 문제를 결론에서 중요하게 언급하거나 본론에서 다루지 않은 자료를 추가 제시하는 일은 피해야 한다. 이 때문에 자료 인용 출처를 밝히는 주석이 여럿 있으면 좋은 결론이라 하기 어렵다.

분량이 긴 글일수록 본론의 요약도 만만한 일이 아니다. 중요한 내용이 빠져서도 안 되고 그렇다고 해서 결론의 분량이 길어서도 곤란하기 때문이다. 본론의 핵심 내용을 우선 모두 담아 본 다음 상대적으로 중요성이 떨어지는 내용을 하나씩 줄이고 빼는 방식으로 작성하는 것이 하나의 방법이다. 개요와의 끊임없는 대조는 본론을 쓰는 과정 내내 필요한 일이지만, 본론의 요약 과정에서 한 번 더 같은 작업을 반복하며 서론에서 제기한 문제가 본론에서 남김없이 해결되었는지, 본론의 논리 전개와 전반적인 서술이 매끄러운지 확인할 수 있다.

이상적인 결론은 그 자체 하나의 완결된 글처럼 읽힌다. 물론 주장의 세부 근거와 다양한 예시는 본론을 읽어야 확인되는 것이지만, 결론만 읽어도 한 편의 글 전체의 흐름과 핵심 내용이 전달될 수 있다면 더 바랄 것이 없다. 본론을 요령 있게 요약하고 결론을 그 자체 완결된 글로 만들려 하다 보면 서론과 본론의 문장을 그대로 쓰기 어려울 때가 많다. 본론의 요약 내용을 초고로 삼되 도착점에 이르러 지금까지의 과정 전체를 돌아보며 내용을 다시 정리하고 주제에 대한 최종 의견을 명확히 제시한다는 기분으로 문장을 새로 써 보는 것이 좋다. 결론의 몇 가지 사례를 보이면 다음과 같다.

> 지금까지 우리는 폭력에 대한 다양한 논의들을 검토하는 흐름에서 프랑스 문학에 나타난 폭력의 문제를 보편화시켜 폭력 앞에서 우리는 무엇을 할 수 있고, 무엇을 고민해야 하는지를 생각해 보았다. 물론 폭력이라는 주제는 프랑스 문학뿐 아니라, 어느 나라의 문학에서건 중요한 테마들 중의 하나라고 말할 수 있다. 특히 20세기 문학에서 이러한 폭력의 문제

가 중요하게 부각된 것은 수백만 명의 소중한 생명을 앗아가는 끔찍한 전쟁뿐 아니라 대규모의 테러가 과거의 그 어느 때보다 비인간적이면서 또한 정교하고 과학적인 방식으로 자행되었기 때문이다. 현대의 정보사회에서 폭력은 눈에 보이는 폭력적 행위뿐 아니라, 눈에 보이지 않는 조직화된 폭력의 다양한 형태에 이르기까지 계속 확산되어 왔고, 이런 현실에서 어떤 폭력의 행사가 정당한 것인지, 폭력 앞에서 우리는 어떤 태도를 취해야 할지의 문제도 훨씬 복잡해진 것이 사실이다. 또한 푸코의 말처럼, 팬옵티콘의 권력이 어느 곳에서나 작동하는 현실에서 인간의 자유는 계속 박탈되고 인권의 유린이 일상적 삶의 영역 속에서 끊임없이 발생하고 인간이 어디서나 폭력적 상황에 쉽게 노출되어 있다면, 이 시대는 행복한 문명의 시대이기는커녕 불행한 야만의 시대일 것인데, 이런 시대에는 폭력에 대한 어떤 낙관적 전망도 불가능하다. 기술문명과 정보 시스템이 아무리 발전해도 인간이 폭력적 권력에 예속되는 상황이 개선되지 않는 한, 인간은 결코 자유로울 수 없다. 그러나 분명한 것은 우리는 어느 상황에서건 폭력의 정당성과 부당성에 대해 언제나 깨어 있는 의식을 가지면서 절대로 폭력에 길들여지지 않는 인간으로 살아가도록 노력해야 한다는 것이다.

오생근, 〈폭력에 대한 논의와 프랑스 현대문학〉, 서울대학교 인문대학 편,
《스무살, 인문학을 만나다》, 서울: 그린비, 2010, 295-296면.

무종교인의 폭발적인 증가에도 불구하고, 종교는 여전히 우리 곁에 남아 있을까? 해답을 찾기 위해서는 현대 사회의 근본적인 변화를 빈드시 고려해야 한다. 제도하된 종교가 더 이상 과거와 같은 방식으로 우리 삶에 영향을 미칠 수 없다는 사실은 분명해졌다. 현대인은 종교의 선택은 물론, 믿지 않을 자유와 함께 종교 바깥에서 개인적 종교를 만들어갈 자유마저 누리고 있기 때문이다. 다종교 사회이자 어느 곳보다 무종교인의 비율이 급속도로 높아지는 우리나라에서 이런 경향은 더욱 뚜렷하게 나타나고 있다.

이 상황에서 종교가 개인에게 삶의 의미와 위안을 제공하지 못한다면, 무종교인의 증가와 탈종교 현상은 한층 가속화되리라 예상된다. 만약 불만족이 더 심화된다면, 종교라는 현상이 아예 사라질지도 모른다. 물론 제도 종교의 위축이 곧바로 인간의 종교적 성향을 부정하는 것으로 해석되어서는 곤란하다. 템플 스테이, 산티아고 순례길 여행, 명상과 수행 수업은 예전에는 볼 수 없었던 종교 지형의 새로운 모습을 드러내고 있기 때문이다. '종교'는 이제 여러 갈래로 나뉜 갈림길을 마주하고 있다. 그리고 어떤 풍경이 펼쳐질지는 전적으로 우리의 선택에 달려 있다.

성해영, 〈종교의 미래: 무종교인의 증가 속에서 미래의 종교를 생각하다〉,
서울대학교 인문대학 엮음, 《디지털 시대, 인문학의 미래를 말하다》,
서울: 사회평론아카데미, 2024, 47면.

이 글은 엠티비(MTV)의 문을 열었던 "Man on the Moon"과 "Video Killed the Radio Star" 뮤직비디오에서 출발하여 이로부터 오늘날까지도 여전히 살아 숨 쉬는 뮤직비디오의 미학적 특성을 살펴보았다. 특히 볼터와 그루신의 재매개 개념에 기반하여 뮤직비디오가 어떻게 투명성과 하이퍼매개의 상호작용을 통해 직접성과 진정성을 추구하는지, 또한 다른 매체의 특성들을 끊임없이 복원하고 전용함으로써 상호매체적 지칭을 만들어 내는지 생각해 보고자 했다. 이러한 맥락에서 이 글은 기억의 매체이자 매체의 성찰이라는 시각에서 뉴진스의 뮤직비디오 "Ditto"를 분석해 보았다. "Ditto"는 뮤직비디오의 서사에서 전달하는 내용에서뿐만 아니라 그것을 구성하는 형식에서 매체의 기억과 자기 성찰성을 보여 준다. 다시 말해 낡은 비디오카세트에 기록된 학창 시절의 아련한 기억을 소환하는 뮤직비디오의 소재적 스토리에서뿐만 아니라 뮤직비디오의 구성 형식들, 즉 서로 맞닿아 있는 A와 B라는 뮤직비디오의 외적 형식과 세 형태의 스크린 비율을 교차 편집하는 뮤직비디오의 내적 형식 자체에서도 이전 매체에 대한 기억과 활용을 보여 준다. 이런 모든 논의를 통해 알 수 있는 분명한 사실은 오늘날 뮤직비디오는 더 이상 이미 존재하는 음악을 선전하기 위한 보조 수단이 아니라 그 자체로 자율적이고 창조적인 새로운 예술 작품이라는 것이다. 이 글을 통해 뮤직비디오라는 매체가 다른 어떤 예술 작품 못지않게 풍부하고 가치 있는 사유를 전해 주는 인문학적 성찰 대상이 될 수 있음을 조금이나마 깨닫는 계기가 되었기를 소망한다.

신혜경, 〈뮤직비디오, 기억의 매체와 매체의 기억〉, 서울대학교 인문대학 엮음, 《디지털 시대, 인문학의 미래를 말하다》, 서울: 사회평론아카데미, 2024, 131-132면.

점검 사항

- ☐ 글의 목적을 이루기에 가장 적절한 길이와 구성 방식인가?
- ☐ 문장과 문단이 논리적으로 주제를 잘 드러내는 순서로 배열되어 있는가?
- ☐ 논의 전개상 불필요한 문단이 들어 있지 않은가?
- ☐ 핵심어 간의 관계에 모순되거나 충돌하는 부분은 없는가?
- ☐ 주제와 연관된 적절한 근거와 예시를 들고 있는가?

4 글 다듬기

글 다듬기의 필요성

우리가 읽는 글 중에 다듬기 과정을 거치지 않고 발표된 글은 없다. 또한 다듬기를 거치지 않은 글이 좋은 글로 평가받는 일도 불가능하다. 다듬기 과정 없이 글을 완성한다는 것은 계획된 머릿속 생각이 그대로 한 편의 글로 옮겨진다는 의미인데, 쓰기 과정에서 막힘을 경험하지 않고 술술 써서 완성할 수 있는 사람은 거의 없다. 그만큼 글을 쓰는 데 글 다듬는 과정은 필수적이다.

글 다듬기는 쓰기 중간중간에 이루어지기도 하고, 초고를 완성한 후에 이루어지기도 한다. 쓰는 과정 중의 다듬기는, 자신이 계획한 내용과 구조를 검토하기 위해 이루어진다. 주제를 정하고 나면 어떤 내용을 어떤 순서로 쓸 것인가 계획을 세우고 글을 쓰기 시작하는데, 실제로 글을 쓰다 보면 계획대로 써지지 않음을 경험할 때가 있다. 예컨대 어떤 주장의 근거로 무언가를 생각해 두었지만, 실제 써 보니 그것만으로는 불충분해 다른 근거를 추가해 함께 다루어야 할 필요를 느낄 수 있다. 또한 주장과 근거를 실제로 연결해 써 보니, 주장과 근거의 관계가 부적절해 주장을 수정해야 할 필요를 느낄 수도 있다. 이런 경험은 쓰는 중간에 약식 검토와 다듬기를 하면서 얻어진다.

초고가 완성된 후의 다듬기는 더욱 중요하다. 말하고자 하는 바가 잘 드러나도록 완성되었는지, 주제를 뒷받침하는 내용들이 유기적으로 조직되었는지를 전체적으로 조망해야 하기 때문이다. 글의 완성도는 주제 의식, 글의 소재, 소재의 배열, 효과적인 표현, 정확한 문법이 함께 힘을 발휘하여 얻어지는 결과이다. 비유컨대 글을 쓰는 과정이 나무 하나하나를 심는 작업이라면, 글 다듬기는 산 전체를 조망하여 전체적인 모양이 조화로운지, 나무의 배치가 적재적소에 이루어졌는지를 판단하는 작업이다. 글 속에 담은 작은 일화가 아무리 신선하더라도, 근거로 내세운 사실이 아무리 과학적이더라도, 글 전체의 흐름 속에 잘 자리 잡지 못하면 빛을 내지 못한다. 글 다듬기는 이런 전체적인 조화로움을 확인하고 수정하는 작업이다.

글을 다듬을 때는 다음을 염두에 두면 좋다.

- 적어도 한 번은 처음부터 끝까지 통독한다. 글의 흐름이 자연스러운지를 확인하는 데 효과적이다.
- 주제의 구현, 세부 내용의 조직, 제목과 내용의 어울림 등과 같이 큰 틀부터 확인하는 태도를 갖는다. 문장, 어휘, 어문규범의 검토는 이후에 해도 된다.
- 삭제해도 될 만한 것을 찾고 과감히 삭제하겠다는 생각을 갖는다. 글의 흐름을 방해하지는 않는지, 꼭 필요한 내용인지, 비슷한 내용이 앞에서 언급되지는 않았는지 등을 확인한다.
- 초고를 완성한 후 다듬기를 할 때는 원고를 종이로 출력해서 보는 것도 좋다. 모니터보다 전체적인 흐름을 보기에 용이하다.
- 가능하다면, 초고를 작성하고 어느 정도의 시간이 지난 후에 다듬기를 시도하는 편이 좋다.

내용과 구조 다듬기

자신이 말하고자 하는 바가 잘 드러나도록 글 전체가 잘 구성되어 있는지를 확인하는 작업이다. 구조와 내용 차원에서 점검할 사항에는 다음과 같은 것들이 있다.

먼저, 가장 손쉬운 것으로, 글을 전체적으로 훑어보면서 형식적인 면들을 가다듬는다. 형식은 글의 가장 기본적인 요건으로, 이것만 잘 갖추어져도 꽤 단정한 느낌을 준다.

글의 형식 차원

- 제목이 적절한가. 글의 내용보다 너무 넓거나 너무 좁지는 않은가.
- '도입-내용 전개-종결'이 잘 구성되어 있는가.
- 본문이 적절히 구획되어 있는가. 내용 구획 없이 너무 긴 부분은 없는가.
- 본문이 내용별로 나뉘어져 있는 경우, 적절한 제목이 붙었는가.
- 긴 글의 경우 목차가 있는가. 목차가 있다면, 목차의 요건은 준수하고 있는가.
- 장이나 절 번호가 있는 글의 경우, 번호의 일관성이 있는가.

형식적인 차원의 검토가 끝나면 보다 구체적인 내용으로 들어가, 주제의 전달과 내용의 구성 방식을 점검한다. 아래의 점검 사항은 글을 쓰는 과정에서도 염두에 두면 좋은 것들이다.

주제 전달 및 내용 구성 차원

① 주제 전달

- 글의 목적이 무엇인가, 이 목적을 어떻게 알 수 있는가.
- 필자가 말하고자 하는 바(혹은 주제)는 무엇인가, 어떻게 드러나 있는가.
- 문제의식이 있는가, 있다면 무엇인가.

② 내용 구성

- 글의 목적과 주제를 위해 적절히 구획이 나뉘어져 있는가.
- 장이나 절과 같이, 내용상 구획을 더 줄이거나 늘려야 할 필요는 없는가.

- 구획 간의 순서가 적절한가.
- 구획에 제목을 붙인 경우, 각각의 제목들이 범위나 형식 면에서 어우러지는가. 너무 넓거나 너무 좁지는 않은가.
- 문단을 적절히 나누고 있는가.
- 한 문단이 너무 길거나 너무 짧지 않은가.
- 하나의 문단으로 묶어야 할 내용을 여러 문단으로 나누지는 않았는가.
- 별개의 문단으로 다루어야 할 내용을 하나의 문단에 모아 놓지 않았는가.
- 문단과 문단의 연결이 자연스러운가.

글에 활용한 자료의 신뢰도와 정확도도 글 다듬는 과정에서 점검해야 할 사안이다. 자료의 출처는 무엇보다 정확하게 작성되어야 하므로, 반드시 재확인이 필요하다. 만약 글을 다듬는 과정에서 자료의 한계가 뒤늦게 발견된다면, 신속히 수정하거나, 이것이 불가피한 경우 결론에서 한계로 인정하고 후속 연구를 기약하는 방법도 있다.

자료의 활용 차원

- 자료가 신뢰할 만한가, 신뢰하는 이유는 무엇인가.
- 자료의 활용이 타당한가, 타당하다면 그 이유는 무엇인가.
- 자료의 출처가 정확한가.
- 분야별 인용의 관습을 제대로 따르고 있는가.

표현 다듬기

내용 구성과 조직 차원의 검토가 끝나면, 문장과 어휘 등 표현 차원의 검토를 한다. 참신하거나 타당한 주제 의식과 이에 부합하는 내용의 구조적인 전개가 좋은 글의 최우선 요건이지만, 이를 정확하고 효과적으로 표현하는 것도 못지않게 중요하다. 표현을 고민할수록 글의 전달력이 올라가며 글 읽는 맛도 배가된다.

문장은 문법적으로 틀린 경우를 제외하고는, 절대적으로 좋은 것과 나쁜 것으로 나뉘지 않는다. 글의 목적이나 예상 독자, 필자가 의도한 효과에 따라 문장은 얼마든지 전략적으로 선택될 수 있기 때문이다. 따라서 문장의 적절성은 오로지 그것이 쓰인 문맥 안에서 판단되어야 한다. 다만, 대체로 선호되는 문장과 피해야 할 문장은 있으므로, 이를 바탕으로 표현을 점검하는 과정은 반드시 거치는 것이 좋다.

(1) 문법에 맞는 문장으로 다듬기

문법적으로 틀린 문장은 결코 써서는 안 된다. 가장 주의해야 하는 것은 주어와 서술어의 호응이다.

> ① 이 사건들의 공통점은 평소 문제가 있는 사람이라고 보기 힘들었던 평범한 사람들이 저질렀다.
> ② 이 사진은 학생들이 신문에서 지난밤의 경기 결과를 확인하고 있다.

①에서 주어는 '이 사건들의 공통점'이고 서술어는 '저질렀다'로, 서로 어울리지 않는다. '이 사건들의 공통점은 ~저질렀다는 데 있다'와 같이, '공통점'을 주어로 취할 수 있는 서술어로 바꾸어야 한다. ②도 마찬가지이다. 주어인 '이 사진'은 서술어인 '확인하고 있다'와 어울릴 수 없다. '이 사진은 ~ 확인하고 있는 장면이다'와 같이 바꾸어야 한다.

필요한 성분이 이유 없이 생략된 문장도 글에서는 비문법적인 것으로 간주된다. 서술어로 쓰이는 동사나 형용사는 각각 필요로 하는 성분이 있다. 예를 들어 '먹다'는 먹는 행위의 주체인 '누가'와, 먹는 대상인 '무엇을'이 필요 성분이다. '비교하다'는 비교하는 행위의 주체인 '누가'와, 비교의 대상인 '무엇을/누구를', 비교의 기준인 '무엇과/누구와'가 필요 성분이다. 형용사인 '슬프다'는 심리의 주체인 '누가' 성분이 필요하고, '깨끗하다'는 상태의 대상인 '무엇이' 성분이 필요하다. 말로 할 때는 이런 성분이 생략되기도 하지만, 글을 쓸 때는 원칙적으로 모두 표현되어야 한다.

> ③ 사회복지란 국민들의 인간다운 생활을 보장하고 안락하게 사는 상태를 말한다.
> ④ 질문에 답하기 위해서는 미리 불쾌감을 느끼기보다 궁극적으로 미치는 효과에 집중할 필요가 있다.

③에는 '안락하게 사는'의 주어가 빠져 있다. 그래서 '국민들이 안락하게 사는 상태'와 같이 주어 성분을 추가해야 한다. ④에는 동사 '미치다'가 필요로 하는 '무엇에' 성분이 빠져 있다. '건강에 미치는 효과'와 같이 '에' 성분을 써주어야 한다.

조사를 바르게 쓰는 것도 중요하다. 대표적으로, '의'와 '에'를 혼동해서 쓰는 일이 많은데, 이들은 수식하는 말이 엄연히 다르다. '의'가 붙은 말은 명사를 꾸미고, '에'가 붙은 말은 동사나 형용사를 꾸민다.

> ⑤ 정부는 {최근에, 최근의} 경제적 어려움을 극복하기 위해 특별대책위원회를 설치하기로 했다.
> ⑥ {최근의, 최근에} 조사한 자료에 1인 가구 수 증가 추세가 기재되어 있다.

⑤는 '최근'이 '경제적 어려움'을 꾸미는 의미로 의도했다면, '최근의'가 맞다. 만약 '최근'이 '설치하기로 했다'를 꾸미는 의미로 쓴 것이라면, '최근에'가 맞다. 그리고 후자의 경우는 '최근에'를 지금의 위치보다 '특별위원회를 설치하기로 했다' 앞에 두는 것이 좋다. ⑥은 '최근'이 동사인 '조사한'을 수식하면 '최근에'가 맞다. 이는 조사한 시점이 최근임을 의미한다. 반면에 '최근'이 명사인 '자료'를 수식하면 '최근의'가 맞다. 이는 자료가 최근의 것임을 뜻한다. 그런데 이런 의미라면 '최근의 조사한 자료'보다는 '최근의 조사 자료'와 같이 쓰는 것이 훨씬 자연스럽다.

말할 때 '의'는 [에]로 발음하는 일이 흔하고, 이는 표준 발음으로도 인정된다. 예컨대 '만원의 행복'은 [만원에 행복]으로 발음된다. 그러다 보니 '의'를 '에'

로 잘못 쓰는 일이 늘고 있다. 다음 예에서 잘못 쓰인 것을 찾아보자.

⑦ 옹호론자가 기고한 글에 내용인 '악법도 법'이라는 사실은 인정할 수 있다.

'글에'가 연결될 만한 동사나 형용사를 찾을 수 없다. 대신에 명사인 '내용'을 수식할 수는 있다. 따라서 이런 경우 '글의'로 써야 한다.

현실 발음이 같아서 표기가 혼동되는 조사로는 '로서'와 '로써'도 있다. '로서'는 지위나 신분, 자격 등을 나타내고, '로써'는 재료나 수단, 도구 등을 나타낸다. 따라서 "선생님으로서 말하는데"와 같이 사람과 관련된 말이 나오면 대체로 자격의 '로서'를 쓰고, "칼로써 흥한 자"와 같이 사물이 오면 도구의 '로써'를 쓴다는 구분 정도는 쉽게 한다. 문제는 사람과 사물 이외의 명사에 쓰일 때 일어난다. 다음의 예에서 바른 표현을 찾아보자.

⑧ 지도자의 지도력은 국정 수행 {결과로써, *결과로서} 평가될 수밖에 없다.
⑨ 소설에서는 스토리도 표현의 {*일부로써, 일부로서} 저작권 보호를 받을 수 있다.

⑧에서 '결과'는 동사 '평가되다'의 수단이나 재료이다. '국정 수행 결과를 통해 평가될 수밖에 없다'에 상당하는 의미로 해석된다. 따라서 '로써'가 맞다. 반면에 ⑨에서 '표현의 일부'는 저작권 보호의 대상, 즉 자격이다. '스토리도 표현의 일부의 자격으로 저작권이 보호된다' 정도의 의미로 쓰인 것이다. 따라서 '로서'가 맞다. 이들의 구분이 헷갈릴 때는 '로써'는 '~을 통해', '로서'는 '~의 자격으로'와 같이 다른 말들로 환언해서 판단해 보면 좋다.

'에'와 '에게'도 구분해야 하는 조사이다. '에게'는 사람이나 동물과 같이 살아있고 감각이 있는 유정 명사에 붙고, '에'는 사물이나 식물과 같이 감정이나 감각이 없는 무정 명사에 붙는다. 아래의 '정부'나 '화초'는 무정 명사이므로 '에'를 써야 한다.

⑩ 우리 {*정부에게, 정부에} 그 책임을 물을 수는 없다.
⑪ {*화초에게, 화초에} 너무 많은 물을 주지 마라.

조사 외에, '-든지'와 '-던지'도 자주 혼동하는 어미이다. '-든지'는 두 개 이상을 나열하고 이들 중 어느 것이라도 선택될 수 있음을 나타낼 때 쓰인다. 반면에 '-던지'는 "철수가 학교 가더라."와 같은 예에 쓰이는 '-더-'가 포함된 것이다. 따라서 '-더-'가 나타낼 만한 의미, 즉 과거에 직접 보거나 듣거나 읽어서 알게 된 상황일 때 쓰인다.

⑫ 장학금을 늘리든지, 등록금을 동결하든지, 가계 부담을 줄이기 위한 노력을 강구해야 한다.
⑬ 도시가 얼마나 크던지, 우리는 많이 놀랐다.

⑫는 가계 부담을 줄일 수 있는 가능한 방법을 열거하는 상황이므로 '-든지'가 쓰였다. ⑬은 도시의 크기를 화자가 직접 깨달은 시점이 과거이기에 '-던지'가 쓰였다. '-든지'는 선택 가능한 상황을 나열할 때 쓰이므로, '-었-'이 붙을 수 없다. 반면에 '-던지'는 과거에 깨닫게 된 상황에 쓰이므로 '-었-'이 붙을 수 있다. 따라서 이들의 구분에 너무 자신이 없을 때는, '-었-'이 쓰일 수 있으면 '-던지'라고 생각해 두는 방법도 있다.

⑭ 아이가 그새 얼마나 {자랐던지, *자랐든지}, 몰라볼 뻔했다.

(2) 좋은 문장으로 다듬기

글의 목적에 따라 좋은 문장의 요건은 다르다. 예컨대 신문 기사에서 요구되는 좋은 문장과 소설에서 인정되는 좋은 문장은 다를 수 있다. 대학교에서 이루어지는 글쓰기도 목적이 다양할 수 있으므로, 좋은 문장이 무엇인지를 한마디로 규정하기는 어렵다. 그러나 학술적인 활동에서 이루어지는 글쓰기라면, 일관되게 지켜져야 하는 요건이 하나 있다. 글쓴이가 말하고자 하는 바가 명료하게 드러난 문장, 글쓴이의 의도가 정확히 읽히는 문장이 좋은 문장이라는 점이다. 문장을 정확하게 쓰는 능력은 경험이 축적되어야 얻어지는 것이지만, 염두에 두면 유용할 몇 가지 원칙은 있다.

첫째, 문장은 되도록 짧게 쓰는 편이 좋다. 그러니 글을 다듬는 과정에서 문장이 길다고 느껴지면 적절한 곳에서 문장 나누기를 해 보자. 다음은 학생의 글에서 가져온 문장이다.

> ⑮ 그것의 시비를 가리기 위해서는, 현재를 뛰어넘으려는 인간의 본능을 이해할 필요가 있고, 스포츠의 본질이자 핵심인 지점을 찾아낼 필요가 있으며, 이런 점들에 대해 다양한 논의를 진행할 필요가 있음을 주장하는 필자를 통해서, 지금까지 스포츠를 단편적으로만 보았던 우리를 돌아보고, 새로운 측면에서 한 번도 해 보지 않았던 깊고 철학적인 질문을 던져야 할 때라고 생각했다.

위의 문장은 내용과 표현상의 여러 약점을 가지고 있다. 그러나 이를 일단 차치하고 문장의 길이 차원에서만 수정이 이루어져도 글이 한결 좋아진다.

> ⑮′ 그것의 시비를 가리기 위해서는, 현재를 뛰어넘으려는 인간의 본능을 이해할 필요가 있다. 또한 스포츠의 본질이자 핵심인 지점을 찾아낼 필요가 있다. 필자의 이런 주장을 통해 스포츠를 단편적인 시각에서 바라보았던 우리를 돌아보게 되었다. 나아가 그간 해보지 않았던 깊고 철학적인 질문을 던져야 할 때라고 생각했다.

문장을 짧게 쓰면 비문법적인 문장이 쓰일 가능성도 줄어든다. 주어를 비롯한 성분들과 서술어 간의 거리가 가까워져, 주어와 서술어의 잘못된 호응이나 생략된 성분들이 더 잘 드러나기 때문이다.

문장을 길게 쓰다 보면, 한 문장으로 표현되면 안 될 내용이 한 문장으로 표현되는 일이 생긴다. 아래 ⑯의 문장도 그런 경우이다. '-고'로 이어진 전반부와 후반부의 내용이 전혀 다르다. 따라서 이를 구분하여 ⑯'처럼 쓰는 것이 좋다.

> ⑯ 이 글에서는 붙여쓰기를 허용하지 않는 개선 방안을 제시하고자 하고, 그 근거는 아래에 제시한 바와 같습니다.
> ⑯' 이 글에서는 붙여쓰기를 허용하지 않는 문제에 대한 개선 방안을 제시하고자 한다. 먼저 개선이 필요한 근거를 제시하면 다음과 같다.

둘째, 문장뿐만 아니라 수식어의 길이도 짧은 것이 좋다. 위의 ⑮를 수정한 ⑮'은 '-고, -으며, -어서, -고'와 같이 연결어미로 이어진 절들을 각각 별개의 문장으로 만든 것이었다. 이런 수정 외에, 명사를 수식하는 말이 긴 경우도 짧게 바꿔 쓰는 것이 효과적일 수 있다. ⑮에 쓰인 다음의 표현들이 그런 예이다.

> ⑰ (가) [스포츠의 본질이자 핵심인] 지점을
> (나) [이런 점들에 대해 다양한 논의를 진행할 필요가 있음을 주장하는] 필자를
> (다) [지금까지 스포츠를 단편적인 시각에서 바라보았던] 우리
> (라) [새로운 측면에서 한 번도 해 보지 않았던 깊고 철학적인] 질문

위의 곽 괄호 부분은 뒤의 명사 '지점, 필자, 우리, 질문'을 각각 꾸미는 말이다. 대체로 모두 긴 편이다. 따라서 이들 중 일부라도 짧게 바꾸는 것이 읽기에 편하다. 이 과정에서는 불필요하다고 생각되는 말을 삭제하는 것도 고려되어야 한다. 다음은 위의 ⑰을 간결히 바꾼 것이다. 무엇이 바뀌었는지, 어떤 표현이 더 좋은지 생각해 보자.

> ⑰' (가) 스포츠의 본질을
> (나) 필자는 이런 점들을 들며 다양한 논의가 필요하다고 주장하였다.
> (다) 스포츠를 단편적으로 보아 온 태도를 돌아보게
> (라) 한 번도 해 보지 않았던 철학적인 질문

(가)는 '본질, 핵심, 지점'이 모두 어느 정도는 의미가 겹친다. 따라서 하나만 남기고 다 지웠다. (나)는 '필자'를 수식하는 절이 너무 길어서, 아예 '필자'를 주어로 두는 문장으로 바꾸었다. (다)는 '단편적인 시각'은 뒤의 '보아 온' 때문에 '시각'이 불필요해서 '단편적으로 보아 온'으로 바꾸었다. (라)는 '새로운 측면에서'가 불필요해 보여서 지웠는데, 만약 이것이 중요한 정보라면 '철학적인 질문을 새로운 측면에서 던져야 할'과 같이 바꾸는 안도 생각할 수 있다.

셋째, 수식어의 위치도 중요하다. 대체로 수식어는 피수식어 앞에 두는 것이 좋고, 이것이 여의치 않을 때는 최대한 피수식어 가까이에 둔다. (가)에서 '저자의'는 명사 '말'을 수식한다. 따라서 (나)처럼 '말' 바로 앞에 두는 것이 가장 좋다. 아니면 (다)처럼 '저자의' 다음에 쉼표를 두어, 바로 뒤의 말을 수식하는 것이 아님을 표시해야 한다.

⑱ (가) 저자의 악성 비방은 일종의 살인 도구일 수 있다는 말에 공감한다.
(나) 악성 비방은 일종의 살인 도구일 수 있다는, 저자의 말에 공감한다.
(다) 저자의, 악성 비방은 일종의 살인 도구일 수 있다는 말에 공감한다.

경우에 따라서는 명사를 수식하는 절을 연결어미가 붙은 절로 바꾸는 것도 고려해 볼 만하다. (가)의 '아닌'은 꽤 떨어져 있는 '표준화 이데올로기'를 수식하므로 (나)처럼 '아니라'로 바꾸는 것도 좋다.

⑲ (가) 이는 한국에서만 나타나는 현상이 아닌, 세계적으로 나타나는 '표준화 이데올로기'이다.
(나) 이는 한국에서만 나타나는 현상이 아니라 세계적으로 나타나는 '표준화 이데올로기'이다.

동사나 형용사를 수식하는 부사도 되도록 피수식어 앞에 두는 것이 좋다. 요즘은 특히 부사를 문장 맨 앞에 두는 경향이 많은데, 다듬기 과정에서 부사의 위치를 옮기는 것도 고려해 보자. 예컨대 "공통적으로 세 개념은 거듭제곱이나 제곱 등의 의미를 내포한다."와 같은 문장이 있다면 "세 개념은 거듭제곱이나 제곱 등의 의미를 공통적으로 내포한다."라고 할 수도 있고 "공통적으로 거듭제곱이나 제곱 등의 의미를 내포한다."라고 할 수도 있다. 어느 것이 좋은지는 문맥에서 의도한 의미에 따라 판단하면 된다.

넷째, 불필요한 말은 과감히 삭제하여 문장의 정갈함을 확보한다. ⑳의 '일상생활에 꼭 필요한'은 '생필품'의 의미에 포함되어 있다. 또한 '기본적인'도 '필수품'의 의미에 포함되어 있다. '일반적인'도 '통념'이 가지는 의미의 부분이다. 이런 중복 표현은 삭제하는 것이 좋다.

⑳ 일상생활에 꼭 필요한 생필품 (×)		생필품
기본적인 필수품 (×)	➡	필수품
일반적인 통념 (×)		통념

수식어 외에도 불필요한 표현은 있을 수 있다. 예를 들어 "위기 상황이 왔다."는 "위기가 왔다"라고 하면 되고 "세일 행사를 한다."도 "세일을 한다."라고 하면 된다. 처음 읽을 때 불필요한 표현인지 확신이 들지 않는다 하더라도, 문장을 간결히 만들겠다는 목표를 두고 과감히 지워 보자. 일단 지워 보아야 그 효과가 드러난다. 초고를 대상으로 간결하게 줄이는 시도만 하더라도 글은 무척 좋아진다.

다섯째, 우리말의 서술성을 살린다. 명사를 열거하는 것보다 동사나 형용사로 바꿔 쓰는 것이 좋을 때가 많다.

㉑ (가) [취약계층의 상대적 빈곤의 심화]와 [시민사회의 공동체 의식의 붕괴]가 큰 문제이다.

(나) [취약계층의 상대적 빈곤이 심화하]고 [시민사회의 공동체 의식이 붕괴하]는 것이 큰 문제이다.

(다) [상대적 빈곤이 심화하]고(동사) [시민사회의 공동체 의식의 붕괴]가(명사) 큰 문제이다. (×)

'빈곤의 심화, 공동체 의식의 붕괴'와 같이 명사로 연결하기보다, '빈곤이 심화하고, 공동체 의식이 붕괴하는'과 같이 동사를 살려 쓰는 것이 읽기에 수월할 때가 많다. 이때 주의해야 할 점은 "[상대적 빈곤이 심화하]고 [공동체 의식의 붕괴]가"와 같이, 동사와 명사가 연결되어서는 안 된다는 것이다.

명사를 두 개 이상 이어 쓰기보다 서술성을 살려 쓰는 노력을 하면, 다음과 같은 비문법적인 문장도 덜 나온다. 다음 문장은 무엇이 문제인지 찾아보자.

> ㉒ 풋볼 선수들은 경기력 강화보다 체중 증가를 더 노력한다.

'경기력 강화'와 '체중 증가'가 모두 동사 '노력하다'와 연결되어서 어색한 문장이 된 경우이다. "경기력을 강화하는 데보다 체중을 늘리는 데 더 힘을 쓴다"와 같이 동사로 쓰는 노력을 하면 피할 수 있는 문장이다.

(3) 적절한 표현으로 다듬기

표현의 적절성도 좋은 글의 요건이다. 글의 목적에 따라 적절한 표현의 종류는 다를 수 있다. 학술적인 글을 쓸 때는 특히, 구어적 표현을 지양하고 문어적 표현을 써야 한다는 점에 유의해야 한다. 글의 표현과 말의 표현은 조금 다르다. 말은 즉흥적일 수 있지만 글은 의식적인 계획 아래 쓰인다. 그리고 글은 대개 불특정 다수를 대상으로 하고 정해진 형식을 가지므로, 말보다 격식적이다. 많은 쓰기 책에서 당부하는, 글에 피해야 할 표현들은 글의 이런 속성을 반영한 것들이다.

글에는 줄임말을 쓰지 않는 것이 일반적이다. 말을 할 때는 '에는'을 줄여 '엔', '보다는'을 줄여 '보단'이라고 하지만, 글을 쓸 때는 줄여서는 안 된다. 특히 '것'의 경우, 말할 때는 대부분 [거]나 [꺼]로 발음되는데, 글을 쓸 때는 반드시 '것'으로 써야 한다.

㉓ (가) 한글 맞춤법의 기저엔(→에는) 사회적 맥락이 자리하고 있다.
(나) 이를 이전처럼 간단히 다루기보단(→보다는), 하나씩 짚어 보고자 한다.
(다) 그게(→그것이) 문제인데, 다른 사람들은 그건(→그것은) 문제가 아니라고 말한다.
(라) 뭔가(→무언가) 문제가 생겼다.

어휘 자체가 글에는 별로 어울리지 않는 것들도 있다. ㉔에서 부사로 쓰인 '엄청'이나 '완전'은 주로 구어에서 쓰이는 표현이다.

㉔ (가) 그 결과에 모두 엄청 놀랐다.
(나) 스포츠와 관련된 규칙은 완전 임의적인 것이다.

최근 만들어진 신조어나 유행어도 글에 어울리지 않는 경우가 많다. 예를 들어 '가성비'에서 유추하여 만들어진 '가심비'는 아직 정착한 단어가 아니다. 따라서 이런 단어를 불가피하게 써야 하는 특수한 상황이 아니라면, 격식적인 글에서는 "가격 대비 만족도를 보자면"과 같이 뜻을 풀어 쓰는 방식으로 쓰는 것이 좋다. 이렇게 젊은 세대 사이에서 유행하는 단어로 의심되는 경우에는 사전을 확인하는 것이 안전하다.

'~은/을 것 같다', '~은/을 듯하다', '~가 아닌가 한다' 등과 같은 추측의 표현도 신중하게 선택하는 것이 좋다. 학술적인 글에서는, 필자가 기술한 내용에 대해 완전한 책임을 보류하는 '~을 수 있다', '~을 가능성이 있다', '아마도 ~일 것이다'와 같은 표현이 종종 쓰인다. 이는 필자가 지식의 한계를 인정하고, 과한 확신을 경계해야 할 필요에서 선택되는 것이다. 아래 문장을 "경험한 사람이 있다"로 바꾸면 그 의미가 완전히 달라진다. 이처럼 완전한 사실이라고 단정할 수 없는 정보에는, 필자의 책임 정도를 낮추는 완화 표현이 전략적으로 쓰인다.

㉕ 이 글을 읽는 독자 중에는 이미 이런 일을 경험한 사람이 있을 수 있다.

문제는 이런 완화 표현이 꼭 필요하지는 않은 데 쓰이거나, 지나치게 자주 사용되는 데 있다. 다음 글은 '엄빠'의 형성 동인을 추정하는 내용으로, 거의 모든 문장에 추측의 표현이 쓰이고 있다. 내용상으로는 추측의 표현이 자연스러운 환경이지만 지나치게 많이 썼다. 특히 마지막에 제시된 자신의 평가까지 추측으로 표현할 필요는 없다.

> ㉖ '엄빠'는 '엄마아빠'를 의미한다. 만일 이 단어를 일반적인 방법으로 축약한다면, '엄아'라는 단어가 도출될 것이다. 그러면 이 단어는 원래 전하고자 하는 의미가 전달이 안 될 것이다. '엄아'의 발음은 [어마]로 발음되므로, 여기에 '아빠'라는 단어가 포함되었다고 생각하기는 어려울 듯하다. 그래서 '아빠'에서 '빠'를 추출해 '엄빠'를 만듦으로써 원래의 의미를 보전하려 했다고 볼 수 있다. 합리적인 듯하다.

추측이나 추정이 불가피한 상황이라고 하더라도, 이런 표현을 줄이는 것이 깔끔하다. 문맥만으로도 표현된 정보가 추정된 것임이 읽히기 때문이다. ㉖은 ㉖'과 같이 바꾸어 써도 좋다.

> ㉖' '엄빠'는 '엄마아빠'를 의미한다. '엄마'에서는 '엄'을, '아빠'에서는 '빠'를 떼어내어 만든 줄임말이다. 첫 글자를 떼어 줄이면 '엄아'가 되어, '아빠'라는 단어가 포함되었다는 인상을 주기가 어렵기에 '빠'를 택한 것이다. 의미 보전 차원에서 합리적인 선택이라고 할 수 있다.

필자 자신의 의견에 '주장하다'나 '생각하다'와 같은 동사를 너무 자주 쓰는 것도 바람직하지 않다. 글에 쓰인 문장은 기본적으로 필자의 생각에서 비롯된 것이므로, '생각하다'와 같은 동사가 잉여적일 때가 많다. 다음은 학생의 글에서 발췌한 것이다.

㉗ 약물 사용이 사회적 문제가 됐다. 그래서 많은 사람들이 도핑 심사를 더욱 더 강화해야 한다고 주장하고 있다. 그러나 나는 이것이 오히려 스포츠의 품격을 위협한다고 생각한다. 일부의 문제를 확대하여 모두에게 강화된 심사를 받으라는 것은 합리적인 방안이 아니라고 생각한다.

'생각하다'와 같은 동사는 다른 사람의 생각이나 주장을 밝힐 때 효과를 발휘한다. 필자 자신의 의견에는 '생각하다' 동사를 쓰지 않는 편이 오히려 깔끔할 때가 많다. 그리고 이런 동사를 쓰지 않아도 필자의 의견인 것은 충분히 읽힌다. 다음 ㉗'을 ㉗과 비교해 보자.

㉗' 많은 사람들이 도핑 심사를 더욱 강화해야 한다고 주장한다. 그러나 이것이 오히려 스포츠의 품격을 위협할 수 있다. 일부의 문제를 확대하여 모두에게 강화된 심사를 받으라는 것은 합리적인 방안이 아니다.

이 외에, 글이 어떻게 조직되고 정보가 어떻게 분류되는지, 어떤 사실을 필자는 어떻게 해석하고 평가하고 있는지를 독자에게 알려주는 장치를 적재적소에 잘 활용하고 있는지도 확인하면 좋다. 글은 독자의 필요와 기대를 고려할 때, 전달이 더욱 성공적일 수 있다.

학술적인 글을 쓸 때 활용할 만한 장치들은 여러 종류이다. 먼저, 정보 조직의 순서를 알려주는 '첫째', '둘째', '셋째'나 '먼저', '다음', '마지막' 같은 표현이 있다. 또한 앞의 부분을 거슬러 지시하는 '앞에서 살펴보았다', '2.3.절 참조', '3.2.에서 말한 것처럼' 등과 같은 상기 표현도 있다. 아울러 지금의 내용이 이후의 내용과 관련이 있는 경우, '뒤에서 후술한다', '본론에서 살펴보겠지만'과 같은 예고 표현도 유용하다. 따라서 글 다듬기에서는 이런 표현들이 적절히 활용되어 있는지, 혹시 부족하다면 어느 부분에 추가하면 좋을지 등을 검토하면 좋다.

독자의 참여를 유도하는 표현이 전략적으로 유용할 때가 있는데, 이에 대한 검토도 이루어지면 좋다. 이를테면 '혹자는 ~에 대해 ~의 문제를 제기할 수 있지만'이나 '혹시 반론의 근거는 없는가'와 같은 표현들이 이에 해당한다. 아울러, 분량이 긴 글의 경우 지금까지 다룬 내용이 무엇이며 앞으로 다룰 내용이 무엇인지를 중간에 정리해 제공해 주는지도 확인해 보자. 이런 종류의 장치들은 글의 전달력을 높이는 데 크게 기여한다.

3

글쓰기의 방법

1 분류·비교·정의하기

우리는 관찰하거나 생각한 바를 스스로 정리하기도 하고, 타인에게 전달하기도 한다. 물리학자 닐스 보어는 과학 탐구나 시 쓰기, 일상 생활에서 중요한 매개가 되는 매체가 언어임에 주목하고, 자연과학이라는 학문을 현상에 대해 관찰한 바를 언어로써 전달하는 일련의 과정으로 이해한 바 있다. 이러한 전달의 과정을 거칠 때 사람들 사이에는 비로소 공통의 이해 또는 공감을 위한 기반이 형성될 수 있다.[7] 따라서 글을 쓰는 일은 이해와 공감, 문제 인식과 해결로 나아가기 위한 기본적인 의사소통 활동이라고 할 수 있다.

무엇인가를 전달하는 방법은 인류가 언어를 사용한 이래 계속해서 발달하고, 분화해 왔다. 그렇게 무엇인가를 점진적으로 이해하고, 공감하며, 해결하는 과정에는 언제나 말하기와 글쓰기가 함께였다. 관찰하거나 생각한 바를 전달하는 방법에는, 대상의 특성을 기술하는 전달 방법이 있는가 하면, 대상의 변화 과정이나 대상의 인상을 포착하여 전달하거나, 문제의 이해나 해결을 목적으로 상대방을 설득하기 위한 방법도 있다. 여기에서는 대상의 특성을 기술하는 방법 중에서도 대상의 정보를 구조적으로 제시하거나 명확하게 하는 데 유용한 글쓰기 방법인 분류하기, 비교하기, 정의하기에 대해 알아본다.

분류하기

(1) 분류하기의 개념과 효과

분류하기란 대상을 묶거나 나누면서 기술하는 글쓰기 방법이다. 가까운 사례로 책의 목차를 들 수 있다. 단일한 주제 아래에 쓰인 책의 목차는, 대상을 이루는 부분과 전체의 관계를 일별하게 하는 축도의 역할을 한다. 한 편의 글을 집필할 때에도 우리는 서로 연관되는 글감들을 긴밀히 묶고, 글감들의 전체적인 논리 구조를 글의 목차나 진행 과정을 통해 보이고는 한다. 이처럼 우리는 여러 대상을 묶거나 나누고 배치하는 분류하기의 활동을, 글을 구성하고 집필하는 과정에서 자연스레 수행해 왔다.

분류하기는 복잡하거나 무질서해 보이는 대상을 체계적으로 이해하고 전달하는 원리가 된다. 서구의 분류학을 출발시킨 아리스토텔레스는 동물을 분류하는 과정에서 동물을 이루는 다양한 대상을 묶을 수 있는 방법을 제시하였다. 이에 따르면 형태가 같은 대상끼리는 종(種, eidos)으로 묶이고, 독수리나 매와 같이 형태는 같지 않지만 날개나 부리의 크기 등에서 양적으로 비교할 수 있는 대상은 유(類, genos)로 묶일 수 있다. 독수리와 참치처럼 형태의 관점에서 비교될 수 없는 대상은 오직 유비(類比)의 관점에서만 비교될 수 있다.[8] 수많은 단행본을 일정한 주제에 따라 묶는 방법인 도서 십진분류법 역시 분류하기의 방법을 통해 무질서해 보이는 대상을 범주화한 사례이다. 이러한 분류하기를 통해 우리는 개별적인 사태를 보편적인 수준에서 접근할 수 있다. 때로는 전체에 대한 이해를 바탕으로 부분에 접근해 들어감으로써 개별 사태의 수준에서는 알 수 없었던 대상의 특성을 추론하기도 한다.

분류하기를 대상을 묶거나 나누는 방법으로 정의한 데에서 보듯, 분류하기는 개별적인 사태를 상위의 범주로 묶는 원리이면서, 그 반대 방향에서는 추상적인 대상을 일정한 범주 속에서 구체적으로 이해하는 원리가 되기도 한다. 근대 학문의 분류를 시도한 프란시스 베이컨은 '학문'이라고 하는 추상적인 대상을 여러 단계에 걸쳐 분류하였다. 이에 따르면 학문은 그 목적에 따라 신적 학문과 인간적 학문으로 양분되며, 인간적 학문은 다시 인간의 세 가지 오성 능력인 기억력과 상상력, 이성에 대응되는 학문인 역사학과 시, 철학으로 나뉜다.[9]

이는 '학문'이라는 추상적인 개념을 그것의 목적과 수행에 필요한 능력을 기준 삼아 구체적으로 접근해 들어간 분류하기의 사례이다. 이처럼 복잡하고 추상적인 개념을 일정한 기준에 따라 나눈다면, 전체를 한눈에 파악하고, 각 부분이 서로 어떤 관계에 있는지 이해할 수 있다.

대상을 묶거나 나눈다는 그 기본 정의에 부합하는 이점 외에도 분류하기에는 여러 이점이 있다. 먼저, 분류하기는 특정한 대상을 다른 것들 사이에서 분별할 수 있게 한다. 가장 기본적인 분류하기의 행위로 명명(命名)을 들기도 하듯이, 우리는 분류하기를 통해 다른 것과 구별되는 대상의 범주와 위치를 이해할 수 있다. 무엇을 탐구하든 탐구 대상의 자리를 알고, 이를 독자와 함께 공유하는 일이 필요하다는 점에서 분류하기는 학술적 글쓰기의 출발점이다.

또, 대상의 범주와 위치를 아는 일은 자연히 다른 대상들과의 관계를 바라보는 일과 연결된다. 분류하기를 통해 하나의 대상만 가지고는 파악하기 어려운 전체와 전체 속 부분에 대한 이해로 나아갈 수 있고, 여러 대상 사이의 공통점과 차이점을, 위계 관계를 파악할 수 있다.

나아가, 탐구 대상을 분별하고, 전체 속에서 대상의 특성을 상대적으로 이해하는 일은 비교하기와 정의하기의 방법을 활용하여 글을 쓰기 위해 선행되어야 하는 작업이기도 하다. 대상을 설명하는 다른 방법들의 기반이 된다는 점에서도 분류하기의 중요성을 확인할 수 있다.

요컨대 분류하기는 대상에 대한 개별적이고 구체적인 이해와 추상화 사이를 오가며 대상에 대한 구조적인 인식을 전달하는 글쓰기 방법이다. 이러한 분류하기는 글의 주제를 뒷받침하는 글감을 묶거나 나누는 과정에서 자연스럽게 수행하게 되는 기본적인 활동일 뿐 아니라, 다른 설명하기의 방법을 활용한 글쓰기를 위한 첫걸음이라는 점에서 중요성을 지닌다.

(2) 분류하기의 과정

글쓰기에서 분류하기는 어떻게 하는 것일까? 앞에서 한 편의 글은 일정한 과정과 절차를 거쳐 완성된다는 점을 확인하였다. 분류하기 역시 분류 대상을 발견하는 일에서부터 시작하여, 대상의 특성을 이해하고 전개하며, 그 과정의 적절성을 점검하는 일련의 과정을 거치는 것이 좋다. 여기에서는 일반적인 글쓰기의 과정 중에서도 주제 잡기에서 구성하기에 이르는 쓰기 전 단계를 중심으로 분류하기의 과정을 면밀히 살펴보고, 이러한 글쓰기의 과정에 대한 이해를 바탕으로 분류하기의 방법을 익히기로 한다. 또, 글쓰기 과정의 적절성은 본 장 맨 뒤의 '점검 항목'을 통해 확인하기로 한다.

① 분류 대상과 목적 확인하기

먼저, 무엇을 어떤 목적에서 분류할 것인지를 정한다. 분류 대상을 설정하지 않은 상태에서 분류를 시작하면 대상에서 제외되거나 겹치는 대상이 발생할 수도 있기 때문에 분류 대상을 확인하는 일은 중요하다. 그러나 이것이 분류 대상이 하나의 실체로서 고정되어 있음을 뜻하는 것은 아니다. 이미 여러 번 분류된 대상일지라도 더 나은 분류의 가능성을 고민하면서 대상의 경계에 대한 새로운 인식의 가능성을 열어 두는 자세도 필요하다. 좋아하는 동물이 무엇이냐는 질문에 '효모'라고 대답한 사례는 동물이라는 범주 자체를 새롭게 바라볼 수 있게 할 뿐 아니라,[10] 좋아하는 대상의 경계를 확장하는 일로 이어지기도 한다. 성별이분법을 정책적으로 '공언'하여야 한다는 사실이, 도리어 성별은 자명한 진리가 아닌 사회적으로 구성되는 산물임을 드러낸다고 본 지적도 눈여겨볼 만하다.[11] 이처럼 분류 대상을 낯설게 바라보며 숙고하는 일은, 그 자체로 필자와 독자에게 대상에 대한 새로운 앎을 도모하는 일일 수 있다.

이와 함께 분류하기의 목적을 확인하는 일도 중요하다. 동일한 대상이라도 분류하기의 목적에 따라 그 결과물은 달라질 수 있기 때문이다. 프란시스 베이컨은 지식을 예로 들어, 지식의 분류 결과는 그것을 용도를 중심으로 분류할 것인지 기본 성격을 중심으로 분류할 것인지에 따라 달라질 수 있다고 보았다. 분류하기의 대상을 설정하는 일이 대상에 대한 새로운 이해와 경계 확장의 실마리가 될 수 있는 것과 마찬가지로, 분류하기의 목적을 설정하는 일 역시 새로운 분류 체계를 제안하는 일로 이어질 수 있다.

② 대상에 대한 이해를 바탕으로 분류 기준 설정하기

분류 대상과 목적을 확인하였다면 다음으로는 대상의 특성을 바탕으로 분류 기준을 설정한다. 앞서의 동물 분류 예시에서 살펴본 것처럼, 분류하기에서는 가령 형태나 크기와 같은 일정한 기준을 체계적이고 일관되게 적용할 수 있어야 한다. 한 만화가의 생산·수집 기록물 전반을 분류하는 글을 쓴다고 가정해 보자. 비슷한 성격을 지닌 기록물끼리 묶어 본 결과, 만화가로서의 활동과 관련성이 높은 기록물과 관련성이 낮은 기록물로 대상을 양분할 수 있고, 활동 기록물의 경우에는 다시 연재 및 출판물과 애니메이션, 드로잉으로 세분화할 수 있다는 점을 파악해 두었다고 생각해 보자. 이와 같은 대상 탐구의 과정을 거치는 동안 만화가로서의 활동과 작품의 매체적 특성을 분류 기준으로 제안할 수 있을 것이다. 이처럼 우리는 분류 대상을 탐구하는 과정에서 대상들을 분류할 수 있는 적절한 기준을 발견하고, 때로는 고안할 수 있다. 분류의 기준 역시 고정불변한 것이 아니라, 분류의 목적이 무엇이냐에 따라 달리 설정되기도 한다. 같은 만화가 기록물의 예시에서, 활동이나 매체의 성격이 아닌 작가의 생애 시기를 중심으로 기록물을 분류하려는 것이 글의 목적이라면 이때 기준이 될 만한 것은 '1950년대', '1960년대'와 같은 기록물의 생산 및 수집 시기일 것이다.

③ 분류 내용 질서화하기

분류하기에서도 무엇을 어떤 순서로 전달할 것인지를 결정하는 단계가 필요하다. 다음은 죄에 가담한 정도를 기준으로 책임감을 네 가지로 유형화한 분류하기의 사례이다. 죄에 가담하지 않았음에도 책임감을 느끼는 책임 윤리의 '극점'을 나타내기 위해 '형이상학적 책임'이라는 유형을 고안하고, 이를 가장 마지막 순서에 제시하였음을 확인할 수 있다.

독일 철학자 야스퍼스는 제2차 세계대전이 끝난 후, 독일 국민들의 죄와 책임에 관한 문제에 대해 논하면서 '형이상학적 책임'에 대해 말했다. 그것은 죄와 책임에 관한 한, 논리 수준의 한 정점을 보여 준다. 야스퍼스 자신은 히틀러 정권에 의해 교수직을 박탈당한 바 있는, 나치 협력에 관해서는 결점이 없는 사람이었다. 그는 두 가지 태도를 경계하고자 했다. 패전국의 곤란을 모면하기 위해 입으로만 행하는 사과 및 독일 국민 전체가 전범 취급당하거나 스스로를 전범화하는 태도가 그것이었다. 그는 가담한 정도에 따라 죄와 책임이 나뉘어야 한다는 생각으로, 나치 치하에서 사람들이 느끼는 죄책감을 네 가지로 구분했다. 책임의 궁극적 형태를 보여 주는 형이상학적 책임은 그 네 번째 항목으로 등장한다.

첫째는 법적 책임. 이 경우 법적 책임은 전쟁에 관한 국제법과 보편적인 것으로서의 자연법에 입각한 것이다. 나치 독일의 실정법을 지켰느냐 아니냐의 문제는 아닌 것이다(모든 독재자들은 법을 만들어서 '합법적'으로 통치한다. 문제는 그 법이 자연법의 정신에 어긋나는 이상한 법이라는 점이다). 이 문제는 법정에서 해결된다.

둘째는 정치적 책임. 여기에서 정치적 책임이란 자기가 나치 정권의 집권에 반대표를 던졌다고 해서 모면할 수 있는 성질의 것이 아니라는 것, 반대자이건 기권자이건 간에 합법적 절차를 통해 집권한 정권 아래에서 정상적으로 생활한 사람이라면 그 정권이 져야 하는 정치적 책임으로부터 자유로울 수 없다는 것이다.

셋째는 도의적 책임. 이것은 자신의 양심의 법정에서 행해지는 판결이다. 나쁜 일에 가담하지는 않았다 하더라도 마음속으로 동조했다거나 혹은 자신의 의지와는 무관하게 불가피한 명령 등으로 인해 나쁜 일에 손을 담근 경우가 이에 해당된다. 물론 이것은 어느 누구도 판단할 수 없으며 해당자 자신만이 알 수 있는 것이다.

그리고 넷째로 형이상학적 책임(죄)이 등장한다. 나쁜 일이 행해지는 자리에 있었거나 그 사실을 알고 있는 사람이 있다. 물론 그는 자의건 타의건 간에 그 일에 가담한 적이 없고, 마음속으로 동조한 적도 없으며 오히려 피해자가 될 뻔한 위치에 있었다. 요행히 그는 나쁜 일의 피해자가 되는 것은 면할 수 있었다. 끔찍한 순간이 지나고 난 후 운좋게 살아남은 사람이 느끼는 죄책감, 곧 살아남은 자의 죄의식을 야스퍼스는 형이상학적 죄의식이라고 했다. 이런 경우는 나치에 의해 수용소에 갇혀 있다가 살아나온 유대인들에게서 대표적으로 드러났고, 또한 우리의 경우로 보자면 1980년 5월 광주를 산 채로 견뎌야 했던 사람들의 처참했던 죄의식도 여기에 해당되는 것이겠다.

그들이 무슨 잘못을 했는가, 잘못이 있다면 무고한 죽음 앞에서 대신 죽지 못한 죄가 있을 뿐이다. 형이상학적 책임은 이와 같은 방식으로 책임 윤리의 한 극점을 보여 준다.

서영채, 《인문학 개념 정원》, 파주: 문학동네, 2013, 203-205면. (밑줄-인용자)

활동

앞서 살펴본 분류하기의 과정을 적용하여 분류할 대상과 목적, 기준과 순서를 정해 보자.

	예시) 책임의 유형	나의 예시
대상	책임	
목적	죄에 가담한 정도에 따라 책임의 종류가 나뉘어야 한다는 문제의식을 전달하고, 책임의 궁극적인 형태를 강조하여 보이기 위함이다.	
기준	죄에 가담한 정도	
순서	죄에 가담한 경우에 해당하는 책임의 종류를 먼저 제시하고, 가담하지 않았음에도 지는 책임을 맨 마지막 순서로 제시한다.	

비교하기

(1) 비교하기의 개념과 효과

비교하기란 한 대상을 그와 관련된 다른 대상에 견주어 기술하는 글쓰기 방법이다. 대상 간의 차이점에 중점을 두는 '대조하기'와 유사점에 중점을 두는 '비교하기'로 구분하기도 하지만, 여기에서의 비교하기는 이 두 가지의 의미를 아우르기로 한다. 비교하기는, 겉으로 비슷해 보이는 두 대상이 실제로는 얼마나 다른지, 혹은 겉으로는 달라 보이는 두 대상이 본질적으로 얼마나 비슷한지를 탐구하는 글쓰기 방법이다. 따라서 비교하기의 방법으로 글을 쓸 때에는 대상 간의 유사점과 차이점을 모두 고려해야 한다. 예컨대, '자유주의와 민주주의는 비슷해 보이지만 어떻게 다른가'라거나, '서로 관련이 없어 보이는 양자역학과 불교 철학은 관찰자와 관찰 대상의 상호 역학 관계를 중요하게 여긴다는 점에서 얼마나 비슷한가'와 같은 문제를 탐구하기 위해서는 두 대상의 유사점과 차이점을 모두 아는 것이 필요하다.

'견준다'라고 하는, 곧 대어 본다는 행위를 중심으로 비교하기의 기본 개념을 살펴보았다. 그렇다면 무엇과 무엇을 견줄 수 있을까? 한 대상과 비교할 수 있는 비교의 짝이 되기 위한 조건은 무엇일까? '그와 관련된'이라는 단서에 주목해 보자. 한 대상의 특성을 잘 비춰 줄 수 있는 동일 범주 내의 대상을 비교대상으로 제시하는 것이 일반적이지만, 비교의 목적에 따라, 그리고 비교의 합당한 근거를 제시할 수만 있다면 동일 범주 외의 대상과 비교하는 것도 가능하다. 예를 들어, 파이프오르간이라는 악기를 설명하기 위해서는 동일 범주 내의 대상인 피아노와 비교하는 것이 일반적이겠으나, 글쓴이의 연주 경험을 바탕으로 일반인이 입문하기 좋은 취미 악기를 추천하는 것이 목적인 글에서라면 피아노를 동일 범주 외의 악기인 드럼과 비교하는 것도 가능할 것이다. 또, 양자역학과 고전역학의 비교와 같이 동일 범주 내의 대상끼리 비교할 수도 있지만, 객관적인 실재에 대한 믿음에 도전한다는 지적 탐구의 방식에 주목하여 서로 다른 범주의 두 대상인 양자역학과 불교 철학을 비교하는 것도 가능하다.

비교하기는 글의 다양한 층위에서 활용될 수 있다. 'A와 B의 비교'를 주제로 하는 글에서 비교하기는 대상 탐구의 방법이자 본론을 구성하는 핵심 원리로 작용할 수 있다. 가령, 에리히 프롬의 저서《소유냐, 존재냐》는 소유 양식과 존재 양식이라는 두 가지의 실존 양식을 비교하고, 인류 문명에 대하여 존재 양식으로의 전환을 제안하는 과정에서 비교하기의 방법을 대상 탐구의 방법이자 글을 구성하는 원리로 활용한 경우이다.[12] 그런가 하면 비교하기는 글 전반이 아닌 일부에서 유사한 개념과의 비교를 통해 글의 주제어를 제시하거나, 문제를 둘러싼 여러 입장의 타당성을 검토하는 과정에서 활용되기도 한다. 예를 들어, 기후 변화의 문제를 다루는 글을 쓰는 과정에서라면 지구 온난화와의 비교를 통해 기후 변화에 수반되는 문제의 범위가 보다 총체적인 것임을 주지시킬 수 있다. 또, 탄소 배출 감소 정책인 '탄소세'와 '탄소 배출권 거래제'의 장단점을 비교하는 내용을 일부 포함하여 기후 위기 대응 방안에 관한 글을 전개해 나갈 수도 있을 것이다.

비교하기에는 어떤 이점이 있을까? 먼저, 비교하기는 대상 하나만 가지고는 알기 어려운 대상의 본질을 다른 대상과의 차이점 속에서 이해할 수 있게 한다. 대상 간의 차이점에 중점을 두는 비교하기의 경우만이 아니라, 유사점에 중점을 두는 경우에도 이는 마찬가지이다. 어디까지나 유사하지만 동일하지 않은 두 대상 사이에는 결정적인 차이가 내재하기 마련이므로, 비교하기를 통해 두 대상을 동일하게 하지 않는 결정적인 차이를 확인하는 작업은 다른 것으로 환원되지 않는 각 대상만의 고유함을 이해할 수 있게 한다. 가령, 합성어와 파생어를 비교하여 보면 모두 둘 이상의 형태소가 결합하여 만들어진 복합어라는 공통점이 있지만, 결합하는 형태소의 종류는 다르다는 결정적인 차이를 확인할 수 있다. 이처럼 비교하기는 다른 대상과의 결정적인 차이 속에서 그 대상만의 본질을 분별할 수 있게 한다.

또, 비교하기는 개별 대상의 수준에서는 파악하기 어려웠던 여러 대상에 대한 상위의 인식을 도출할 수 있게 한다. 곤충학자인 새뮤얼 H. 스커더의 수필 〈아가시즈의 실험실에서〉에는 학생 시절의 스커더가 실험실 지도교수의 충고에 따라 하스돔과의 물고기 한 마리를 면밀히 관찰하고, 다음 단계에서는 이를 같은 과의 다른 물고기와 차례로 비교해 나가는 삽화가 제시된다.[13] 이 과정을 통해 학습자가 물고기 한 마리에 대한 이해에서 하스돔과 물고기 전반에 대한 이해로 나아갈 수 있었던 것과 같이, 학문 탐구의 과정과 이 과정에 동반되는 글쓰기의 과정에서 비교하기라는 탐구 방법은 개별 사실들을 다음 단계에서 종합하게 하는 원리가 된다.

이처럼 비교하기는 대상 간의 유사점과 차이점에 대한 이해를 통해 다른 대상으로 환원될 수 없는 각 대상의 본질을 이해할 수 있게 하고, 각 대상에 관한 개별 사실들을 상위에서 종합하게 한다는 점에서 이점이 있다. 나아가, 이러한 탐구의 과정과 결과를 체계적으로 배치하는 원리가 된다는 점에서도 비교하기의 이점을 확인할 수 있다. 비교하기의 방법을 활용한 글은, 비교 대상과 기준, 전개 방식을 구조적으로 명확하게 제시함으로써 필자의 생각을 체계적으로 전개할 수 있게 하고, 이를 통해 필자와 독자 사이의 원활한 의사소통을 돕는다.

(2) 비교하기의 과정

글쓰기에서 비교하기는 어떻게 하는 것일까? 분류하기와 마찬가지로 비교하기 역시 일정한 과정과 절차에 따라 진행하는 것이 좋다. 비교 대상을 선정하는 것에서 시작하여 대상의 특성에 대한 이해를 바탕으로 비교 기준을 설정하고, 목적에 부합하는 전개 방식을 결정하며, 과정의 적절성을 점검하는 절차가 그것이다.

① 비교 대상 선정하기

먼저, 무엇과 무엇을 비교할지 정한다. 문제의식이 무엇인지에 따라 비교의 대상이 이미 마련된 경우도 있고, 한 대상에서 출발하여 적절한 비교 대상을 탐색해야 하는 경우도 있을 것이다. 동일 범주 내에서 대상을 잘 비춰 줄 수 있는 대상을 선정할 수도 있고, 비교의 근거가 충분하다면 동일 범주 외에서 대상을 선정할 수도 있다.

2021년에 발사된 제임스웹 우주망원경을 통해 촬영한 은하단 사진이 화제가 된 적이 있다. 우리가 우주에서 무엇을 얼마나 관측할 수 있느냐는 질문은 관측의 매개가 되는 제임스웹 우주망원경의 특성에 대한 질문으로 이어질 수 있다. 이때 대상의 고유한 본질을 이해하기 위하여 비교하기의 방법을 활용할 수 있다. 제임스웹 우주망원경과 비교의 짝이 될 만한 대상은 무엇일까? 앞서 살펴본 분류하기의 관점을 적용하여 본다면 제임스웹 우주망원경이 속한 범주는 우주망원경이라는 점을 확인할 수 있다. '우주망원경'이라는 동일 범주 내의 항목들 중에서도, 제임스웹 우주망원경이 출현하기 이전에 관측의 임무를 수행해 왔고, 제임스웹 우주망원경이 그 대를 이었다고 평가되는 허블 우주망원경을 비교 대상으로 선정할 수 있을 것이다.[14]

위의 사례는 동일 범주 내에서 비교의 대상을 선정한 경우이다. 그러나 비교 대상을 고르는 데에 정답이 있는 것은 아니다. 비교의 목적에 따라서는, 앞에서 언급한 예시와 같이 양자역학과 불교 철학을 비교하거나 피아노와 드럼을 비교하는 것도 가능하다. 봄과 청춘의 시간성을 비교하거나, 나무와 인간의 경쟁 체제 내에서의 서로 다른 반응을 비교하는 확장적인 사고를 시도함으로써, 우리에게 익숙한 대상을 새롭고 낯선 시각 속에서 바라보게 되기도 한다.

② 비교 기준 설정하기

다음으로는 대상들을 비교할 기준을 설정한다. 각 대상을 어떠한 공통된 관점에서 바라볼지를 결정하는 것이다. 이 관점이 있을 때 대상의 특성을 드러낼 수 있고, 그것을 구조화하여 제시할 수 있다는 점에서 비교 기준을 정하는 일은 중요하다.

기준을 결정하는 근거는 대상의 속성에서 비롯한다. 가령, 앞에서 든 예시 중 합성어와 파생어의 비교 기준이 되는 것은 결합하는 형태소의 종류인바, 이는 비교 대상이 형태소의 결합으로 이루어진 단어라는 점에 근거한다. 그렇기 때문에 대상에 적합한 기준을 설정하기 위해서는 각 대상의 특성을 이해하는 작업이 선행되어야 한다.

대상을 충분히 사색하여 비교의 기준을 발견하였고, 발견한 기준이 여럿이라면 이를 무작위로 나열하는 것이 아니라 논리적인 관계나 선후의 연관성을 따져 배열해 두는 것이 좋다. 앞서 든 제임스웹 우주망원경과 허블 우주망원경의 비교 예시에서 기준이 될 만한 것을 떠올려 보자. 관측 범위를 기준으로 떠올려 볼 수 있다. 그리고 이 관측 범위는 '우주의 어느 영역대를 관측할 수 있는가'라는 관측 파장 대역의 차이에서 결정된다는 사실을 알게 되었다고 가정해 보자. 그렇다면, 관측 파장 대역 역시 기준이 될 수 있다. 또, 제임스웹 망원경은 허블 망원경과 달리 적외선 영역대를 관측하도록 설계되어 있으므로, 다른 행성이 방출하는 적외선을 피한 위치에서 임무를 수행하는 것이 좋고, 이 점이 제임스웹 망원경의 궤도를 결정하였다는 사실 또한 확인하였다고 가정해 보자. 이러한 사실을 근거로 망원경의 궤도 역시 비교의 기준으로 삼을 수 있을 것이다. 정리하면, 관측 범위, 관측 파장 대역, 망원경의 궤도를 비교 기준으로 설정할 수 있고, 관측 파장 대역이 나머지 두 기준에 따른 관측의 차이가 나타나는 원인이라는 점을 확인하였으므로, 관측 파장 대역-관측 범위-망원경의 궤도 순으로 기준을 나열하는 것이 좋겠다고 판단할 수 있다.[15]

③ 비교의 목적을 고려한 전개 방식 결정하기

비교 대상을 정하고, 기준 또한 설정하였다면 대상을 일정한 기준에 따라 비교한 내용을 구조화하여 제시할 필요가 있다. 이때는 비교하기의 목적이 무엇인지를 다시금 점검하여 비교 내용을 어떤 순서로 어떤 틀에 담을 것인지 결정한다.

먼저, 두 대상의 특성을 동일한 비중으로 설명하려는 것이 목적인지, 한 대상의 특성을 다른 대상에 비해 강조하는 것이 목적인지를 확인한다. 전자라면 유사점과 차이점을 고르게 제시하는 방향의 글을 설계할 수 있다. 후자, 곧 한 대상의 특성을 다른 대상에 비추어 보이는 것이 목적이라면, 겉으로 보이는 차이점을 확인하는 데에서 출발하여 유사점을 드러내려 함인지, 유사점에서 출발하여 차이점을 드러내려 함인지를 판단한다. 가령, 아리스토텔레스와 뉴턴의 운동 이론을 비교하는 글을 쓴다면 두 대상을 동일 비중에서 설명하는 글을 쓸 수도 있지만, 뉴턴의 운동 이론이 아리스토텔레스의 운동 이론의 한계를 어떻게 극복하였는지에 초점을 두어 두 운동 이론의 차이점을 강조하는 글을 쓸 수도 있고, 두 이론이 표면적으로는 달라 보이지만 우주의 사물이나 현상의 기본 단위에 대한 이해인 자연관에서 출발하였다는 유사점이 있음을 강조하는 글을 쓸 수도 있을 것이다. 이처럼 비교의 목적은 글을 전개하는 방식과 밀접한 관련이 있다.

비교의 목적과 내용의 예상 흐름을 확인하였다면 비교 내용을 효과적으로 담아낼 비교의 구조를 결정한다. 구조에는 크게 두 가지가 있다.

대상 가
기준 1
기준 2
기준 3

대상 나
기준 1
기준 2
기준 3

대상별 비교

기준 1
대상 가
대상 나

기준 2
대상 가
대상 나

기준 3
대상 가
대상 나

기준별 비교

첫 번째 유형은 '대상'을 기준으로 글을 전개해 나가는 방식인 '대상별 비교'이다. 하나의 대상에 여러 기준을 적용하여 대상의 특성을 설명하고, 다른 대상에도 같은 기준을 같은 순서로 적용하여 설명하는 방식이다. 글이 짧은 경우나 비교 기준이 적은 경우에 효과적이며, 통일된 전체끼리 비교할 수 있는 것이 장점이다.

두 번째 유형은 '기준'을 중심으로 글을 전개해 나가는 방식인 '기준별 비교'이다. 하나의 기준을 여러 대상에 적용하여 설명하고, 이와 같은 방식으로 또 다른 기준들을 적용하여 설명하는 방식이다. 글이 긴 경우, 비교 대상이나 기준이 많은 경우에 효과적이다. 여러 대상을 체계적으로 비교할 수 있으며, 단순히 유사점과 차이점을 지적하는 데 그치지 않고, 대상을 평가하는 데 편리하다. 단, 대상 하나에 대한 전체적인 그림을 제시하기 어렵다는 단점이 있다.

두 유형의 장점을 접목하여, 기준별 비교의 방식으로 비교를 전개하고, 대상별 비교의 방식으로 비교 내용을 요약적으로 정리해 보임으로써 독자의 이해를 도울 수도 있다. 또, 기준별 비교의 구조를 활용하여 비교 내용을 정리해 두면 글을 쓰기에 앞서 대상의 구체적인 속성을 한눈에 파악하기 좋고, 비교의 기준이나 전개 순서 등을 수정하기에도 용이하다.

활동

비교할 대상과 기준, 비교의 내용을 기준별 비교의 구조 형태로 정리해 보자.

	예시) 제임스웹 우주망원경과 허블 우주망원경의 비교	나의 예시
문제 의식	제임스웹 우주망원경은 허블 우주망원경의 대체재에 불과한가? 두 우주망원경은 구체적으로 무엇이 어떻게 다른가? 이를 통해 확인할 수 있는 제임스웹 우주망원경만의 고유한 특성은 무엇인가?	
제목 (가제)	같은 대상 속에서 다른 것을 본다	
기준별 비교의 구조를 활용한 간략 개요	**기준 1: 관측 파장 대역** 대상 가(허블 우주망원경): 적외선 근처를 볼 수는 있지만, 가시광선과 자외선 영역의 일부를 관측 대상 나(제임스웹 우주망원경): 적외선 영역대를 관측	

	예시) 제임스웹 우주망원경과 허블 우주망원경의 비교	나의 예시
기준별 비교의 구조를 활용한 간략 개요	**기준 2: 관측 가능한 거리** 대상 가(허블 우주망원경): 약 10억 년의 우주 나이 공간까지 관측 대상 나(제임스웹 우주망원경): 약 3억 년의 우주 나이 공간까지 관측 **기준 3: 망원경의 궤도** 대상 가(허블 우주망원경): 지구 상공 약 525km. 필요한 경우 임무를 수행하러 갈 수 있는 정도의 거리 대상 나(제임스웹 우주망원경): 지구에서 약 150만 km 떨어진 곳. 수리하러 가는 것이 불가능한 거리 학생 글.[16]	

정의하기

(1) 정의하기의 개념과 효과

정의하기란 대상의 의미를 밝히는 글쓰기 방법이다. 어떤 대상을 정의할 때에는, 그것이 어떤 범주 내에 속하며, 같은 범주 내의 다른 대상들과는 어떠한 차이를 보이는지를 밝힐 필요가 있다. 이때 대상이 속한 범주를 유개념이라 하고, 동일 범주 내 다른 대상들과 구별되는 속성을 종차라 한다. 정의하기는 정의할 대상인 피정의항과 유개념, 종차를 기본항으로 구성되며, 이 세 가지의 기본항으로 구성된 문장을 정의문이라고 한다. '시계'를 정의한다면, '시계[피정의항]란 시간을 재거나 나타내는[종차] 기계[유개념]이다'라는 정의문의 형태로 정의할 수 있는 것이다. 이처럼, 정의하기는 분류하기와 비교하기의 과정을 수반한다. 글쓰기 방법으로서의 분류하기와 비교하기를 정의하기에 앞서 살펴본 이유는 여기에 있다.

정의하기의 방법을 활용한 글쓰기는 크게 두 유형을 보인다. 하나는 대상의 본질을 탐구해 나가는 과정에서 정의하기의 방법을 활용하는 경우이다. 플라톤의 대화편 중 〈에우튀프론〉은 경건함이란 무엇인가를 주제로 하는 대화이다. 불경죄로 고소되어 재판을 앞둔 소크라테스는 길에서 우연히 만난 에우튀프론에게 경건함이 무엇인지를 묻는다.[17] 이때 소크라테스가 구하고자 하는 대답은, '불의한 부친을 살인죄로 고소하는 것'과 같은 예시가 아니라, 어떤 행동이 경건한지 불경한지를 판가름할 수 있는 경건함의 본질이 무엇이냐는 것이다. 이어지는 두 사람의 대화는 경건함의 본질을 탐구해 나가는 과정에 다름 아니다. 그리하여 완전한 정의에 도달하였느냐는 문제와는 별개로 대상의 본질을 탐구해 나가는 과정에 의미가 있다는 점이 위 대화편이 우리에게 남기는 지혜 중 하나일 것이다.

또 다른 유형은, 대상의 의미를 한정하고, 그 의미를 독자와 공유하는 경우에 활용할 수 있는 정의하기이다. 찰스 다윈은 저서《종의 기원》에서 생존경쟁이라는 현상이 자연계의 전 영역에 편재된 현상이라는 점을 주지시키기 위하여 저서의 전반부에서 '생존경쟁'이라는 용어를 광범위한 의미로 사용하겠다는 뜻을 밝힌다.[18] 본격적인 논의를 출발시키기에 앞서 논의의 전제로서 용어의 의미를 한정하는 것이다. 이때 의미를 한정하는 과정을 맥락적으로 제시하여, 그것이 곧 대상의 본질을 탐구하는 과정과 연결되어 있음을 보여 주기도 한다.

이처럼 글쓰기에서 정의하기의 유형은 그 목적에 따라 달라질 수 있다. 따라서, 정의하기의 방법을 활용할 때에는 정의를 하는 목적이 무엇인지를 확인할 필요가 있다. 충분히 탐구되지 않은 대상의 본질을 탐구하려는 것이 목적인지, 대상의 의미를 독자에게 한정하여 이후 전개되는 내용에 대한 독자의 이해도를 높이려는 것이 목적인지를 알아야 하는 것이다.

크게 두 유형으로 나타나는 정의하기의 예시를 구체적인 사례를 통해 살펴보자. 다음은 첫 번째 유형인 대상의 본질을 탐구해 나가는 과정에서 정의하기의 방법을 활용한 경우이다.

교권이라는 말의 뜻은 크게 세 가지로 구분된다. 첫째는 '교사의 권위', 두 번째는 '교사의 교육활동권', 마지막은 '교사의 인권'이다. 교권 추락, 교권 침해, 교권 회복 등 여러 곳에서 교권의 의미는 혼재돼 사용되고, 이는 교권에 대한 논의의 질을 저해한다. 이에 본 글에서는 위에서 분리한 세 개의 교권을 순서대로 논하며 서이초 사건을 계기로 급부상한 교권 보호에 대해 논의하고자 한다.

교권 1: 교사의 권위

전통적으로 한국 사회에서 교권은 가장 처음의 의미로 통용돼 왔다. 그리고 그 논의의 중심에는 학생의 인권이 있었다. 권위주의적이었던 20세기 학교에서는 교사가 교육·훈육을 명목으로 학생에게 폭력을 행사하는 일이 잦았다. 억압적인 학교 규율 역시 학생들의 기본적인 자유를 제한하고 통제했다. (중략) 그러나 체벌과 관련한 사회적 논란이 반복되고, 학생 인권에 대한 관심이 고조됨에 따라 2011년의 법 개정을 통해 교사의 체벌은 아동학대에 해당하는 민·형사적 처벌의 대상이 됐다. 즉 학생 인권 신장은 폭력의 추방과 맥을 함께한다. 학생 인권과 교권이 대립되는 것으로 이해되는 데는 이러한 기저가 있다.

그러나 교사의 권위는 폭력이나 강제력으로 학생의 복종을 얻어내는 것이 아니라 학생이 교사를 신뢰하고 교육 내용을 스스로 수용하는 데서 나오는 교육적 힘이다. 하지만 한국적 맥락에서 교사의 권위는 오랫동안 전자의 의미로 이해돼 왔고, 교권 추락은 흔히 교사가 '(물리적 통제력으로서) 힘을 잃었기에' 더 이상 학생을 '관리할 수 없다'는 논리로 치환됐다. 같은 맥락에서 일군의 여론 및 일부 정치권은 학생인권조례가 최근 교권 추락의 원인이라고 지목한다. 하지만 그것은 사실이라 보기 어렵다. (하략)

박정민, 〈사람이 죽었는데 사람을 사랑해도 될까〉,
《서울대저널》 180, 2023. 9. 16. (밑줄-인용자)

글쓴이는, '교권'의 의미가 다층적으로 구성된 것임에도 각각의 의미가 혼재되어 사용되었고, 이에 따라 교권에 대한 논의 또한 정교하게 이루어지지 않았다는 문제를 제기한다. 이러한 문제의식하에 '교권'의 의미를 구성하는 '교권 1', '교권 2', '교권 3'의 의미를 정의하고, 각각의 '교권'과 관련하여 오도된 사실을 바로잡는 식으로 '교권'에 대한 올바른 이해에 기반한 사회적 논의의 기반을 마련한다.

다음은 한국 고문서 학계에서의 논의와 공감대를 바탕으로 '고문서'를 정의한 사례로, 한 편의 글에서 다루는 대상의 의미를 구체적으로 한성하여 독자에게 공유하는 경우이다.

이상과 같이 그동안 한국 고문서 학계에서는 고문서가 갖추어야 할 몇 가지 필수적인 요건을 제시했고, 이에 대한 공감대를 형성하였다. 문서를 주고받는 쌍방(발급자와 수취자)이 존재해야 하고, 문서를 통해 표시되는 목적이 있어야 하며, 현재의 시점에서 명백히 과거에 생성된 것이어야 한다.

박성호 외, 《한국 고문서 입문》, 국사편찬위원회, 2020, 4면. (밑줄-인용자)

이 정의에 따르면 고문서는 세 가지 요건을 충족하는 문서라는 의미로 한정된다. 이후의 논의는 바로 이와 같은 정의에 입각하여 진행될 것임을 예상할 수 있게 하는 대목이다.

서경식의 《디아스포라 기행: 추방당한 자의 시선》은 그 제목과 부제의 관계에서 짐작할 수 있는 바와 같이 '추방당한 자로서의 디아스포라'의 의미를 규정하는 데에서부터 논의를 출발시키는 책이다. 책에서 글쓴이는 '디아스포라'라는 개념의 의미가 좁은 의미에서 넓은 의미로 확대된 과정을 검토하고, 그중 넓은 의미로서의 '디아스포라'의 의미를 채택한 다음 이를 다시 '근대 제국주의의 강압적 폭력에 의해 자신이 나고 자란 땅을 떠난 존재'라는 의미로 새긴다.[19] 의미의 변천사를 중심으로 대상의 본질에 대한 이해를 돕는 한편, 자신의 글에서 이 대상을 어떤 의미로 사용할 것인지를 규약하는 경우이다.

이처럼 정의하기의 양상은 글의 목적에 따라 다양하게 나타나지만, 몇 가지의 전형성을 보인다. 또, 예시의 강조된 문구에서 보듯 어떤 유형의 정의하기이든 정의의 기본 형식을 포함한다는 공통점을 확인할 수 있다.

이러한 정의하기에는 어떤 이점이 있을까. 즉, 정의하기는 무엇을 하는가? 앞서 살펴본 두 유형의 사례에서 보듯 정의하기는 충분히 탐구되지 않은 대상의 본질을 탐구하는 과정으로서의 의미를 지닌다. 또, 정의하기는 독자에게 대상의 의미를 한정하여 줌으로써 의미의 오해 없이 논의를 따라갈 수 있도록 돕는 역할을 한다.

상기한 이점 외에도 정의하기에는 실천적인 힘이 있다. 아파트 경비 노동자 A씨의 근로 중 의족 파손 사고에 대하여 의족 파손을 근로자 부상으로 판단한 대법원 판결 사례에서, 의족은 '신체 일부인 다리를 기능적, 물리적, 실질적으로 대체하는 장치'로 정의되는 것을 확인할 수 있다. 의족을 '신체 일부를 대체하는 장치'로 바라보는 관점은 '의족'의 특성과 범주 자체를 바꾸는 새로운 분류하기이자 정의하기의 사례에 해당한다. 이는 A씨의 개별 사례를 넘어, 신체의 경계에 대해 다시 생각할 수 있게 하고, 나아가 신체 개념을 재정의할 기반을 마련한다.[20] 언어를 통해 내 생각을 전달하는 일은 공통의 이해를 위한 기반을 마련하는 일이라고 하였다. 대상을 새롭게 바라볼 수 있고, 바라볼 필요가 있다면 정의는 새롭게 시도될 수 있다. 글쓰기에서 구현되는 몇 가지의 정형화된 틀을 익히는 한편으로, 정의하기에 내재된 실천적인 힘의 가능성을 기억해 둘 수 있을 것이다.

(2) 정의하기의 과정

글쓰기에서 정의하기는 어떻게 하는 것일까? 앞서 살펴본 분류하기나 비교하기와 마찬가지로, 정의하기의 방법 역시 쓰기 전 단계의 과정 속에서 이해하고, 연습할 수 있다. 먼저, 정의할 대상과 목적이 무엇인지를 확인한다. 나아가 정의하기의 기본 형식을 포함하여 정의하고, 필요하다면 다양한 방식을 활용하여 대상의 의미를 탐구한다. 마지막으로는 정의하기의 목적에 부합하도록 정의 내용의 규모와 위치를 정한다.

① 정의 대상과 목적 확인하기

무엇을 정의하려는지를 확인한다. 정의 대상을 확인한 다음에는 정의하기의 목적을 점검한다. 글쓰기 방법으로서의 정의하기는 그 목적에 따라 크게 두 유형으로 나타난다는 점을 살펴보았다. 대상의 본질을 탐구하는 과정으로서의 정의하기와, 대상의 의미를 한정하여 독자와 소통하는 것이 목적인 정의하기가 그것이다.

② 대상의 의미에 접근하기

대상의 의미를 밝히기 위해서는 대상의 의미에 접근하여야 한다. 가장 기본적으로는 대상의 범주와 그 범주 내에서의 특성을 포착하여 피정의항, 유개념, 종차로 구성된 정의문을 구성할 수 있다. 그러나 대상에 따라서는, 이와 같은 사전적 정의만으로는 그 의미를 충분히 탐구하였다고 보기 어려운 경우도 있다. 사전적 의미를 초과하는 현실을 설명해야 하는 경우가 있을 수 있고, 삶이 변화함에 따라 그 의미 또한 변화하는 대상이 있을 수도 있기 때문이다. 우리는 글쓰기를 통해 그 낙차를 확인하고, 또 그것을 줄여 나가기 위해 시도할 수 있다. 대상을 낯설게 바라보는 일은 그래서 중요하다. 정과리는 시인 송재학을 일종의 시적 정의(poetic definition)를 시도하는 시인으로 평가하면서, 대상의 의미를 발견하는 일은 대상을 하나의 주체로 세워 주고자 하는 대상에 마음 작용을 통해서만 가능하다고 보았다.[21] 시적 정의만이 아니라 학술적 정의에서도 대상을 새로운 시선으로 바라보려는 태도를 기억해 둘 수 있을 것이다. 다음은 사전적 정의만으로는 그 의미를 충분히 해명하기 어렵다고 판단할 때 동원할 수 있는 몇 가지 방법이다.

• 어원 확인하기

어원을 확인하여 대상이 의미화되는 과정을 역으로 추적해 볼 수 있다. '학생(student)'은 라틴어 'studere(열심히 공부하다, 열망하다)'에서 유래하였다. 따라서 '학생'이라는 말에는 수동적으로 수업을 듣는 사람임을 넘어, 배움에 열망을 가진 사람이라는 의미가 실려 있다. 이처럼 단어에 담긴 의미를 그 어원에서부터 분석적으로 확인하는 일은 대상을 구체적이고 깊게 살피는 유용한 방식이 될 수 있다. 글자 하나에 천착하여 그 내력을 추적하는 일이 제대로 된 공부의 바탕이 된다고 본 정약용의 편지글도 있듯이, 어떤 개념의 어원을 확인하는 일은 정의하기를 활용한 글쓰기를 위해서만이 아니라 학문의 과정에서도 중요하다.

• 역사 및 배경 확인하기

어원과 함께 대상의 의미가 구성된 시점의 역사적 배경을 살피는 것도 대상의 본래적인 의미를 파악하는 유용한 방식이 된다. 예를 들어, 이념이나 사상을 나눌 때 흔히 쓰는 '좌익(左翼)'이라는 말은 'left wing'을 번역한 것으로, 단어만 놓고 보면 의미를 알기 어렵다. 하지만 18세기 말 프랑스에서 시민혁명으로 절대왕정이 붕괴하고 국민공회가 구성되었을 때 의장석을 중심으로 급진파인 자코뱅당이 왼쪽 자리에, 온건파인 지롱드당이 오른쪽에 앉은 데서 유래했다는 역사적 사실을 확인해 보면 좌익은 특정 이념이 아니라 사회를 급진적으로 변화시키려는 사상이나 경향을 가리킨다는 것을 이해할 수 있다.

• 용례 확인하기

어떤 대상이나 용어는 여러 가지 방식으로 정의될 수 있으며, 한번 정의된 의미가 그대로 고정되는 것도 아니다. 대상을 바라보는 관점에 따라 정의하는 방식이 달라질 수도 있고, 사회적·문화적 변화에 따라 대상의 의미가 달라지기도 한다. 따라서 관련되는 자료를 수집하여 대상이나 용어의 용례를 분석함으로써 의미의 변천사를 확인하는 것은 자신이 다루고자 하는 대상의 범주와 특성을 정확하게 드러내기 위해 필요한 작업이다. 앞서 살펴본 '디아스포라' 정의하기의 사례는 '디아스포라'라는 대상의 의미가 대문자 디아스포라의 의미에서 소문자 디아스포라의 의미로 확장되었음을 밝힌 사례에 해당한다. 대상의 용례에 대한 정보를 조사함으로써 글쓴이는 그러한 용례 전반을 정의하기의 과정에 활용하거나 대상을 바라보는 특정한 관점 하나를 독자들에게 전달할 수 있게 된다.

• 비슷하거나 반대되는 대상과 비교하기

정의하기의 과정에서도 하나의 대상만 놓고 살펴보는 것보다 둘 이상의 대상을 견주어 살펴보는 것이 유용할 수 있다. '기후'는 비슷한 개념인 '기상'과의 비교 과정을 통해 정의될 때 '기상'과의 결정적인 차이 속에서 그 본질이 더욱 잘 드러날 수 있다. 두 대상은 모두 대기 현상이라는 동일 범주 내에 속하지만, '기상'이 지역에 따른 인간의 반응 차이가 나타나지 않는 현상인 것과 달리, '기후'는 '지역'과 같은 인간 생활과의 관련성이 높은 현상이다.[22] 이 점에 주목하여 '기후'의 본질을 정의할 수 있는 것이다. 이처럼 비슷하지만 다른 대상들을 비교함으로써 차이가 발생하는 지점을 통해 대상의 본질적인 특성을 명확하게 제시할 수 있다.

③ 정의의 목적을 고려하여 배치하기

대상의 본질을 탐구하는 과정으로서 정의 방법을 활용하는 글이라면 일정

규모 이상의 범위에 걸쳐 정의 내용을 다루게 될 것이다. 앞서 '교권'을 정의한 사례가 이에 해당한다. 대상의 의미를 한정하고 독자와 소통하기 위해 정의하기의 방법을 활용하는 경우라면 본격적인 논의를 출발하기 이전에 글이나 책의 전반부 혹은 내용주나 내용주와 참조주를 결합한 주석의 형태로 정의 내용을 제시하게 될 것이다. 앞서 살펴본 '고문서' 정의하기의 예시가 이에 해당한다. 정의하기를 활용한 글을 준비하는 단계에서는 이와 같은 정의의 목적을 고려하여 정의 내용을 배치하여 두는 것이 좋다.

활동

정의하기의 다양한 방식을 활용하여 한 문장 형태의 정의문을 포함한 500자 내외의 글을 작성해 보자. 정의할 대상은 아래의 예시 혹은 예시 외의 범위에서 자유롭게 선정하고, 대상의 본질을 탐구하는 것이 목적인 글임을 가정하자.

이해, 공감, 성장, 사랑, 연민

점검 사항

지금까지 글쓰기 방법으로서의 분류·비교·정의하기에 대해 살펴보았다. 분류하기와 비교하기는 대상의 특성을 구조적으로 제시하는 데에 도움을 주고, 정의하기는 대상의 의미를 탐구하거나 그 탐구 내용을 한정하여 명확하게 전달하는 데 유용한 글쓰기 방법임을 확인하였다. 또, 쓰기 전 단계를 중심으로 분류·비교·정의하기의 준비 과정을 살펴보았으며, 예시를 참고하여 글을 계획하는 단계까지 연습해 보았다. 계획에 따라 분류·비교·정의하기를 활용하여 글을 쓰는 과정에서는 다음과 같은 사항을 점검해 보는 것이 좋다.

분류하기	비교하기	정의하기
☐ 분류하기의 목적을 명확하게 설정하였는가? ☐ 알맞은 대상을 선정하였는가? ☐ 대상의 특성을 구체적으로 파악하였는가? ☐ 적절한 기준을 도입하였는가? ☐ 제외되거나 겹치는 대상이 없는지 확인하였는가? ☐ 의미 있는 결과(대상에 대한 범주적 이해, 대상들의 묶음 또는 나눔에 따른 대상 간의 관계 파악 등)를 도출하였는가?	☐ 비교하기의 목적을 명확하게 설정하였는가? ☐ 알맞은 대상을 선정하였는가? ☐ 대상의 특성을 구체적으로 파악하였는가? ☐ 적절한 기준을 도입하였는가? ☐ 의미 있는 결과(각 대상의 심층적 이해 또는 상위 인식 도출, 비교 우위의 확인 등)를 도출하였는가?	☐ 정의하기의 목적을 명확하게 설정하였는가? ☐ 알맞은 대상을 선정하였는가? ☐ 정의하려는 대상의 유개념과 종차를 적절히 설정하였는가? ☐ 정의하기의 목적이 해당 글의 맥락에서 대상의 범위를 독자에게 전달하려는 것인 경우 대상의 범위를 적절하게 한정하였는가? ☐ 정의하기의 기본 형식을 넘어 대상의 특성을 보다 자세히 파악해야 하는 경우 정의하기를 위한 다양한 방식을 활용하였는가? ☐ 의미 있는 결과(대상의 본질에 대한 심층적 이해 또는 의미 한정을 통한 효과적인 의사소통)를 도출하였는가?

분류하기	비교하기	정의하기
▢ 글의 목적에 부합하도록 분류 내용을 논리적으로 배열하였는가? ▢ 하나의 범주로 분류된 대상들이 동등한 지위를 가지는가? ▢ 기준을 단계별로 적용한 계층적 분류하기의 경우, 상위 범주 아래에 하위 범주가 위치하도록 위계를 고려하였는가?	▢ 비교의 목적에 부합하도록 비교 기준을 논리적이고도 체계적인 순서로 배열하였는가? ▢ 비교하기의 기준을 모든 대상에 일관되게 적용하였는가? ▢ 비교하기의 목적에 부합하는 구조를 선택하였는가?	▢ 정의 내용에 피정의항과 유개념, 종차로 구성된 문장을 포함하였는가? ▢ 정의하기의 목적에 따라 정의 내용을 적절한 위치에 적절한 규모로 배치하였는가?
▢ 분류 대상과 기준의 명칭을 객관적이고도 명확한 언어로 표현하였는가? ▢ '첫째', '둘째', '셋째' 혹은 '먼저', '다음으로' 등과 같이 차례를 나타내는 표현을 적절히 활용하여 분류의 과정을 체계적으로 전달하였는가?	▢ 비교 대상과 기준의 명칭, 공통점과 차이점을 객관적이고도 명확한 언어로 표현하였는가?	▢ 정의 대상의 의미를 객관적이고도 명확한 언어로 표현하였는가?

2 서사·묘사하기

서사하기

(1) 서사하기의 목적

서사하기는 사건이나 행위를 시간적 흐름 속에서 재현하는 글쓰기 방법이다. 뒤에 서술할 묘사하기와 마찬가지로 서사하기 또한 독자에게 상황을 보여주는 방식을 취하며, 독자는 제시된 상황을 보고 자신의 현실과 '관련'지어 반응하게 된다. 만약 글쓴이가 글에서 "당혹스럽다", "실망했다"라고 썼다면 독자는 글쓴이의 감정은 알 수 있지만 이것이 자연스럽거나 적절한 반응이었는지 알기는 어렵다. 그런데 만약 "그다지 친분이 없었던 친구가 밤늦은 시각에 전화를 했다.", "반갑다는 인사를 하기도 전에 친구가 기억도 가물가물한 아주 예전에 일어난 일에 대해 말하기 시작했다.", "그리고 갑자기 왈칵 울음을 터뜨렸다."라는 진술이 잇따라 나오게 되면 독자는 이 연속되는 행위를 서로 연관 지어 글쓴이가 말하고자 하는 내용을 채워 가며 이해하려고 노력할 것이다. 서사는 '이야기 쓰기'라는 의미이며, 이때 이야기 쓰기는 사건을 논리적인 순서로 말하기 위해 이야기의 시작과 중간, 끝을 설명하는 주요 구성 요소를 나누어서 제시한다. 이야기 전체 내용을 파악하고 그 순서를 배치하는 것은 텍스트 구조의 이해와도 관련되는 중요한 기술이다.

소설이나 영화 같은 매체에서 서사하기가 선명하게 드러나기 때문에 서사하기를 떠올릴 때 허구적 사건을 떠올리기 쉽지만 실제 사건도 서사하기의 소재가 될 수 있다. 글쓴이가 어떤 사건과 관련하여 전달하고자 하는 주제가 있을 때 이것을 요약적으로 설명할 수도 있다. 그런데 어떤 경우에는 이 사건이 어떻게 벌어졌는지 그 과정을 보여 줄 수도 있다. 사건이 벌어지는 과정은 이야기의 흐름으로 보여서 독자가 흥미롭게 여길 가능성이 높기 때문이다.

또 몇 가지 사건이나 행위를 연속적으로 나열하게 되면 독자는 이것을 맥락으로 이해하기 때문에 각각 사건이나 행위를 개별적으로 이해하지 않고 하나의 흐름으로 연결시키려고 노력한다. 특히 논증문에서 서사하기라는 방법을 쓸 경우 사건이나 행위는 단순히 소재로만 그치지 않고 핵심 주제를 납득시킬 수 있는 중요한 도구, 곧 주장을 뒷받침하는 강력한 근거로 활용될 수 있다.

점보는 1861년 아프리카의 외딴 사막 지역에서 태어났다. 점보는 엄마나 가족을 떠나 멀리 돌아다녀 본 적이 한 번도 없는 아기 코끼리였다. 기둥같이 생긴 튼튼한 다리와 충격을 완화시켜 주는 푹신한 발바닥이 있는 코끼리는 덕분에 에너지를 효율적으로 사용하면서 먼 길을 걸을 수 있고, 수천만~수억 평에 이르는 넓은 공간을 돌아다니며 산다. 야생에서 살았더라면 점보는 평생 수십에서 수백 마리의 코끼리와 알고 지냈을 것이다. 코끼리는 몸의 움직임, 화학적인 변화, 땅속의 진동, 수 킬로미터 떨어진 곳에서도 코끼리만 들을 수 있는 낮은 주파수의 웅웅거리는 소리 등 다양한 방법을 통해 다른 코끼리와 의사 소통을 한다. 그러나 겨우 한 살이 되었을 무렵, 점보 가족은 유럽 전시장과 동물원에 동물을 공급하는 공급책인 코끼리 사냥꾼 무리에게 공격당했다.

사냥꾼은 아기 코끼리 두 마리를 생포해서 공급하는 조건으로 이미 돈을 받은 상태였다. 아기 코끼리를 포획하는 방법은 단 한 가지밖에 없다. 무리 전체를 말살하는 것이다. 사냥꾼들은 코끼리 무리를 무차별적으로 공격했다. 어린 점보가 빨리 달릴 수 없어서 무리에서 뒤처지자 점보의 엄마는 사냥꾼들을 쫓아내려고 애썼다. 하지만 사냥꾼들은 점보가 보는 앞에서 어미 코끼리를 칼로 찔러 죽였다. 점보는 공포로 얼어붙어 움직일 생각을 못한 채 그 자리에 우두커니 서 있었다.

아기 코끼리 두 마리를 생포한 사냥꾼들은 돈을 낸 사람에게 코끼리들을 가져다주기 위해 이동하기 시작했다. 우선 사막을 가로질러야 했다. 사냥꾼들은 어미와 무리를 잃어 슬픔에 빠진 코끼리들을 걸어서 사막을 건너가게 했다. 슬픔에 빠진 채 엄마 젖도 먹지 못하고 먼 거리를 걷던 코끼리들은 병에 걸렸다. 다행히 점보는 살아남았지만 다른 한 마리는 도중에 죽고 말았다. 점보는 그 후 기차를 타고 알렉산드리아로, 배를 타고 독일로 옮겨진 후 그랜드 매니저리라는 이동 공연단에 팔렸다. 그곳에서 공연을 하던 점보는 파리에 있는 동물원에 팔려 비좁은 콘크리트 우리에서 살다가 1865년에 런던 동물원에 팔렸다.

점보는 동물원에 갇혀 지내는 코끼리 가운데 가장 큰 코끼리가 되었다. 런던 동물원에서 점보는 아이들을 등에 태우고 걷는 일을 했는데 나이를 먹으면서 공격적으로 변하자 동물원은 점보를 팔아 버렸다. 점보를 산 사람은 미국의 바넘 앤드 베일리 서커스단의 주인인 P.T.바넘이었다. 1882년 4월에 점보는 뉴욕시에 도착했다. 점보가 서커스단에서 하는 일이라고는 관중 앞에서 걷는 것밖에 없었는데도 공연이 거듭될수록 사람들은 점보에게 열광했다.

1885년 9월 15일, 캐나다 온타리오의 세인트토머스 시에서 서커스 공연을 마친 점보는 늦은 밤에 기차선로를 따라 대기 장소로 돌아가고 있었다. 그런데 그때 예정에 없던 화물기차가 점보를 향해 달려 왔다. 점보는 비탈진 경사면으로 내려가고 싶지 않은 듯 그곳에 멈추어 서서 움직이지 않았다. 결국 기차는 점보의 뒷다리를 쳤고 점보는 옆으로 고꾸라져 선로 밑으로 떨어졌다. 그리고 잠시 후 숨을 거두었다.

그런데 서커스단의 주인인 바넘은 죽은 점보를 영웅으로 만들기 위해 사실을 조작하기 시작했다. 점보가 기차에 치였을 때 점보 옆에는 다른 코끼리인 톰 섬이 있었는데, 바넘은 점보가 톰 섬을 구하려다가 자신이 대신 기차에 치여 죽었다고 말하고 다녔다. 물론 거짓이었다. 바넘은 점보의 이야기를 부풀리고 과장해서 점보를 영웅으로 만들어서 돈을 벌 목적이었다. 심지어 바넘은 죽은 점보의 뼈와 피부로 박제를 한 다음 서커스에 활용했다. 박제로 만든 점보를 수레에 실어 장송곡이 울려 퍼지는 공연장을 돌게 하면서 다른 코끼리들이 검은 천을 걸치고 그 뒤를 따라 행진하도록 했다.

로브 레이들로, 박성실 옮김, 《동물 쇼의 웃음, 쇼 동물의 눈물》, 서울: 책공장더불어, 2010, 20-23면. 본문에서 서사에 해당하는 부분만 선별해서 제시했다.

위의 글은 야생에서 태어난 코끼리가 밀렵꾼에게 생포된 뒤 공연단과 동물원, 서커스단에 팔리다가 마지막에는 기차에 치여 죽은 일생을 서술한 것이다. 이 이야기는 단순히 어떤 특정한 코끼리의 삶이 비극적이라는 차원으로 한정되지 않는다. 우리가 만난 공연단과 동물원, 서커스단에 있었던 대부분의 동물이 완전히 똑같지는 않더라도 원하지 않게 포획되었고 그 과정이 순탄하지 않았을 것이며 그 뒤에 우리에 갇혀 자유롭지 못한 상태에서 공연의 도구나 관람의 대상이 되었다는 점에서 이 글의 코끼리 '점보'와 별반 다르지 않은 삶을 살았거나 살 것이기 때문이다. 그렇다면 야생 동물이 인간을 위한 시설로 편입되어 인간의 즐거움을 위해 자유를 박탈당한 채 가혹하고 비극적인 삶을 살고 있다는 것을 어떻게 사람들에게 와닿게 전할 수 있을까. 이 글에서는 코끼리 점보의 일생을 서술하되 글쓴이가 전달하고 싶은 주제의식을 잘 보여 주는 사건들을 골라서 이야기의 흐름을 만들어 냈다. 코끼리 점보가 태어난 뒤 얼마 되지 않아 사냥꾼에게 포획될 때 엄마가 죽었던 일, 사냥꾼에게 끌려가면서 같이 붙잡힌 다른 코끼리가 죽었던 일, 그 뒤로 사람들이 자기의 이익에 따라 점보를 여러 차례 공연단에서 동물원으로, 다시 서커스단으로 팔았던 일, 코끼리 점보가 달려오는 화물기차를 피하지 않고 죽음을 맞았던 일, 죽은 뒤에도 점보가 박제되어 돈벌이에 이용당했던 일을 통해 인간에게 포획된 야생동물의 일생이 얼마나 불행한 모습일 수 있는지를 보여 주었다. 코끼리 점보는 불쌍한 삶을 살았다고 막연하게 말하는 것보다 이처럼 사실정보에 가까운 내용들을 구체적 상황으로 제시하면, 인간을 위한 도구로 활용되는 동물의 부당한 상황에 대해 훨씬 쉽게 독자를 납득시킬 수 있을 것이다.

(2) 서사하기의 방법과 효과

서사는 '사건이나 행위를 시간적 흐름 속에서 재현하는 것'이므로 '시간성'이 기본적인 구성 요소이다. 따라서 서사는 고정된 실체를 제시하기보다는 대상의 변화를 제시하는 데 적절한 방식이다. 묘사가 대상의 모습을 어느 순간 포착하여 제시하는 것을 목표로 하는 것에 비해, 처음-중간-끝으로 이어지는 사건 진행의 과정을 제시하는 것이 서사의 목표인 셈이다.

그렇지만 우리의 삶이 이야기의 흐름을 의도하고 존재하는 것이 아니듯 서사 역시 언제나 같은 모습으로 나타나지 않는다. 각자의 관점에 따라 같은 사건을 두고 다르게 이해하기도 한다. 서사에서 중요한 것은 사건 기술을 통해 전달하고자 하는 목적을 설정하는 것이다. 전체 이야기의 맥락을 형성할 수 있는 개별 사건을 선택하여 배치하되 경우에 따라 원인과 결과에 초점을 둘 것인가, 사건이 발생하고 전개되는 과정에 초점을 둘 것인가로 의도에 맞게 바뀔 수 있다. 앞에 제시한 글이 코끼리 점보가 포획된 뒤의 불행한 상황 각각에 초점을 맞췄다면, 다음의 글은 전체 이야기의 흐름을 통해 어떤 이유에서 이런 일이 발생했는가를 밝히는 것에 중심을 두고 있다. 이와 함께 고려해야 하는 것은 동일한 사건이라도 사람에 따라 다른 관점으로 이야기를 만들어 낼 수 있다는 점이다.

다음에 제시할 이 이야기는 일명 '조선판 마르탱 게르의 귀향'이라고 불리는 사건이다. 《마르탱 게르의 귀향》은 프랑스 아르티가에서 마르탱 게르라고 자칭했던 사람이 진짜인지 가짜인지를 두고 법정에서 공방을 벌였던 이야기이다. 마르탱 게르는 16세기 프랑스의 소작농이었다. 그는 아버지의 곡식을 훔쳤다가 벌을 받을까 봐 두려워 갑자기 집을 떠나 버렸다. 그런데 어떤 남자가 나타나 자신이 마르탱 게르라고 주장했다. 생김새도 비슷하고 주변 사람들에 대해서도 잘 알고 있었으므로 마을 사람들과 친척들도 그가 진짜 마르탱 게르라고 생각했다. 그는 부인과 같이 살았고 자식을 낳았으며 나중에는 자기도 아버지의 유산을 받아야 한다고 주장하면서 삼촌을 고소했다. 그러다 진짜 마르탱 게르가 나타나 그동안 이 마을에 있었던 그 사람이 마르탱 게르를 사칭했음이 밝혀졌다.

조선시대에 일어난 사건에서 마르탱 게르에 해당하는 인물은 '유유'이다. 유유는 아버지와의 갈등과 아내와 불화 등으로 집을 떠났다. 가출한 지 4년이 흐른 어느 날 유유가 '채응규'라는 이름으로 살아있다는 소식을 듣고 유유의 동생 '유연'이 하인을 보내 알아보게 하지만 확신하지 못했다. 채응규를 데리고 고향에 돌아온 유연은 채응규가 유유를 사칭하고 있다고 관에 고소했다. 고소의 결과 오히려 유연이 처형을 당했고 이렇게 사건이 마무리되는 듯했다. 그러나 유연이 처형되고 15년이 지난 뒤 사건의 재조사가 이루어지면서 이제는 채응규가 한양으로 압송되었고 채응규는 그 과정에서 자살했다. 이 재조사를 통해 유연은 신원되었지만 채응규가 자살하면서 유연 사건의 주범을 확실히 밝히지는 못했다. 이 사건은 다양한 이해관계 속에서 여러 형태로 서사화되었다. 다음의 두 자료에서 동일한 사건을 다르게 이해한 이 과정을 어떻게 다른 서사 구조로 나타냈는지 살펴보자.

이항복의 〈유연전〉	권득기의 〈이생송원록〉
① 서사하는 목적이 무엇인가?	
유연의 억울한 죽음을 알린다.	유연이 억울하게 죽은 것은 사실이나 채응규 일당의 탓이지 유연의 자형인 이지의 탓이 아니라는 점을 알린다.

이항복의 〈유연전〉	권득기의 〈이생송원록〉
② 서사하기의 목적으로 볼 때 글쓴이의 관점에서 가장 두드러진 이야기의 흐름은 무엇인가?	
유연의 숙모 사위인 심융과 유연의 자형 이지가 재산 문제로 공모하여 유씨 가문을 멸망시키려고 채응규를 사주하여 화를 일으켜 유연이 처형되었다.	이지는 채응규를 의심했는데 유연이 확신에 차서 채응규를 데리고 갔고, 유연이 유유를 죽였다고 주장한 것과 이지는 관련이 없으며, 유연은 심문관의 강압에 의해 자복하여 처형되었다.
③ 그 이야기가 잘 드러난 것은 어떤 개별 사건인가?	
• 자형 이지가 가출한 유유를 데리고 있다고 해서 유연이 종을 보냈는데 종은 그 사람이 유유가 아니라고 했지만 이지는 유유가 확실하다고 했다. • 채응규가 보석으로 풀려나 도망친 뒤에 유유의 아내 백씨가 유연이 형을 죽였다고 주장하고 이지와 심융(유연의 사촌누이 남편)이 그 주장을 옹호했다.(심융의 장모는 재산을 주면서 자식이 없다면 유씨 집안 아들에게 재산을 주라고 했다.)	• 이지는 유연을 모함한 적이 없다. • 유연이 유유를 죽였다고 무고한 것은 유유의 아내 백씨와 채응규의 첩 춘수였다. • 진짜 유유인지 판별나지 않은 상황에서 백씨가 유유가 죽었다고 상복을 입고 유연을 고소했다. • 채응규가 도망쳤을 때 이지는 서울에 있어서 채응규나 춘수와 공모할 수 없었다.
④ 개별 사건들을 이야기 흐름을 만들어낼 수 있도록 순서를 배치해 보자	
• 유유가 실종되었다. • 자형 이지가 유연에게 유유가 이곳에 있는데 '채응규'라는 이름을 쓰고 있다고 했다. 유연이 보낸 하인은 유유가 아니라고 했지만 이지는 거듭 유유가 확실하다고 했다. • 유연은 이지의 집에 가서 채응규를 만났는데 유유가 아니었다. 고심 끝에 유유를 데리고 대구로 가다가 채응규를 결박해 대구부 관에 진짜 유유인지를 밝혀 달라고 했다. • 부사 박응천이 채응규를 심문하여 친척들을 알아보라고 하자 채응규는 대답하지 못했다. • 채응규의 첩 춘수가 채응규가 아프다고 보석을 청하여 허가했는데 채응규는 춘수와 함께 밤에 도망쳤다.	• 유유가 실종되었다. • 채응규라는 사람이 첩을 데리고 이지에게 와서 유유라고 했다. 이지는 채응규가 진짜 유유인지 반신반의했고 유연을 불러 유유와 집에 가게 했다. • 유연은 이지에게 채응규가 유유인 것 같다고 했다. 그런데 나중에 유연이 채응규를 관아에 고소해서 채응규가 옥에 갇혔다는 소식을 들었다. • 채응규가 병이 중해서 보석으로 나왔으나 곧바로 도망쳤다는 이야기를 들었다. • 백씨와 채응규의 첩 춘수가 유연이 유유를 죽였다고 관에 고소했고 소문도 채응규가 도망친 것이 아니라 유연이 죽인 것이라고 했다.

이항복의 〈유연전〉	권득기의 〈이생송원록〉
• 유유의 아내 백씨는 유연이 남편을 죽였다고 관에 고소하여 유연과 춘수 등이 갇히게 되었다. • 사간원에서 유연이 형을 죽였으니 한양으로 데려와 죄를 다스려야 한다고 했다. • 대질심문 결과 이지와 심융이 모두 채응규가 진짜 유유라고 하고 춘수는 유연이 유유를 죽인 것 같다고 했다. • 유연은 공초에서 형수 백씨가 자신을 무고했으며 이지와 심융이 동조했다고 했고 아내에게 이지, 심융, 백씨, 채응규를 음모를 꾸민 사람으로 지목한 뒤 고문 끝에 허위 자백을 하고 처형되었다. • 이후에 '천유용'이라는 사람이 유유인 것으로 확인되었다. • 채응규는 압송 중에 목을 찔러 자살했고 이지는 옥사했고 춘수는 처형되었다.	• 사간원에서 유연이 형을 죽였으니 한양으로 데려와 죄를 다스려야 한다고 했다. • 대질심문한 이자첨, 김백천, 심융 등의 자술에 따르면 채응규가 유유 같았으며 유연도 채응규가 유유라고 확신했다. • 유연은 공초에서 범행 당사자로 이지를 지목했으나 이것은 무고이며, 백씨와 춘수가 고소하여 유연이 억울하게 죽은 것이다. • 이후에 '천유용'이라는 사람이 유유인 것으로 확인되었다. • 재조사 과정에서 그 당시 채응규를 가장 먼저 유유라고 여겼다는 이유로 이지가 이 사건의 범인으로 지목되었다. 채응규는 압송 중에 목을 찔러 자살해서 진상을 알 수 없는 채로 이지는 옥사했다.
⑤ 작성한 서사문의 개별 사건이 긴밀하게 이어져 흐름을 만들어내는지 확인해 보자	

대개의 일들은 모든 사람에게 동일하게 인식되는 것이 아니며 사람들은 자신의 관점으로 개별 사건들을 선별하여 하나의 흐름으로 연결되는 서사 구조를 만들게 된다. 독자도 마찬가지이다. 독자도 제시된 개별 사건들을 하나의 흐름으로 이해하고 체득하는 과정을 거치기 때문에 여타 글쓰기 방법보다 훨씬 능동적으로 읽게 된다. 개별 사건과 전체 이야기 흐름이 잘 부합하는지 최종 판단을 하는 주체가 되기 때문이다.

개별 사건들을 어떻게 배치해서 이야기의 흐름을 효과적으로 전달할 것인가가 서사하기에서 매우 중요하기 때문에 그 효과를 극대화하기 위해서 시간에 따른 순서를 그대로 따르지 않고 역행적으로 구성하기도 한다. 이렇게 구성한다면 변화하는 각각의 양상보다는 사건이 일어난 이유에 관심을 더 가지게 되는 효과를 거두게 될 것이다.

묘사하기

(1) 묘사하기의 목적

묘사하기는 대상을 감각적으로, 곧 생생하게 표현하는 글쓰기 방식이다. 묘사는 그림만이 아니라 글쓰기에서도 자주 사용한다. 그림에서 묘사를 통해 형태와 색채로 대상을 재현한다면, 글쓰기에서는 묘사를 통해 머릿속으로 구체적이고 상세한 상을 그릴 수 있게 한다. 이 둘은 눈으로 볼 수 있게 또는 마치 눈에 보이듯이 구체적으로 머릿속에 떠올릴 수 있게 감각적으로 형상을 재현한다는 공통점이 있다.

묘사는 대상을 그림이나 글로 전달하는 방식이므로, 전달자의 목적이나 주관이 개입되기 마련이다. 먼저 다음 두 그림을 비교해 보면 전달자의 목적이 어떻게 다른지 확인할 수 있다.

빈센트 반 고흐, <아를의 지누 부인>, 메트로폴리탄 미술관.

폴 고갱 <아를의 밤의 카페>, 모스크바 푸시킨 미술관.

그림을 보게 되면 우리는 두 가지 사실을 확인할 수 있다. 하나는 대상을 전달하는 화가의 관점이나 목적에 따라 이미지가 달리 나타난다는 것이며, 다른 하나는 그림에도 동일한 대상을 그렸다면 외형을 완전히 왜곡해서 전혀 다른 형상으로 그릴 수는 없다는 것이다.

글쓰기에서 묘사하기도 이 두 가지 특징을 가지고 있다. 독자가 보지 못한 대상을 글을 통해 마치 눈에 보이듯이 떠올릴 수 있도록 구체적이고도 객관적으로 표현해야 한다. 구체성이 있어야 독자는 그 모습을 생생하게 떠올릴 수 있으며 객관적으로 표현해야 여러 독자가 거의 같은 형상을 상상할 수 있고 대상에 대한 저자의 해석을 납득할 수 있다. 그러나 대상과 독자 사이에 전달자가 존재하는 만큼 이 감각적인 재현은 반드시 어떤 목적이나 의도를 바탕에 깔고 있다.

묘사하기의 목적에 따라 주안점이 달라질 수 있다. 먼저 글쓴이가 대상에 대해 느낀 주관적 인상이나 관점을 전달하는 것에 목적을 두고 묘사할 수 있다.

기름진 논밭 전지를 다 뺏기고 먹으려니 밥이 없고 잠자려 하니 집이 없어 그리운 산천을 등지고 남부여대하여 강냉이 조밥이나마 얻어먹으려고 수천만 리 먼먼 길을 산 넘고 물 건너 몰려가는 것이 쪼들리고 구차한 조선 사람의 현상이다. 그러고 장안 살림을 지탱해 갈 수가 없고 집 없고 터전 없어 동문 밖 서문 밖 문밖으로 쫓겨나가는 것이 가난한 서울 사람의 한낱 피해갈 곳이다.

서울의 빈민촌을 찾아내라니 서울 사람 아니 조선 사람이 특수한 계급을 제외해 놓고서 누가 빈민 아닌 사람이 있겠는가만은 이렇게 가난한 서울 사람 중에도 할 수 없는 사람은 모조리 문밖으로 몰려나가는 것이다. 그러나 문밖에 사는 사람이 전부가 빈민이라는 것은 아니지만은 그중에도 서울의 빈민촌으로 대표가 될 만한 곳은 수구문[光熙門] 밖 신당리(新堂里)를 손꼽아도 과히 혐의 적은 말은 아닐 것이다.

이 신당리는 왕십리(往十里)로 가는 큰길 가의 불과 얼마 못 되는 초가집을 제외한 전 호수 2,700여 호의 반수 이상이 사람이 거처하는가 싶은 토막(土幕)들이다. 이러한 신당리에도 300석(石) 이상으로 천 석(千石)의 추수를 받는 부자도 있으나 그 외에는 공장의 직공과 회사의 고용인들이고 대개는 그날그날의 몇십 전씩의 품삯을 받아 평균 다섯 사람이나 되는 식구를 길러 간다. 그러나 일정한 직업이 없이 하루 고용을 하는 사람들에게 날마다 돈벌이가 있으란 법 없어 그날의 먹을 것을 얻지 못하고 어른과 아이가 주린 배를 부둥켜안고 있는 식구들이 또한 많다.

이 신당리는 처음에는 인가라고는 얼마 없고 산등성이는 공동묘지였던 것이 최근에 와서 점점 공동묘지는 없어지게 되자 갈 곳 없는 사람들이 모여들어 서양 철조각으로 지붕을 잇고 거적 조각으로 벽을 삼아 비와 바람을 막고 사람의 살림이 아닌 사람의 살림을 하고 있다. 신당리의 빈민을 나누면 빈민과 궁민(窮民)이며 토막(土幕)살이를 하는 사람들이 궁민들이다. 이 궁민들의 사는 모양을 들여다보면 과연 눈으로 볼 수가 없다. 물론 이들은 건축 허가 없이 밤 동안에 집 한 채를 지어 놓고 세금이란 무슨 세금이고 아무 상관이 없고 책임이 없다. 물론 낼 수가 없는 것이다. 바람이 불면 한 손으론 기둥을 붙들고 한 손으로는 지붕을 누르고 섰다. 새벽이면 세상에서는 제일 먼저 일어나서 있으면 먹고 없으면 굶어서 정한 곳 없이 일터를 찾아간다. 그날 하루를 온종일 이리저리 찾아다니다가 벌지 못한 날은 별수 없이 굶는 것이 그들의 일상이다. 요행히 몇십 전 생긴 날은 조(粟) 한 봉지에 비지 한 덩이를 사 들고 토막을 찾아간다. 철모르는 아이와 불쌍한 아내는 조쌀 한 봉지 사 들고 들어오는 남편과 아버지의 그림자를 바라보고 애달프게 기다리고 있다.

이들은 대개가 시골서 농사를 짓다가 농터가 떨어지고 흉년이 들고 해서 먹을 것은 없고 서울이 좋다는 말을 듣고 홑몸으로 혹은 처자를 거느리고 벌이 좋고 돈 흔하고 살기 편한 서울을 찾아 믿을 사람 없는 백사지 땅에 들어섰다. 그러나 그들에게 업을 주고 먹을 것을 주는 서울은 아니었다. 그들은 갈 곳이 없고 잠잘 곳이 없어 이곳에다 토막을 짓고 참아 눈으로 보기 어려운 살림을 하고 있다. 그 나머지 길가 근처에 있는 초가들은 역시 빈민들이랄 수밖에 없으며 그들은 대개가 공장 직공이나 하루 고용 노동자가 많다. 그중에는 중국인이 30호가량 살고 있는데 어디를 가든지 근검한 그들은 역시 몇 사람 석공(石工)을 제외한 외에는 전부가 그 근처의 땅을 얻어서 농사를 짓고 있다. 또 백여 호나 되는 일본인은 거의 다 일정한 월수입이 있어서 그들의 생활은 빈민촌에 있으면서도 조선 사람의 생활 내용에 비하면 토대가 잡히고 구차하나마 여유가 있다. 그 근방의 토지는 대개가 동양척식주식회사의 소유가 되고 조선 사람의 소유로는 시가 시가로 불과 4, 5만 원이라 한다. 이러하니 이제 다시 한숨 쉴 바 아니련만 한심하지 않은가.

〈대경성(大京城)의 특수촌(特殊村)〉, 《별건곤》 제23호, 1929. 9. 27.
원문의 맞춤법 및 띄어쓰기는 현대어로 바꾸었다.

이 글은 1920년대 직업을 구하려고 농촌을 떠난 사람들이 빈민으로 전락하여 도시 외곽에서 빈민촌을 형성하면서 사는 모습을 보여 준 기사이다. 언덕이나 산비탈, 성벽 밑에 흙을 파낸 뒤 바닥에 멍석을 깔고 위에 거적을 덮댄, 집이라고 볼 수도 없는 집, 이른바 '토막'이라고도 하는 이러한 거주 공간은 일제강점기부터 농촌을 떠나 대도시로 흘러든 유랑민들이 거주하던 움막으로, 빈곤을 상징하는 대명사였다. 가뭄이나 일제의 토지조사사업 등으로 농촌에서 밀려난 농민들은 직업을 찾으러 도시로 왔으나 일자리를 찾지 못해 하루하루 연명하기도 어려웠다. 일제강점기 도시에는 토막촌이 곳곳에 들어서 있었는데, 생존 자체가 힘든 상황이라 이들의 의식주는 처참하기 짝이 없었다. 계절에 맞게 입을 옷이 없어서 누더기 조각을 몸에 두르고 있었으며 끼니조차 제때 할 수 없었다. 이 글에서는 제대로 된 거주 공간이라고 할 수도 없는 움막의 외관, 의식주도 제대로 해결하지 못하는 상황을 보여 줌으로써 이 글을 읽는 독자가 참혹한 광경이라고 느끼도록 유도하고 있다. 빈민이 온정이 필요한 일부의 문제가 아니라 누구라도 실업자가 되면 빈민의 삶으로 떨어질 수 있는 심각한 사회문제로 부상한 만큼, 이 기사에서는 이러한 상황을 보여 줌으로써 당국에서 문제를 해결하도록 촉구하는 것이다.

이와는 달리 대상의 속성을 구체적으로 서술함으로써 특정한 정보를 정확하게 전달하는 것에 목적을 두고 묘사를 하는 경우도 있다.

> 내가 살고 있던 현저동 막바지의 집들은 대개가 허리를 굽히고 들어가서 서기도 어려운 낮은 지붕에 콜타르를 바른 단칸방이었다. 입구 바로 안에는 약간 마루를 낮춘 작은 부엌이 있고, 주실(거실)은 2-3평의 온돌방이다. 판잣집은 가파른 비탈을 깎아 낸 좁은 평지에 반쯤 허리를 걸치고 반은 1.5미터 내지 4.5미터 높이의 축대 위에 버티고 있다. 같은 평면 위에 정확히 들어앉은 집은 하나도 없고, 위태위태한 지름길이 비탈을 끼고 직로(直路)처럼 상하종행으로 퍼져나갔다. 그처럼 가파르지 않은 아랫마을의 사람들이 살고 있는 오래된 지대에 들어선 가옥들은 좀더 견실한 건재를 쓴 것 같으며, 석재도 많이 쓰고 이따금 타일로 지붕을 입힌 집도 보인다.
>
> 내가 들어가 본 모든 판잣집의 내면은 깔끔하리만치 깨끗했다. 하수와 오물처리 문제를 고려해 볼 때 통로 그리고 작은 마당은 청결하고 손질이 썩 잘되어 있었다. 어린아이들과 빨아서 넌 빨래가 산등성이 가득히 장식하고 있었다. 이곳저곳에서 여자들은 물을 길어 나르고 옷을 빨거나 밥을 짓고 있으며, 때로는 노천(露天)에서 가릴 곳은 가리면서도 태연자약하게 목욕을 하고 있다.
>
> 최협, 《판자촌 일기-청계천 40년 전》, 서울: 눈빛, 2012, 158-159면.

이 글은 1969년에 판자촌을 현장 조사하고 나서 쓴 것이다. 판자촌은 주민이 온갖 재료를 가지고 직접 세워 올린 집이다. 판자촌 지대에 사는 사람들은 가난하기 때문에 겉으로 볼 때 이곳에 사는 주민이 게으르고 병들고 범죄에 물든 사람들이라고 상상하기 쉽다. 그러나 서울의 판잣집은 농촌을 떠나 서울로 몰려든 사람들이 절대다수를 이루었다. 따라서 가까이 가서 들여다보면 주민 대부분이 사회적 낙오자나 부랑자일 것이라는 예상과는 달리 이곳의 주민들이 정상적인 일상을 영위하는 평범한 생활인이라는 사실을 전달하고 있다.

(2) 묘사하기의 방법과 효과

묘사는 대상에 대해 사실 정보를 구체적으로 전달하거나 글쓴이가 드러내고자 하는 느낌을 독자에게 전달하는 방법이다. 묘사가 설명과 다른 점은 글의 의도나 목적을 직접적으로 설명하지 않고 대상을 최대한 있는 그대로 재현해서 보여 준다는 점에 있다. 따라서 글쓴이는 글의 목적과 의도에 맞게 대상의 지배적 인상을 결정하고 지배적 인상에 부합하는 구체적인 사실 정보를 조합하여 묘사한다. 이 과정을 지방 인구 감소로 인해 빈집이 증가하는 문제를 가지고 생각해 보자.

우리나라 국토 대부분을 차지하는 지방 도시에는 빈집이 넘친다. 서울과 수도권에는 살 집이 없지만 지방 도시에는 사람이 사라진 빈집이 늘어가고 있다. 빈집은 '수요'가 사라지기 때문에 발생하며 주택 수요가 사라진다는 것은 젊은 인구가 사라진다는 것을 의미한다. 빈집이 사회 문제가 되는 이유는 빈집 그 자체보다 빈집이 늘어가면 동네 전체의 자산가치가 떨어져서 사람들이 그 동네를 떠나게 된다는 점에 있다. 그러면 빈집이 생기는 곳은 늘어가고 그곳은 슬럼가로 변해 그 동네의 불안 요소가 되는 것이다.

① 빈집을 묘사하는 목적은 무엇인가?

> 빈집이 방치되는 상황을 제시함으로써 마을의 가치를 높이고 지역이 소멸하지 않도록 공동체에서 무엇을 해야 할지 고민할 수 있게 문제를 제기하고 싶다.

② 묘사의 목적에 맞추어 내 관점으로 보았을 때 빈집의 가장 두드러진 인상과 느낌은 어떠한가?

> 사람이 살지 않는 빈집은 관리가 되어 있지 않고 황폐하게 방치되어 있다.

③ 그 '인상과 느낌'이 잘 드러난 곳은 빈집의 어떤 부분인가?

> 건물의 페인트칠이 벗겨졌고 각종 기물이 먼지를 덮어쓴 채 방치되어 있다. 사람이 살지 않는 집에는 장소를 가릴 것 없이 나뭇잎이 무성하게 집을 덮고 있으며 정리가 되어 있지 않은 채 각종 쓰레기가 여기저기에 흩어져 있다. 또 외부인이 드나들었는지 담배꽁초나 음식 쓰레기도 보인다.

④ 인상과 느낌이 잘 드러나는 부분을 객관적 사실을 중심으로 묘사해 보자. (묘사의 목적에 따라서는 이 단계에서 묘사문이 완성될 수도 있다.)

⑤ '묘사'의 결과를 ②의 단계에서 받았던 인상과 대비하고, 그 인상에 기여하는 부분과 그렇지 않은 부분을 가려내 보자. 그렇지 않은 부분이 있다면, 어떤 점에 유의하여 서술할지 더 생각해 보자.

전체적 인상에 기여하는 부분	그렇지 못한 부분	
		서술에서 유의할 점
• 여기저기 페인트칠이 벗겨진 담벼락 • 건물을 덮은 채 마구 자라는 담쟁이덩굴 • 바닥을 덮은 나뭇가지와 잡동사니 • 최근에 외부인이 와서 버린 듯한 담배꽁초와 음식물쓰레기	• 한편에 세워진 오토바이는 먼지 없이 깨끗한 상태임 • 유리창은 깨지지 않고 깨끗한 상태로 닫혀 있음	• 오토바이가 이곳에 방치된 물건이 아니라는 점을 고려할 것 • 범죄를 유발하거나 동네 분위기를 악화시킬 수 있는 측면에 주목할 것

⑥ 앞의 ④에서 작성한 객관적 묘사문에 감각적이고 참신한 표현을 덧붙여 주관적 묘사문의 성격을 더해 보자.

이 단계를 거치면 아래 예시문과 유사한 모습이 될 것이다. 참고로 예시문은 다음과 같이 구성되어 있다.

1) 전체적인 인상을 먼저 제시한다.

2) 집벽, 바닥, 구석에 방치된 물건 등의 요소를 각각 감각적으로 표현한다.

3) 사실적 묘사와 비유적 표현, 빈집에 대한 기존의 지식 등을 두루 활용한다.

4) 마지막에 대상에 대한 전체적인 인상을 다시 한번 환기한다.

빈집이 듬성듬성 있는 구역의 어느 한 집의 대문을 들어섰다. 이 집은 주택 앞에 작은 창고가 붙어 있는 계단이 있고 그 사이에 작은 마당이 있다. 그러나 이 집은 인적 없이 텅 비어 있다. 사람의 손길이 닿지 않은 지 꽤 오래인 듯 창문은 닫혀 있고 건물 외벽과 건물 앞 계단 곳곳에는 페인트칠이 벗겨진 채 방치되어 있다. 집과 계단 사이에 있는 작은 공간에는 바닥을 볼 수 없을 정도로 나뭇가지와 각종 쓰레기가 무질서하게 덮여 있다. 누군가 와서 이곳에서 잠시 머물렀는지 담배꽁초와 음식물쓰레기도 이리저리 흩어져 있다. 이곳에서 생명력을 가지고 있는 것은 조만간 이 집을 덮어 버릴 담쟁이덩굴뿐이다. 이렇게 황폐하게 변한 빈집이 모여 있는 이 구역은 낮에도 적막하게 방치되어 있어 이곳에 들어가는 것도 무서울 지경이다.

⑦ 전체적 인상과 부분적 묘사에 서로 어긋나는 부분은 없는지 다시 확인해 보자. 특히 전체적인 인상에 기여하지 않는 부분을 효과적으로 축소, 삭제 또는 수정했는지 유의한다.

글쓴이는 어떤 내용을 효과적으로 전달하기 위해 다양한 서술 방식 중에서 어느 하나를 고르게 된다. 위의 빈집 묘사에서 글쓴이가 활용했던 방법과, 이를 통해 독자에게 어떤 반응을 이끌어내는지 그 효과를 다음과 같이 정리해 볼 수 있다.

먼저, 글쓴이는 빈집에 대한 문제 제기와 부합하도록 빈집의 외관을 묘사하고자 했다. 빈집은 사유지이기 때문에 공공기관의 손이 미칠 수 없지만, 빈집을 방치하기 시작하면 사람들은 빈집으로 인한 각종 범죄와 열악한 환경 조건, 악화된 분위기를 피해 그 동네를 빠져나가고 빈집이 늘어난 곳은 슬럼가가 된다. 도시환경을 저해하고 우범지대의 온상이 되는 방치된 빈집은 지자체의 '빈집 정비사업'만으로 해결되지 않고 다시 지역으로 사람들을 끌어모으는 여러 노력을 통해 해결될 수 있는 현상이다.

둘째, 대상의 총체적 인상에 기여하는 세부 사항의 목록을 작성하고 어떤 사항에 초점을 두어 묘사할 것인지를 정했다. 유의미한 것과 그렇지 않은 것, 그리고 중심적인 것과 부수적인 것을 구분하여 무엇을 세밀하게 묘사하고 또 무엇을 생략할지를 판단했다. 필요할 경우 세부 사항의 목록 또는 판별의 과정을 글의 서두에 밝히면 독자가 이해하는 데 도움이 될 수 있다.

빈집의 외관을 서술할 때 곧바로 빈집이 황폐하다고 설명하지 않고 빈집의 모습을 마치 눈에 보이듯이 재현했다. 곧 글쓴이는 감상이나 느낌을 직접적으로 설명하지 않고 세부적인 사실 정보들을 나열했다. 그러나 이것은 단순히 세부 요소를 나열하는 것이 아니라 총체적 인상으로 수렴할 수 있도록 선별한 것이다. 묘사는 글쓴이가 독자에게 대상을 직접 설명하는 방식이 아니라 대상을 보여 주는 방식을 택하고 있으므로 독자는 마치 대상을 직접 대면하고 있다고 생각하게 된다. 독자는 세부 사항을 결합함으로써 어떤 맥락을 만들어 내고 이런 재구성을 통해 대상에 대한 이미지를 주체적으로 도출하게 된다.

4

글쓰기의 실제: 논증하기

1 논증의 개념과 의의

합리적 설득으로서의 논증

논증이란 어떤 문제에 대하여 명확한 근거를 바탕으로 합리적 주장을 제시하는 활동이다. 이 활동의 목적은 무엇일까? 논증은 단순히 "나는 주장했다, 증명했다."라는 선언에서 그치지 않는다. 논증의 궁극적인 목적은 상대방을 설득하여 자신의 의지를 관철하려는 데 있다.

그런데 자신의 의지를 관철하는 방법이 논증뿐일까. 인류 역사에서는 논증 이외에도 자신의 의지를 관철하려던 사례를 많이 발견할 수 있다. 강압, 협박, 폭력 등등, 제대로 된 근거는 물론 상대방이 스스로 생각할 여유조차 주지 않는 방법들이다. 사기, 매수, 유혹처럼 겉보기에 그럴듯한 이유를 제시하긴 하지만 전혀 건전하지 않은 방법도 있다.

논증은 이런 행위들과 반대로 상대방이 스스로 판단할 수 있는 근거를 객관적으로 제시함으로써 주장의 타당성을 입증하려 한다. 따라서 논증은 곧 합리적인 설득이며, 논리적 의사소통 과정이라 할 수 있다. 합리적인 설득이란, 일시적 충동이나 단편적 경험을 무비판적으로 따르는 대신, 문제 자체의 본질적 성격에 집중하여 판단하게 하는 설득을 의미한다.

논증자는 상대방이 사회적 통념이나 세력 관계, 타인의 권고나 지시에서 벗어나 문제의 성격을 스스로 판단하기를 원한다. 물론 여기에는 상대방이 충분히 그러한 능력을 갖추고 있다는 믿음이 전제로 깔려 있다. 따라서 논증자가 설득에 실패할 경우 취할 수 있는 방법은 하나밖에 없다. 자신의 논증을 반성하고 문제의 성격이나 상대방의 입장을 다시 연구하여 새로운 논증을 끊임없이 시도하는 일뿐이다.

사실 인류의 역사를 보면 논증이 힘을 발휘한 기간은 그리 길지 않다. 그것은 논증하는 사람이나 그 상대방이 모두 합리적 판단력을 발휘해야 할 뿐 아니라, 자유롭고 건전한 토론의 여건이 사회적으로 확보될 때에만 가능하기 때문이다. 결국, 느리지만 가장 힘 있는 방법인 논증을 신뢰하고 발전시키는 사회가 곧 민주적인 공동체라 할 수 있는 셈이다. 거꾸로 말하자면 논증이 의사결정의 방법으로 얼마나 자주, 효과적으로 사용되는가를 기준으로 어떤 사회가 민주적이고 성숙한 사회인지를 판단할 수도 있겠다.

생산적 대화로서의 논증

논증은 흔히 토론, 토의와도 통한다. 어떤 문제에 대하여 두 사람 이상이 옳고 그름을 논의하는 언어 행위이기 때문이다. 논증은 간혹 논쟁으로 이해되기도 한다. 물론 옳고 그름을 다툰다는 의미에서는 논증이 논쟁으로 연결될 수 있다. 그러나 이때의 다툼은 승자와 패자를 명확히 나누는 의미의 다툼이 아니다. 건강한 논증자는 상대방을 격파하는 데에 관심을 두는 대신 문제를 집요하게 파고드는 데 노력을 쏟는다. 참여자 모두 주어진 문제의 새로운 성격을 발견하고 더 깊고 넓은 시야를 얻음으로써 상생하는 과정이 되어야 하기 때문이다. 그 출발은 상대방을 훌륭한 대화 상대자로 인정하고 존중하는 태도라 할 수 있다.

논증에 관하여 잊어서는 안 될 점은, 논증자 자신도 논증 과정에서 발전하고 성숙해진다는 사실이다. 우리가 어떤 '주장'을 전개한다고 할 때, 그 주장은 처음에는 '어떤 입장이나 관점'이라는 막연하고 단편적 형태로만 존재한다. 어떤 입장이나 관점에 익숙한 사람은 그 논리적 근거에 대하여 특별히 고려하지 않을 때가 많다. 심지어 '어떤 편, 어느 진영'의 입장과 자신의 입장을 동일시하는 데에서 시작하기도 한다. 평소 소통하지 않은 사람들과 어떤 문제를 논의할 때 전혀 생각지 않은 질문에 당황하기도 하는 것도 이 때문이라 할 수 있다.

자신의 주장에 전혀 동의하지 않는 사람들을 논리적으로 설득하기 위해서는 주장을 뒷받침하는 근거를 의식적으로 상당한 노력을 기울여 객관적이며 분명한 형태로 생성할 수 있어야 한다. 이를 위해 논증자는 '반성적 사고' 즉 자신의 판단이 정말 옳은지, 어떤 근거에서 그러한지를 스스로 되묻는 활동을 펼쳐야 한다. 그리하여 논증과 토의가 거듭될수록 논증자는 자신의 견해를 발전시키게 되며, 심지어 자신의 견해를 수정하는 것으로 끝나기도 한다. 논증자 역시 이런 과정을 통해 성장하는 셈이다. 논증자는 상대방을 격파하기 위해서가 아니라, 문제를 새로 발견하기 위하여, 혹은 자기 생각을 더 성숙하게 발전시키기 위하여 논증의 상대자와 대화하는 과정을 밟게 된다. 논증이 곧 대화라는 의미가 바로 여기에 있다.

따라서 논증자에게 요구되는 덕목은 두 가지이다. 첫째는 상대방을 존중하는 마음이며, 둘째는 자신의 생각이 불완전하거나 틀릴 수 있음을 두려워하지 않는 용기이다. 이러한 덕목은 어떤 경우의 논증에도 필요하다. 특히 논증적 서술을 중심으로 하는 학술 연구 논문은 자신의 발견이 어떤 방법, 어떤 근거를 밟아 나온 것인지 숨김없이 밝힌다. 근대 경제사회학자 막스 베버는 예술에는 진보가 없지만 학문에는 진보가 있다는 명언을 남겼다.[23] 예술은 어느 시대 어느 작가이든 독자적인 가치로 남아 전승된다. 그러나 학문은 언제나 새로운 발견, 해석, 방법이 제출되기 마련이므로, 오늘 학설은 내일 또 다른 학자의 연구에 의해 낡은 학설이 될 수밖에 없다는 뜻이다. 진리는 누구도 독차지할 수 없다. 자신의 주장이 오류로 판정될 수 있다 하더라도 기꺼이 그 숙명을 감수하겠다는 태도가 학술적 활동의 본질을 이룬다. 대학을 '교수와 학생의 연구 공동체'라고 불렀던 전통도 여기에 토대를 둔다고 할 수 있다.

2 논증의 구조와 실제

논제

논증자는 의문이나 서로 다른 견해가 존재하는 문제를 해결하려 한다. 논증으로 해결하려는 문제를 논제라 하는데, 논제의 성격에 따라 흔히 실용문제와 개념문제로 구분한다.

실용문제는 특정한 현실 문제에 대한 실질적인 해법을 다룬다. 그래서 어떤 정책을 제안하거나 대안을 제시하는 형식이 많다. 반면에 개념문제는 실제 대책보다는 문제의 성격을 다시 발견하거나 관점이나 개념을 성찰하는 일이 중심이 된다. 우리가 일상적으로 접하는 논제는 실용문제인 경우가 많다. 그러다 보니 어떤 논증에 대해 대안이 없다고 비판하는 때도 종종 있다. 그러나 이 논증의 목적이 현실적 해법이 아니라 문제를 분석, 평가, 성찰하는 데에 두고 있다면 개념문제를 논제로 선택한 경우인 것이다. 그러므로 표면적인 대안이 없다는 이유만으로 논증이 부족하다는 비판은 성립하지 않는다. 오히려 개념문제는 그 자체로 가치 있는 논제로서 손색이 전혀 없다. 특히 학술적 활동에서는 개념문제가 매우 중요한 비중을 차지한다.

• 실용문제의 예: 정부의 빈곤 해소 정책에서 빈곤층의 정신건강 문제를 다루

는 인력과 예산은 어느 정도 설정되어야 하는가

• 개념문제의 예: 1960~1980년대 한국에서 시행된 가족계획 정책에 우생학적 요소가 있다고 할 수 있는가

논증의 구조: 명제와 추론, 논증의 유형

인간은 한 마디 진술만 듣고도 새로운 판단을 끌어낼 수 있는 능력이 있다. 가령 "새벽에 나가보니 땅이 흥건히 젖어 있더군."이라는 말을 들으면 사람들은 대부분 즉각 "간밤에 비가 왔겠네."라고 반응한다. 극히 자연스러운 반응이지만 인간의 고유한 정신적 능력을 보여 준다.

명제 1: 새벽 시간인데 땅이 흥건히 젖어 있다.

명제 2: 비가 왔을 가능성이 크다.

이처럼 하나의 진술에서 새로운 진술을 끌어내는 정신적 활동을 추론이라 한다. 논증은 인간의 추론 능력에 기반을 둔다.

논증은 '말' 즉 문장으로 구성되어 있는데, 논증을 이루는 문장을 특별히 명제라고 부르며, 이 명제가 곧 추론의 기초 단위가 된다. 논증은 곧 여러 명제의 집합이라 할 수 있는데, 이들 명제가 아무렇게나 나열되는 것이 아니라 일정한 구조로 묶였을 때 비로소 논증이 작용한다.

논증 속의 명제를 기능에 따라 구분할 수 있다. 주장은 논증자가 옹호하려는 명제로서, '결론(또는 결론 명제)'이라고 할 수 있다. 논증자는 자신의 주장을 입증하기 위하여 '전제(또는 전제 명제)'를 제시하는데, 전제는 결론을 추론하는 뒷받침이자 근거가 된다. 전제는 보통 둘 이상 명제가 집합을 이룬다. 이때 결론 명제와 전제 명제가 결합하는 구조에 따라 연역 논증과 귀납 논증이라는 유형으로 보통 구분한다.

연역 논증

사례 1
대전제: 모든 인간은 죽는다.
소전제: 소크라테스도 인간이다.
결론: 따라서 소크라테스도 죽는다.

사례 2
[1] 모든 해양 생태계는 인간의 생존에 필수적이다.
[2] 플라스틱 폐기물은 해양 생태계를 심각하게 위협한다.
[3] 따라서 플라스틱 폐기물은 인간의 생존에도 위협이 된다.

사례 3
[1] 자연 상태의 물은 민물이거나 바닷물이다.
[2] 이번 조사에서 채취한 자연수는 짜다.
[3] 따라서 이 물은 바닷물이다.

사례 4
[1] 지구 온난화가 지속하면 해수면이 상승한다.
[2] 지구 온난화가 지속하고 있다.
[3] 따라서 해수면은 상승할 것이다.

사례 1은 2천여 년 전 고전 수사학과 논리학의 아버지라 불리는 아리스토텔레스가 제시한 논증이며, 사례 2는 현대를 무대로 하는, 같은 구조의 논증이다. '대전제, 소전제, 결론'이라는 세 명제로 이루어져 있으므로 '삼단논법'이라고 한다. 이 유형을 보통 연역 논증이라 부르는데, 전제의 참이 결론 명제의 참을 보증하는 역할을 한다. 사례 3, 4는 형태가 다르지만 역시 전제의 참이 결론 명제를 보증하는 구조이기 때문에 연역 논증에 포함된다.

연역 논증은 결론 명제의 확실성을 보증하는 것을 목표로 한다는 점이 특징이다.

귀납 논증

사례 1

전제 1: 소크라테스는 죽었다.

전제 2: 플라톤도 죽었다.

…

전제 n: 000도 죽었다.

결론: 그러므로 인간은 누구나 죽는다.

사례 2

전제 1: A 도시에서 공공 교통수단의 장애인 접근성을 개선한 결과 그곳 장애인들의 이동 자유도가 향상되었다는 보고가 있다.

전제 2: B 도시에서도 같은 정책을 시행한 결과 그곳 장애인들의 이동 자유도가 향상되었다고 한다.

전제 3: 그 밖의 여러 도시에서도 장애인을 배려하는 공공 교통 정책을 확대한 결과 그들의 이동권이 향상되었다는 보도가 있다.

결론: 따라서 공공 교통수단에 대한 장애인 이동권 보장 정책은 효과가 있다.

귀납 논증은 전제가 결론을 '그럴듯하게 만드는('참일' 개연성을 높이는)' 구조를 취하고 있다. 귀납 논증에서는 특정한 전제 명제가 결론 명제의 참을 완전히 보증하지 못한다. 따라서 더 많은 전제가 제시되거나, 또는 전제가 포함하는 참의 범위가 넓을수록 결론이 참이 될 개연성이 높아지게 된다. 연역 논증과 달리 전제가 결론을 필연적으로 보증하지 못한다는 점이 귀납 논증의 본질적 특성이다.

주장 명제의 확실성을 보증하는 것을 목표로 하는 연역 논증과 달리, 귀납 논증은 결론이 절대적으로 참이라고 보증하지 않는 대신, 세계에 대한 지식을 확장해 준다는 점에서 중요하다.

연역과 귀납 논증은 현대에도 중요하게 활용되고 있다. 특히 귀납 논증은 18세기부터 근대 학문의 주류를 이뤄온 경험론과 밀접한 관련이 있다. 세계를 관찰하여 그 안에서 작동하는 본질이나 법칙, 유형을 추론하는 활동의 중심을 이룬다고 할 수 있다.

그렇지만 연역 논증 역시 현대의 학술 활동이나 일상생활에서 여전히 활용된다. 공리를 바탕으로 하는 수학적 증명, 공동체가 합의한 법적 준칙(살인하면 안 된다 등)을 전제로 하는 법률적 판단은 연역 논증의 대표적인 경우라 할 수 있다. 일상생활에서도 참여자들이 동의하거나 합의한 사항을 전제 명제로 삼아 논의할 때 연역적 논증이 나타난다.

현실의 논증: 자료에서 결론까지

연역과 귀납은 몇 안 되는 명제를 결합해 논리적 추리를 가능하게 한다는 면에서 매우 강력한 힘을 발휘한다. 그런데 실제 현실 속의 논증은 그리 간단하지 않다. 그래서 삼단논법과 같은 고전적 논증을 현대사회에 맞게 발전시키는 일이 학자들의 관심거리 중 하나였다.

가령 유럽인들은 "페테르손은 스웨덴 사람이다."라는 진술을 들으면 곧바로 "그 사람은 개신교도이겠군."하고 반응한다. 그것은 "스웨덴 사람은 대부분 개신교도다."라는 명제를 유럽인들이 대체로 인정하고 있기 때문이다. 이를 '숨은 전제(hidden assumption)' 또는 '보증 명제(warrant)'라고 하는데, 아래와 같이 나타낼 수 있다.[24]

전제: 페테르손은 스웨덴 사람이다.
(숨은 전제/보증 명제): 스웨덴 사람은 대부분 개신교도다.
결론: 페테르손은 개신교도다.

이 사례는 법정에서 이루어지는 변호인과 검사 사이의 논증에서 착안하여 제시한 논증 구조인데, 더 확대하면 다음 구조로 나타난다.

자료(Data): 페테르손은 스웨덴 사람이다.
보증(Warrant): 스웨덴 사람은 대부분 개신교도로 간주할 수 있다.
반박 고려(Rebuttal): 페테르손이 이주자이거나 개종자가 아닌 한
수량화(Quantifying): 분명히 (혹은 높은 확률로)
주장(Claim): 페테르손은 개신교도일 것이다.
지지(Backing): 실제로 스웨덴에서는 가톨릭교도의 비율이 2%밖에 되지 않는다는 조사가 있다.

위와 같은 여섯 개 명제로 구성된 논증 구조에 현대 학자들이 반드시 동의하는 것은 아니다. 또 모든 논증마다 이런 요소들을 반드시 제시해야 하는 것은 아니다. 그러나 이 구조를 잘 살펴보면 논증이 실제로 어떤 양상으로 이루어지는지 통찰력을 얻을 수 있다.

여기서 첫째로 중요한 사실은 논증의 출발이 '자료'라는 점이며, 둘째로는 자료에서 곧바로 결론(주장)으로 나가는 것이 아니라 그 중간 단계 즉 추론의 기능을 담당하는 명제들이 존재한다는 사실이다. 논증자는 현실에서 어떤 자료를 선택하고, 이 자료를 여러 명제의 구조로 발전시켜 최종적으로 결론 명제를 제시한다. 숨은 전제, 지지, 수량화 등으로 기능하는 명제를 싹 설정하지 않더라도, 자료에서 출발하여 결론 명제까지 단계적인 구조를 이루는 논증을 기획한다면 비약이 적은, 설득력 있는 논증을 전개할 수 있을 것이다.

[자료] ➡ [추론] ➡ [추론] ➡ [결론]

다음은 학술논문 일부분을 편집한 텍스트다. 이 텍스트 속의 논증 구조를 분석하면 어떻게 될까?[25]

(1) 쪽방 지역 거주자 대상 인터뷰에서 가장 자주 등장하는 단어는 '밑바닥', '자포자기', '사람 대접', '인간다운 생활' 등이었으며, 쪽방 거주자들의 비참한 현실 인식을 여실히 드러

내고 있었다. 수급비로 겨우 생계를 이어가는 의존적인 존재로 스스로를 인식하는 자기 비하적인 발언도 많았다. 쪽방 주민 대부분은 쪽방 유입 전 극심한 빈곤을 겪고 질병과 장애를 가지고 많은 실패를 경험하였다. 주민들의 대부분은 다시 실패를 딛고 일어설 만한 '탄력 회복성'을 가질 수 있는 경제적·심리적 여유가 없었다. 이로 인해 삶의 의미를 상실하는 등 미래에 대한 희망이나 기대가 없는 무기력한 상태에 빠지게 되는 경우가 많았다. 불면증, 우울증, 자살 생각 등의 정신건강 문제를 가지고 있었고, 이로 인한 알코올 의존도가 매우 높았다.

"다들 뭐 죽지 못해 사는 사람들이 더 뭐 건강해서 뭐 잘 살겠다고 등산 다니겠어? 건강해지겠다고? 자포자기한 사람들인데 다들 최하 바닥이여. 더 내려갈 데도 없는 사람들이니까."(HK1, 주민)

"사는 것이 사회에 아무런 도움도 안 되고 자기가 이렇게 산다는 것에 대해서 그런 것에 대해서 많이 고민을 하다 보니까 캄캄한 방 속에서도 그런 생각만 하는 거여. … 그러다 보니까 거의 잠을 못 자는 경우가 많이 있어요. 그래서 대부분 우울증 같은 거 많아서. … 저 같은 경우에도 잠을 안 잘 때는 보름씩이고 잠을 안 자는데…."(YY, 주민)

(중략)

(2) 본 연구 결과 쪽방 주민들은 쪽방 지역으로 유입되기 전 공통적으로 극심한 물질적 결핍과 질병 및 장애로 인해 노동력 상실이라는 주변화의 과정을 겪었다. 쪽방으로 유입되는 과정에서는 경제적 이유로 가족이나 친척, 친구, 동료 등과의 관계가 위축, 단절, 해체되었고, 사회의 주변으로 밀려나는 사회적 배제가 심화되었다.

(3) 2014년 서울시에서 진행한 '서울 쪽방 밀집 지역 실태 및 주민 의견조사'에서는 본 연구가 진행된 A동의 주민 중 70%는 연락할 가족이 전혀 없었고, 86.4%는 최근 1년간 아무도 방문하지 않거나 방문할 가족이나 친지가 없었다(서울특별시, 2014). 이러한 주변화는 쪽방 주민들의 빈곤화를 심화시키고, 이미 빈곤 상황에 처한 이들의 빈곤 재생산을 더욱 가속시키며, 빈곤 탈출 가능성을 막는 역할을 하고 있었다. 쪽방 유입 이후의 사회관계망 단절은 자발적 배제의 형태를 보였는데, 본 연구 결과 그 이면에는 사회가 이들의 사회참여와 경제활동을 가로막는 사회구조적 차원의 배제 메커니즘이 작동하고 있었다(국가인권위원회, 2003).

(4) 쪽방 주민들이 겪는 주변화의 과정을 통한 사회적 배제 경험은 평면적이라기보다는 순차적이라고 볼 수 있는데, 도시 빈곤층이 겪는 보편적인 경험에서 쪽방 주민들이 겪는 특수한 경험으로 진행되었다. 본 연구는 쪽방 주민들이 쪽방으로 유입되기 전에 경험한 '노동력 상실'이라는 보편적인 경험이 쪽방으로 유입된 이후 겪는 사회적 관계 단절, 일상성의 소실, 공공복지의 대상자, 노동자로 거듭날 수 없는 배제적 경험으로 구체화되면서 도시 빈곤

의 일반적 경험이 쪽방 지역 주민의 경험으로 재정의되는 과정을 보여 주고 있다. 이처럼 사회적 지지 기반이 무너지고, 사회적 배제를 겪는 주변화의 과정을 거치면서 쪽방 주민들은 상대적 박탈감, 차별, 소외, 절망감 등을 겪게 되고 삶에 대한 무력감과 상실감이 지역사회에 팽배했다. 이는 지역 주민들의 우울, 불안, 자살 생각 등을 부추겨 정신건강을 악화시켰고, 반복적인 음주 행태로 연결되었다.

(5) 보건 인류학자인 싱어(Merill Singer)의 1994년 연구에 따르면, 도시 빈곤 지역에서는 HIV/AIDS, 결핵, 만성질환, 알코올 및 약물 남용 등이 동시에 일어나는 신데믹(syndemic) 현상이 발생하는데, 이 지역의 열악한 사회 환경이 복합 질환을 동시에 일으키는 요인이기 때문이다. 쪽방 지역에 만연한 우울증과 알코올 남용은 주변화의 과정으로 인한 신데믹 현상이라고 볼 수 있다.

(6) 요약하면, 쪽방 주민들은 빈곤, 사회적 배제, 불건강이라는 악순환의 고리를 경험하였는데 이들은 서로 강화하는 작용을 하므로 그 연결고리를 끊어내는 건강 불평등 완화 사업과 정책이 필요하다.

위 제시문은 관련 논문에서 일부를 발췌한 텍스트인데, 자료를 바탕으로 하는 추론과 그에 이은 최종 결론 명제로 구성되어 있다. 서울의 쪽방 거주민들을 직접 방문하여 관찰한 자료를 바탕으로 분석과 해석을 실시한 후, 빈곤이라는 현실이 건강에 어떤 영향을 미치는지를 파악하여, 관련된 정책이 필요하다고 제안하고 있다. 논증의 구성 요소라는 측면에서 위 텍스트의 각 부분이 담당하는 기능은 다음과 같이 나타낼 수 있다.

텍스트(1) [자료] 쪽방 거주민들의 실태에 대한 증언과 직접 관찰

텍스트(2) [추론: 자료의 분석] 쪽방 유입 전과 유입 과정에서 나타나는 '주변화' 과정

텍스트(3) [텍스트(2)의 보충 논거] 관련 주제에 관한 두 편의 선행 연구

텍스트(4) [추론: 자료의 분석] 노동력 상실이라는 보편적 과정이 쪽방이라는 환경적 요인과 결합하여 정신건강 악화, 음주 등의 문제로 복합 질환을 일으키고 있다.

텍스트(5) [추론: 텍스트(4)의 해석/또는 텍스트(4)·(6)의 지지 명제] 열악한 환경이 복합 질환을 일으킨다는 '신데믹 현상'을 제시한 선행 연구를 참고하면, 쪽방 주민이 겪는 어려움도 이에 속한다.

텍스트(6) [추론: 결론 명제] 따라서 빈곤, 사회적 배제, 불건강이라는 고리를 끊어 내는 건강 불평등 완화 정책이 필요하다.

3 논증 글 만들기

논증의 개념과 구조를 이해했다면 이제는 논증이 중심이 된 텍스트를 만들어 내는 일에 도전할 차례다. 그런데 다른 사람의 논증을 분석하기는 쉽지만, 막상 스스로 자신의 논증을 설계하기란 쉽지 않다. 설득력 있는 논증 글을 써내기 위해 고려할 점을 생각해 보자.

이미 이 책의 제2부 제1장 '주제와 제목 정하기' 단원에서 '자기화된 문제의식'을 강조하고, '문제 제기형', '문제 이해형', '문제 해결형' 등의 질문 유형을 제시한 바 있다. 여기서는 이러한 질문을 실제 논증적 글로 어떻게 생성해 낼지 생각해 본다.

대화를 통해 논제 확정하기

우선 논증으로 다루려는 주제, 즉 논제가 구체적이어야 한다. 너무 큰 주제, 너무 막연한 주제를 설정하게 되면 감당할 수 없을 정도로 고통스러울 뿐 아니라 글을 완성하기도 쉽지 않다. 그렇다면, 자신의 주제가 구체적인지 어떻게 확인할 수 있을까? 의외로 간단한 방법이 있다. 바로, 아직은 막연한 상태라도, 자신이 다루고 싶은 주제와 관련된 연구, 논쟁, 주장, 제안, 토론 등이 있는지 먼저 확인하는 일이다.

가령 학술 논문의 경우, 논문의 첫 부분은 글의 주제와 목적을 밝히며, 그 다음에는 대부분 선행 연구를 검토하는 순서가 대표적이다. 이 두 번째에 주목할 필요가 있다. 선행 연구 검토는 연구자 자신이 이 글 안에서 해결하려는 주제, 즉 논제의 타당성을 입증하는 역할을 한다. 즉 글쓴이가 밟아 나간 실제 과정은 다음과 같다.

그런데 독자에게 제시되는 순서는 달라진다. 우리는 다음 순서로 읽는 경우가 대부분이다. 독자는 위와 같은 순서로 읽지만, 실제 글 쓰는 이는 첫 단계를 밟아 자신의 주제를 최종 확정한 후에 글을 완성한 것이다.

이 과정은 학술적 글이 아니더라도 적용된다. 우리는 사회적으로 가치가 있는 주제를 논증의 주제로 담으려 한다. 공적 논의 공간(공론장) 역할을 하는 다양한 언론 매체에 투고할 게재문을 쓴다고 생각하면 되겠다.

공적 논의 공간에서는 항상 여러 주제에 관한 토론, 논의, 논쟁이 벌어지는 법이다. 따라서 공적 논의 공간을 전제로 논증 글을 쓰려 한다면, 글의 설계 단계에서 꼭 밟아야 할 일은 '이 문제에 대해 이미 제출된 의견이나 지금 벌어지고 있는 논쟁, 혹은 새로운 정보'를 찾는 것이다. 이 과정에서 처음의 단편적이거나 막연한 문제의식에 구체적인 형태를 조금씩 불어넣고 논제를 점점 날카롭게 다듬을 수 있다.

학술 논문의 경우, 선행 연구 부분은 번거로운 통과의례가 아니다. 연구자는 학술 연구 공동체의 여러 연구자와 텍스트를 통해 이들과 대화를 나누는 셈이다. 언론 매체에 글도 논증자의 자기 생각을 그냥 죽 적어 내려간 결과가 아니다. 이미 존재하는 다양한 의견과 주장을 충분히 고려한 끝에 "이번에는 내 차례니까, 읽어 주시기를 부탁합니다."라는 마음으로 발표하는 것이다.

우리는 앞에서 대화라는 틀을 통해 논증을 바라본 바 있다. 대화는 이렇게 논증 주제를 설계하는 과정에서부터 시작되는 셈이다.

매체와 대상 독자 고려하기

논증을 제시할 공간 즉 매체의 성격, 분량, 독자도 고려할 필요가 있다. 논증을 제시할 공간이 일간 또는 주간으로 발행되는 언론 매체라면 독자는 빠르게 변하는 사회적 논쟁이나 이슈에 대하여 어느 정도 알고 있을 것이다. 또 글의 분량도 적을 것이다. 따라서 여기 제시할 논증 글은 가장 최신의 화제와 쟁점을 충분히 조사하여 그에 대응하는 새로운 논제와 새로운 내용을 갖추어야 한다. 또 분량이 짧으므로, 자신의 논제를 신속하게 제시하고 핵심 논지에 집중하여 쓰되, 독자의 층이 다양하다는 점을 고려하여 지나치게 전문적인 세부 지식을 전제로 하지 않도록 유의하여야 한다.

학술지 혹은 학술적 글을 실을 수 있는 매체라면 분량은 일반 언론 매체보다는 많다. 따라서 장과 절 구성에 특별히 신경을 써야 하고 자료나 참고문헌 등 부속물도 빠짐없이 갖추어야 한다. 또 전문적인 이론이나 개념의 배경을 지나치게 친절히 설명할 필요는 없을 테니, 비교적 소수의 독자를 고려하여 써도 좋겠다.

반론 가능성 대비하기

예상되는 반박에도 대비할 필요가 있다. 사회적으로 관심이 많은 논제일수록, 혹은 논쟁이 일어나고 있는 논제일수록 익히 예상되는 반론이 있을 수 있다.

가령 사형제도의 부당한 점을 논제로 삼을 경우, '범죄의 잔혹성', '시민의 감정', '노역형이나 수감형 제도의 경제적 낭비' 등을 근거로 하는 반박이 쉽게 예상될 수 있다. 또 '감염병 예상을 위한 백신 접종의 필요성'을 논제로 삼을 경우, '백신의 부작용이나 효과에 대한 의문'을 제시하는 의견도 존재하므로 이를 고려하여 백신의 효과를 제시하는 자료와 추론이 포함되면 좋을 것이다.

'숨어 있는 전제'를 고려할 필요도 있다. 가령 '형법 적용 면제 나이(이른바 촉법)를 유지할 필요성'을 논제로 선택했다면, '현대 형사정책이 시행하는 처벌은 복수가 아니라 교화를 원칙으로 한다'는 명제를 명시적으로 포함할지 혹은 생략할지를 고민해 보아야 할 것이다. 가령 논증 글을 실을 매체가 일반 시민을 위한 발간물이며 '처벌이 아닌 교화 제도(소년원 등)'를 강조하는 내용을 포함하려 한다면 이 명제를 글의 한 부분으로 다루는 편이 좋겠다.

4 활동 문제

활동 문제 1

다음 두 제시문에 나타난 논제가 무엇인지 확인하고, 그 유형을 파악해 보자.

[제시문 1]

우생학과 그에 기반한 실천은 그러나 단지 과거의 사건으로만 기억될 수 없다. 최근 유전자 검사와 치료 등에 대한 관심이 증가하면서, 바야흐로 '신우생학의 시대'가 도래했다는 진단이 내려지고 있다. 생명공학기술의 발달에 따라 확산되고 있는 유전자 결정론이나, 건강하고 우수한 자녀를 낳고 싶다는 개인적 욕망 속에서 증가하고 있는 산전 진단 등 각종 출산 관련 의료 행위들이 이를 보여 준다. 한편에서는 개인들의 자발적 선택에 의한 우생학적 실천이 결국은 생명의 질을 선택하는 생명의 계급사회로 귀결될 것이라는 우려의 목소리도 들린다.

이처럼 우생학이 단지 과거가 아닌 여전한 우리의 현실이라면, 이럴 때일수록 차분히 과거 우리의 역사에서 이루어진 우생학적 실천의 사회역사적 맥락과 그 결과를 예민한 시선으로 성찰해 볼 필요가 있다. 본 논문은 이러한 문제의식 아래에 우생학적 실천의 한 사례로서 1960~90년대 시행되었던 가족계획사업의 역사를 주목하고자 한다.

소현숙, 〈우생학의 재림과 '정상/비정상'의 폭력〉, 《역사비평》, 132호, 2020, 260면.

[제시문 2]

그런데 경제 양극화는 우리보다 더 심한 선진국도 있지만 소득 양극화에 의한 교육영역의 양극화 문제는 높은 교육열을 자랑하는 우리나라의 경우, 계급 양극화로 치닫게 되어 빈곤이 세습되는 계급사회를 초래하게 된다. 부가 극소수에게 편중되고 가속화되면서 계층 상승의 사다리가 사라지고 나머지 사람들은 하향 평준화로 줄달음치게 되는데 이러한 현상의 가장 큰 원인으로 교육 격차를 들 수 있다. 가정의 사회 경제적 배경이 자녀의 학업 성적에 미치는 영향이 커지는 현실 앞에 주류에서 밀려나는 자들의 의욕상실은 뿌리를 내려가고 사회는 지금 양극화로 치닫고 있다.

우리나라 교육의 근본적인 문제는 과도한 사교육비 부담에 있으며 학생들이 자신의 노력만으로 계층을 넘을 수 없다고 믿을 때의 좌절은 결과의 격차로 증폭될 것이며 잘사는 사람들에 대한 반감으로 이어질 것이다. 사교육 혜택이 많은 부유층 자녀는 빈곤층 자녀보다 학력이 높거나 명문 학교로 진학하게 되므로, 이는 또다시 계급 격차로 이어진다. 소득 상위 10% 가구는 하위 10% 가구보다 9배 높은 사교육비를 지불하며 월 소득 700만 원 이상 가구 자녀가 사교육 받는 시간은 월 소득 100만 원 이하 가구 자녀보다 3.3배 더 많다고 한다. 한편 부모의 사회 경제적 영향력은 사교육에 투입하는 비용에 그치지 않고 사회적 인맥을 통해서 자녀들의 취업과 결혼에 중요한 변수로 작용하여 불평등구조의 대물림 현상은 지속되는 것이다.

본 연구는 문화적·경제적으로 주변부에 있을 수밖에 없는 다문화가정 자녀들의 교육문제를 다루지는 않는다. 다만 불평등한 사회 양극화 구조와 부모의 사회·경제적 배경이 자녀의 교육에 어떻게 개입되는가를 현상적으로 관찰하고 교육을 매개로 한 계급 재생산과 사회 양극화 현상을 완화할 방안을 검토하는 데 있다.

남인숙, 〈한국의 사회·경제적 양극화와 교육 격차〉,
《현상과인식》, 35-3호, 2011, 17-18면.

활동 문제 2

사형제도에 대한 입장을 논증적 글쓰기로 전개하려 한다. 제시문 1의 논증 구조를 파악한 뒤, 21세기 한국인의 관점에서 여기에 동의하거나 반대하는 논제를 설정하고 논증 글을 써 보자. 특히 제시문 1의 입장에 기본적으로 동의하고 이를 보완하려 한다면 제시문 2를 자료로 활용할 수 있을 것이다.

제시문 1은 1764년에 발간된, 근대 형법의 원리에 관한 선구적 저술 중 일부이며, 제시문 2는 18세기 프랑스 루이 15세의 암살 미수범이었던 로베르 프랑수아 다미엥의 형벌 과정을 담은 내용이다.

[제시문 1]

형벌의 목적은 오직 범죄자가 시민들에게 새로운 해악을 입힐 가능성을 방지하고, 타인들이 유사한 행위를 할 가능성을 억제하는 것이다. 따라서 형벌 및 그 집행 수단은, 범죄와 형벌 간의 비례관계를 유지하면서, 인간의 정신에 가장 효과적이고 지속적인 인상을 만들어 내는 동시에, 수형자의 신체에는 가장 적은 고통을 주는 것이어야 한다(46면).

범죄를 예방하는 가장 효과적인 방법은 형벌의 잔혹성이 아니라 지속성에 있다. 형벌은 비록 온건하더라도 확실하기만 하면 형 면제의 희망이라는 요행수와 결부된 무시무시한 처벌의 공포보다 훨씬 더 큰 인상을 심어 줄 것이 틀림없다. 형벌이 잔혹해질수록 범죄자는 처벌을 피하기 위해 위험을 무릅쓰게 된다. 잔혹한 형벌 자체가 범죄자를 더욱 대담하게 만드는 것이다.

형벌의 잔혹성은 그밖에 다른 두 가지 해로운 결과 — 범죄예방이라는 형벌의 목적과 상반되는 결과 — 를 초래한다. 첫째, 범죄와 형벌 사이의 적절한 균형을 유지하기 곤란해진다. 왜냐하면, 아무리 엄밀히 잔혹성의 종류를 높여 가려 해도, 그것이 적용될 인체의 신체 기관과 감각이 견뎌낼 수 있는 한도를 넘어설 수는 없기 때문이다. 일단 이러한 한도에 이르게 되면, 그보다 훨씬 유해하고 흉포한 범죄가 생겼을 때도 더 잔혹한 형을 고안하는 것이 불가능해진다.

둘째, 극단적으로 잔혹한 형벌은 때로는 형 면제의 효과를 만들어 내기도 한다(형 집행이 끝나기 전에 사망하거나 실신해 버리면 형을 집행하는 효과가 없어진다는 뜻). 인간 능력에는 한계가 있다. 잔혹한 처형이라는 볼거리는 일시적 격정의 표현일 수는 있어도 법적 당위에 부합하는 항구적인 제도의 일부가 될 수는 없다(109면).

사형이 주는 인상이 아무리 대단하더라도, 어떤 중요한 일도 잊어버리게 되는 인간의 자연스러운 경향을 이겨 낼 수는 없다. 격렬한 감정은 사람들에게 충격을 주지만 그 효과는 오래 지속하지 못한다.

구경꾼 대부분에게 사형은 하나의 구경거리에 지나지 않고, 다른 소수에게는 경멸감이 뒤섞인 동정의 대상이 된다. 구경꾼의 정신을 사로잡는 것은 사형을 규정한 법률이 불러일으키려고 한 교훈적인 공포감이 아니라 경멸감과 동정심이라는 두 감정이다. 그러나 보다 완화되고 지속적인 형벌, 가령 종신 노역형은 그것을 보는 자의 마음에 공포심만을 남겨 놓을 것이다(115면).

체사레 베카리아, 한인섭 옮김, 《범죄와 형벌》, 서울: 박영사, 2006.

[제시문 2]

1757년 3월 2일, 다미엥에 대해서 다음과 같은 유죄판결이 내려졌다.

손에 2파운드 무게의 뜨거운 밀랍으로 만든 횃불을 들고, 속옷 차림으로 파리의 노트르담 대성당의 정문 앞에 사형수 호송차로 실려 와, 공개적으로 사죄를 할 것. (중략) 상기한 호송차로 그레브 광장에 옮겨간 다음, 그곳에 설치될 처형대 위에서 가슴, 팔, 넓적다리, 장딴지를 뜨겁게 달군 쇠집게로 고문을 가하고, 그 오른손은 국왕을 살해하려 했을 때의 단도를 잡게 한 다음, 유황불로 태워야 한다. 계속해서 쇠집게로 지진 곳에 불로 녹인 납, 펄펄 끓는 기름, 지글지글 끓는 송진, 밀랍과 유황을 녹인 액체를 붓고, 몸은 네 마리의 말이 잡아 끌어 사지를 절단하게 한 뒤, 손발과 몸은 불태워 없애고 그 재는 바람에 날려 버린다.

《암스테르담 신문》은 이렇게 보도하였다.

드디어 그는 네 갈래로 찢겼다. 이 마지막 작업은 시간이 오래 걸렸다. 왜냐하면, 동원된 말이 그러한 견인 작업에 익숙해 있지 못했기 때문이다. 그래서 네 마리 대신에 여섯 마리의 말을 동원하지 않으면 안 되었다. 그러나 그것도 불충분해서 죄수의 넓적다리를 잘라내기 위해 할 수 없이 근육을 자르고 관절을 여러 토막으로 절단해야 했다. (중략) 평소에는 지독한 저주의 말을 퍼붓는 사람이었음에도, 그의 입에서는 어떤 모욕적인 말도 전혀 흘러나오지 않았다. 다만 극도의 고통 때문에 그는 무서운 비명을 지르고 있었고, 이따금 "하나님, 제발 자비를. 예수님, 살려 주십시오."라는 말을 되풀이했다. 고령에도 불구하고, 사형수를 위로해 주기 위해 약간의 시간도 낭비하지 않았던 생 폴 주임사제의 정성을 다하는 태도는 구경하는 사람들 모두에게 깊은 감명을 주었나.

치안 담당 관리자인 부통은 이렇게 말하고 있다.

유황을 태웠으나 그 불길이 너무 작았기 때문에 죄수에게는 손등 피부만 약간 상하게 했을 뿐이다. 그 다음에는 소매를 팔뚝 위까지 걷어 올린 사형집행인이 45센티 정도의 불에 달군 특제 쇠집게를 집어 들고, 먼저 오른쪽 다리의 장딴지를, 다음에 넓적다리를, 오른팔의 근육 두 군데를, 다음에는 가슴을 찢었다. 집행인이 아무리 체력이 강하고 억센 사람이라 하더라도 쇠집게로 집고 있는 곳의 살을 같은 방향으로 두세 번 비틀어 가면서 잘라 내는 데 무척 애를 먹었다. (중략) 근육을 도려내는 이러한 형벌이 끝나자, 신을 모독하는 말도 하면서 여러 번 큰 소리로 부르짖던 다미엥은 머리를 들어 자기의 몸을 내려다보았다. 사형집행인은 가마솥에서 쇠국자로 펄펄 끓는 걸쭉한 액체를 떠서 상처 부분에 가득 부었다. (중략) 법원서기 르 브르통 씨는 여러 번 사형수에게 다가가서 마지막으로 할 말이 없는지 물었다. 사형수는 없다고 대답하였다. 그는 지옥에 떨어진 사람처럼 비명을 질러댔는데, 고문을 당할 때마다 "용서해 주십시오, 하나님! 용서해 주십시오, 주님!"하고 외치는 그 모습은 더 이상 달리 묘사할 수 없을 정도였다.

(중략) 고해 신부들 몇 사람이 다가가서 그에게 오랫동안 말을 했다. 그러자 그는 그들이 내민 십자가에 자진해서 입을 맞추더니, 입술을 늘어뜨리면서 "용서해 주십시오, 주님"이라

는 말을 되풀이하였다. (중략) 말들은 제각기 수형자의 사지를 똑바로 끌어당겼다. 말 한 마리에 사형집행인 한 사람이 붙어 있었다. 한 15분 동안 같은 의식을 되풀이했다. 그런 일을 몇 번 반복하더니 급기야는 할 수 없이 다른 방법으로 말을 끌어당겼다. 즉 오른팔을 담당한 말은 그대로 선두에서 끌게 하고, 두 다리를 담당한 두 마리의 말을 양팔 쪽으로 돌린 것이다. 그 결과, 팔의 관절이 잘려나갔다. (중략) 사형수는 머리를 쳐들어 자신의 모습을 내려다보았다. 그러자 이번에는 다리를 끄는 말 앞에 다시 두 마리를 연결했다. 모두 여섯 마리가 되었다. 그런데도 일은 여의치 않았다. 마침내 사형집행인 상송은 서기 르 브르통 씨 앞으로 다가가서 도저히 해 볼 방법이 없다는 말을 하고, 윗사람에게 사형수의 몸을 여러 개로 토막 내도 괜찮은지 물어보도록 했다. 시청에 다녀온 르 브르통 씨는 더욱 열심히 노력해 보라는 명령을 전했고, 그 일은 반복되었다. 이내 말들은 지쳐서 뒷걸음을 치기 시작했고, 다리를 묶은 말 중에서 한 마리가 길 위에 쓰러졌다.

타오르는 불길의 현란함이 여전히 남아 있긴 했지만, 18세기 말과 19세기 초에 음울한 처벌의 축제행사는 사라져 가고 있었다. (중략) 프랑스에서는 공개적으로 죄를 인정하고 사죄하는 공개사과 형이 1791년에 처음 폐지되었다. 뒤이어 단기간의 부활을 지나 1830년에 다시 폐지되었다. 효수대는 프랑스에서 1789년에, 영국에서는 1837년에 금지되었다.

끔찍한 광경으로서의 형벌은 점점 사라지게 되었다. 그리고 형벌 속에 해당되는 모든 스펙터클의 요소들은 그 이후 중요하지 않은 것으로 나타나게 된다. 이제 사형집행의 공개는 폭력이 재연되는 온상으로서 인식된 것이다.

미셸 푸코, 오생근 옮김, 《감시와 처벌》, 파주: 나남, 2016, 23-27면, 35면.

5

함께 읽기

1. 김윤식, 〈살아 있는 정신에게〉

군은 돼지였다. 군의 입학이 유독 축복을 받아야 할 이유가 있을까. 조금 생각해 보기로 하자. 군의 입학이란 한갓 우연성의 일종이라 볼 수 없겠는가. 군보다 머리 좋지 않은 자, 이 세상에 혹시라도 있을까. 어림도 없는 일이다. 당초부터 단춧구멍 뚫는 데로 간 사람도 얼마든지 있다. 우연히도 군은 밥술이나 먹는 집에서 태어났고 그 때문에 고액의 과외 또는 재수도 할 수 있었고 혹은 튼튼한 육질과 맑은 귀를 유지할 수 있지 않았던가. 밥은 잘 먹었느냐, 잘 잤느냐, 내복 입었느냐, 공부했느냐고 묻는 보살핌 속에 군이 놓여 있지 않았을까. 심지어 기르는 강아지조차도 군의 안색을 살피는 그런 속에서 군은 살았다. 무슨 대학을 가야 된다든가, 무엇을 전공해야 된다는 것도 이미 결정되어 있었다. 갈 데 없는 돼지였다.

군을 노예로 만들기 위해 그들은 아마도 사랑이란 위선의 이름으로 그렇게 했던 것이리라. 군이 돼지 또는 노예였음이란 물론 군의 잘못이 아니리라. 군이 태어나고 싶어서 태어난 것이 아닌 까닭이다. 군은 다만 태어나졌을 따름. 던져진 존재였던 것. 어디에 던져졌던가. 아무것도 없는 허허벌판이 아니겠는가. 거기 군은 혼자 던져졌고 따라서 불안하지 않으면 안 되었다. 혼자 있음, 불안, 무서움. 이 삼각형의 도식이 군의 본래의 모습이었다. 이 조건을 철저히 은폐시킨 자 누구였던가. 다름 아닌 지금까지의 군을 에워싼 아비 어미이고 환경이었다. 군을 노예로 만들기 위해 그들은 아마도 사랑이란 위선의 이름으로 그렇게 했던 것이리라.

그러나 어느 순간 군은 마침내 운명이 순간에 직면하지 않으면 안 되는 계기에 직면하게 된다. 그들의 간교한 전략을 간파하는 순간이 오고 만다. 그 계기란 도처에서 예감처럼 온다. 군이 창공의 별을 응시할 때 온다. 헤겔을 읽을 때 온다. 〈무진기행〉을 읽을 때 온다. 릴케를 읽을 때 온다. 〈태백산맥〉을 읽을 때 온다. 들판에 외로이 핀 이름 없는 꽃을 볼 때 온다. 가차 없이 오되 예감처럼 온다.

어떤 역사적 사회적 조건으로도 환원되지 않는 '나' 자신의 세상에서의 있음의 의미란 무엇인가. 어디서 왔고 어디로 가야 하는 것인가. 어떤 방향성도 해답도 없음을 서서히 군은 알아차릴 것이다. 그러나 분명한 것은 있다. 지금 여기 '나'가 있다는 것. 이것만은 절대로 의심할 수 없다. 여기 '나'가 있되 혼자 있다는 것. 불안하다는 것. 무섭다는 것이 엄청난 짐을 지고 있다는 것.

이 짐은 아무도 벗어날 수 없다. 차라리 의무라 불려야 마땅하리라. 의무는 그 누구도 거부할 수 없다. 의무니까. 이 의무를 수행한 자에게만 주어지는 것이 있다. 권리가 그것. 혼자 있음으로 말미암아 감당해야 될 불안과 공포를 대가로 하여 비로소 얻어진 권리, 이를 두고 자유라 부를 것이다. 자유이되, 무한한 자유가 아닐 수 없는데 그것은 던져진 존재로서의 그 의무의 정비례하는 것, 이를 결단 혹은 계획이라 부를 것이다. '나'는 무엇이며, 무엇이 되어야 하는가에 그 아무도 궁극적으로는 관여할 수 없기에 그 계획은 저주스러운 것이 아닐 수 없다. 의무 그것만큼 권리의 처절함이 아득하게 펼쳐져 있지 않겠는가. 돼지에서 벗어나 이 저주스러운 자유인으로 변신하는 장대한 장면의 입구에 작은 팻말이 하나 서 있지 않겠는가. 거기 적힌 글씨를 군은 이제 똑똑히 읽을 수 있으리라. '대학'이라는 두 글자가 그것. 군은 아는가. 훔볼트가 세운 저 베를린대학 창립이념을. '혼자 있음'과 '자유'로 그 이념이 요약되어 있음을. 대학의 주체는 학생도 선생도 건물도 아님을. 이념 그것이 이곳의 주체임을 '살아 있는 정신'이라 부르는 이 자유 앞에 군은 지금 서 있다. 군의 입학이 축복받아야 할 이유가 혹시 있다면 바로 이 장면에서이리라.

이 글은 1994년 봄 《대학신문》(서울대학교 대학신문사, 1994. 3. 1.)에 실렸다. 갓 대학에 입학한 새내기들에게 정신적 자유와 독립을 촉구하는 글이다. 위악적 어조가 읽는 이를 불편하게 할 수 있지만, 표면에 나타난 글쓴이의 과장되고 거친 표현 뒤에는 보호받던 어린이에서 독립된 성인으로 성장할 미래의 지성인들에 대한 깊은 애정이 숨어 있다. 글쓴이는 대학이라는 새로운 세계에서 고립되어 있다고 느낄 어린 영혼들이 스스로 사고하고 판단하는 독립된 인격체로 성숙해 갈 것을 믿으면서 그들을 축복한다.

2. 서경식, 김혜신·최재혁 옮김, 《디아스포라 기행: 추방당한 자의 시선》

세계 각지를 여행한 지 어언 20년이 된다. 돌이켜 보면 여행 중 나의 눈과 마음을 끈 것들은 항상 어딘가 디아스포라와 연관되어 있었다. 그건 내가 디아스포라이기 때문이다. 그래서 지금부터 쓰기 시작하는 글을 '디아스포라 기행'이라고 명명하기로 했다. 그런데 '디아스포라'란 어떤 의미인가, 왜 나는 스스로를 디아스포라라고 느끼는 걸까.

대문자의 디아스포라(Diaspora)라는 말은 본래 "'이산(離散)'을 의미하는 그리스어"이자 "팔레스타인 땅을 떠나 세계 각지에 거주하는 이산 유대인과 그 공동체를 가리킨다."라고 한다(《世界大百科事典》, 平凡社, 1981). 그러나 그것은 물론 사전상의 의미에 지나지 않는다. 오늘날 '디아스포라'라는 말은 유대인뿐 아니라 아르메니아인, 팔레스타인인 등 다양한 '이산의 백성'을 좀 더 일반적으로 지칭하는 소문자 보통명사(diaspora)로 사용하는 경우가 많아졌다. 콜럼버스의 신대륙 착륙 이후 수백만, 일설에 의하면 2,000만에 이르는 아프리카인들이 신대륙으로 끌려갔다. 그들과 그 자손을 '블랙 디아스포라'라고 부르기도 한다. 또 19세기 이후부터 많은 중국인들이 쿨리(苦力, coolie)라는 모멸에 찬 이름의 하층 노동자가 되어 세계 각국으로 퍼져 나갔는데 이들이 차이니즈 디아스포라다. 조선 사람들 역시 과거 한 세기 동안 식민 지배, 제2차 세계대전과 한국전쟁, 군사정권에 의한 정치적 억압 등을 경험해, 상당수에 달하는 사람들이 뿌리의 땅인 한반도로부터 세계 각지로 이산했다. 코리안 디아스포라의 총수는 현재 대략 600만 명이라고 한다. 재일조선인은 그 일부이며 나는 그중 한 사람이다. 이 글에서 나는 근대의 노예무역, 식민 지배, 지역 분쟁 및 세계 전쟁, 시장경제 글로벌리즘 등 몇 가지 외적인 이유에 의해, 대부분 폭력적으로 자기가 속해 있던 공동체로부터 이산을 강요당한 사람들 및 그들의 후손을 가리키는 용어로서 디아스포라라는 말을 사용하고자 한다.

근대 제국주의 국가들에 의한 세계 분할과 식민지 쟁탈전 이후, 전 세계에서 대체 얼마나 많은 사람이, 눈물을 머금고 태어나 자란 땅을 뒤로했을까. 더욱이 그들 디아스포라는 이주한 땅에서도 언제나 '이방인'이며 소수자다. 다수자는 대부분 '조상 대대로 전해 내려온 토지·언어·문화를 공유하는 공동체'라는 견고한 관념에 안주하고 있다. 그러한 상황 안에 있는 한 다수자들에게는 소수자의 진정한 모습은 보이지 않으며 그 진정한 목소리도 들리지 않을 것이다.

고정되고 안정된 것처럼 보이는 대상도 그것을 보는 쪽이 불안정하게 움직일 때는 달리 보인다. 다수자들이 고정되고 안정적이라고 믿는 사물이나 관념이 실제로는 유동적이며 불안정한 것이라는 사실이, 소수자의 눈에는 보인다. 이 글은 '나'라는 한 사람의 디아스포라가 런던, 잘츠부르크, 카셀, 광주 등을 여행하면서, 각각의 장소에서 접한 사회적 양상과 예술 작품을 테마로 현대의 디아스포라적 삶의 유래와 의의를 탐색하려 한 시도다. 디아스포라라는 존재의 모습이 근대 특유의 역사적 소산이라고 한다면, 이 시도는 디아스포라의 시선으로 '근대'를 다시 보는 것, 그리고 '근대 이후' 인간의 가능성을 탐구하는 것이기도 하다.

이 글은 서경식의 저서 《디아스포라 기행: 추방당한 자의 시선》(돌베개, 2023/2006)에서 발췌하였다. 글쓴이는 디아스포라의 입장에서 디아스포라의 삶과 예술을 바라봄으로써 근대와 근대 이후 인간의 새로운 가능성을 탐구한다. 디아스포라의 관점을 취한다는 것은, 다수자의 시선에서는 충분히 포착되기 어려운 소수자적 삶의 유동성과 불안정성을 깊은 이해 속에서 바라보는 일과 같다. 이와 같은 탐구의 기반으로서 글쓴이는 책의 서두에서 '디아스포라'에 대한 정의를 시도한다. '디아스포라'라는 용어가 대문자 의미에서 소문자 의미로 확장되어 온 역사를 일별한 뒤, 이렇게 확장된 의미에 입각하여 자신의 책에서는 '디아스포라'를 근대 이후 폭력적인 이유로 태어나고 자란 땅을 떠나야 했던 사람들과 그 후손들을 지칭하는 용어로 사용하겠다는 점을 독자와 약속한다. 대상이 정의된 과정을 전개함으로써 대상의 본질을 과정적으로 이해할 수 있게 하는 동시에, 그것의 구체적인 의미를 한정하는 경우이다. 또, 이 글에서 정의 대상인 '디아스포라'는 탐구 대상인 동시에 그것을 탐구하는 주체의 정체성이라는 점에서 이중의 특별함을 지닌다.

3. 김승섭, 〈왜 어떤 지식은 생산되지 않는가〉

필요한 약이 개발되지 않는 이유

오늘날 가장 많은 사람들을 힘들게 하는 질병은 무엇일까요? 중요한 질문입니다. 어떤 질병을 예방하고 치료하는 데 공공자금이 집중적으로 투자되어야 하는지를 결정하는 기준이 될 테니까요. 이 질문에 답하기 위해서는 이러한 질병 부담(Burden of Disease)을 어떻게 측정할 것인지를 먼저 정해야 합니다. DALY(Disability-Adjusted Life Year)는 질병으로 고통받거나 사망할 경우 잃게 되는 시간의 총량을 측정하는 지표입니다. 한국어로 '장애보정손실연수'라고 부릅니다.

즉, DALY는 질병으로 인한 조기사망으로 잃게 된 시간과 이 질병으로 고통받으며 낮아진 삶의 질을 시간으로 계산한 값입니다. '1 DALY'는 잃어버린 건강한 수명 1년을 의미합니다. 예상치 못한 사고로 어떤 사람이 사망했을 때, 그 사고가 일어나지 않았다면 누렸을 시간이 3년이면, '3 DALY'가 됩니다. 사망하지는 않았지만 특정 질병으로 생활에 큰 지장을 받는 경우도 있습니다. 그러한 경우를 고려하기 위해 '장애가중치'가 개발되었습니다. 질병으로 인해 일상생활에서 생겨난 어려움의 정도를 나타내기 위한 것으로 0은 아무런 영향을 주지 않는 상태를 의미하고, 1에 가까울수록 죽음에 가까운 심각한 상태를 의미합니다. 요통의 경우 가장 가벼운 증상일 때는 장애가중치가 0.02이지만, 다리 통증을 동반한 가장 심각한(Most severe, with leg pain) 요통의 경우는 그 수치가 0.38입니다.

구체적인 예를 들어보겠습니다. 65세부터 당뇨병의 합병증인 당뇨발(diabetes foot)로 10년간 고생하다가 75세에 사망한 사람이 있습니다. 당뇨발의 장애가중치(disability weight)는 0.20입니다. 이 사람이 당뇨발이 없었다면 80세에 사망하는 상황이었다고 가정한다면, 이 경우 DALY는 조기사망으로 잃게 된 5년과 당뇨발을 앓는 동안 온전히 누리지 못한 10년의 시간에 장애가중치를 곱한 값인 2년(10년×0.2)을 더해 '7 DALY'가 됩니다. 당뇨발로 인해 잃어버린 삶의 시간이 7년이라는 의미입니다.

2002년 패트리스 트루일러(Patrice Trouiller) 박사 연구팀은 학술지 《랜싯》

표 2. 질병 구분에 따른 1975년부터 1999년까지 승인된 신약 수와 매출 비율과 장애보정손실연수

	장애보정손실연수 (DALYs)			1975년부터 1999년까지 승인된 신약 수(%)	1999년 전체 매출 비율
	전체 (%)	고소득 국가(%)	중·저소득 국가(%)		
신경계	11.5	23.5	10.5	211 (15.1%)	15.1%
심혈관계	10.3	18.0	9.7	179 (12.8%)	19.8%
암	6.1	15.8	5.2	111 (8.0%)	3.7%
비감염성 호흡기계	4.5	7.4	4.2	89 (6.4%)	9.3%
감염성 질환	29.6	4.2	31.8	224 (16.1%)	10.3%
-HIV / AIDS	5.1	0.9	5.5	26 (1.9%)	1.5%
-결핵	2.0	0.1	2.2	3 (0.2%)	0.2%
-열대성 질환 종합	9.4	0.3	10.2	13 (0.9%)	0.2%
-말라리아	2.8	0.0	3.1	4 (0.3%)	0.1%
기타	37.9	31.1	38.6	579 (41.6%)	41.9
전체	100	100	100	1393 (100%)	100%

에 논문 〈소외 질환을 위한 신약 개발: 결핍된 시장과 보건 정책의 실패(Drug Development for neglected diseases: a deficient market and a public health failure)〉를 발표합니다. 이 연구가 묻는 질문은 다음과 같습니다. "우리는 지난 20년간 필요한 약을 개발했는가?"

연구팀은 1975년부터 1999년까지 미국과 유럽에서 시장 판매가 허가된 1,393개의 신약 목록을 파악합니다. 이 목록은 그사이 전 세계적으로 사용이 허가된 전체 신약의 목록이라고 할 수 있습니다. 그리고 그 약이 어떤 질병을 치료하기 위한 것인지를 정리합니다. 그 결과를 DALY와 함께 정리한 것이 〈표 2〉입니다.

첫 번째 열은 1999년을 기준으로 각 질병별 DALY를 보여 줍니다. 전 세계적으로 DALY가 가장 큰 항목은 결핵, 말라리아를 포함한 감염병입니다. 전 세계 DALY의 29.6%를 차지합니다. 그다음으로 치매를 포함한 신경계 질환이 11.5%, 심혈관계 질환이 10.3%를 차지하고 있습니다. 암은 그다음으로 6.1%

입니다.

1975년부터 1999년까지 개발된 신약의 질병별 분포를 보면, 전 세계 DALY의 29.6%를 차지하는 감염성 질환 분야에서 새로 개발된 신약은 전체의 16.1%에 불과합니다. 대신, 신경계 질환 신약이 15.1%, 심혈관계 질환 신약이 12.8%로, 각 질병별 DALY 분포보다 높게 나타납니다. DALY 수치를 보면, 전 세계적으로 감염성 질환이 가장 높게 나타납니다. 오늘날 가장 많은 사람들이 고통받고 죽어가고 있는 이 질병들을 치료하기 위한 신약 개발이 이토록 적게 이루어진 이유는 무엇일까요?

고소득 국가와 중·저소득 국가를 나눠 DALY를 살펴보면, 그 이유가 명확히 드러납니다. 고소득 국가의 DALY는 신경계 질환이 23.5%, 심혈관계 질환이 18.0%, 암이 15.8%를 차지합니다. 감염성 질환은 4.2%에 불과하지요. 그러나 중·저소득 국가에서는 감염성 질환이 DALY의 31.8%로 압도적으로 높은 비율을 보여 주고 있습니다. 중·저소득 국가에서 필요한 약은 개발되지 않고 있는 것입니다.

특히 남미나 사하라 사막 이남 아프리카 지역에서 주로 발생하는 말라리아, 샤가스병(Chagas' Disease), 주혈흡충병(Schistosomiasis) 같은 열대성 질환(Tropical Disease)의 DALY를 살펴보면 더욱 놀랍습니다. 전 세계 DALY의 9.4%를 차지하지만, 25년 동안 나온 신약 1,393개 중 오직 13개(0.9%)만이 열대성 질환을 위한 것이었습니다. 고소득 국가 DALY 중 열대성 질환은 0.3%에 불과하기 때문입니다. DALY를 기준으로 할 때, 1975년부터 1999년 사이 신약이 개발된 비율은 중추신경계 질환, 심혈관계 질환, 암 모두 열대성 질환에 비해 12배 이상 높았습니다.

혹자는 열대성 질환을 치료하기 위해 신약 개발을 시도하고 있지만, 시장화에 성공하지 못한 게 아니냐고 반문할 수도 있습니다. 논문의 저자들은 규모 순으로 가장 큰 제약회사 20곳에 연락해 1999년을 기준으로 저소득 국가에서 주로 발생하는 감염성 질환인 결핵, 말라리아, 샤가스병, 아프리카 수면병(African Trypanosomiasis), 리슈마니아증(Leishmaniasis)에 대해 당시 투자되고 있는 연구 개발 비용의 규모를 묻습니다. 20곳 중 11곳의 제약회사가 응답한 결과를 보면, 이 질병들을 치료하기 위한 신약 개발 투자비는 전체 연구 개발비의

1%에도 미치지 못하는 것으로 드러났습니다. 이처럼 연구 개발비가 투자되지 않는 상황에서 그 질병들을 치료할 수 있는 신약 개발이 이루어질 가능성은 앞으로도 희박해 보입니다.

물론 고소득 국가의 주요 사망원인인 심혈관계 질환이나 암을 치료하기 위한 신약 개발도 중요합니다. 환자의 고통을 줄일 수 있는 더 나은 약이 개발되는 것은 환영할 일입니다. 문제는 전 세계적으로 가장 많은 사람이 고통받는 질병의 치료제가 현재의 시스템에서는 개발이 어렵다는 사실입니다. 자본주의 사회에서 기업인 제약회사가 약을 개발했을 때 거둬들일 수 있는 이윤은, 어떤 약을 개발할지와 그 약을 만드는 데 필요한 지식을 생산할지 여부를 판단하는 기준이 되기 때문입니다. 어떤 지식은 생산되고, 어떤 지식은 생산되지 않습니다. 오늘날 지식은 명백히 선별적으로 생산되고 선별적으로 유통됩니다.

이 글은 김승섭의 책 《우리 몸이 세계라면》(동아시아, 2018) 제1장 〈어떤 지식이 생산되는가〉의 일부이다. 장과 절의 제목에서 알 수 있는 바와 같이, 어떤 지식이 생산되고, 어떤 지식은 생산되지 않는지를 저자는 신약 개발 통계 자료를 활용하여 보여 준다. 상식적으로 생각하면 가장 많은 사람들이 고통받는 감염성 질환을 치료할 수 있는 약이 우선적으로 개발되어야 하지만 제약회사들의 투자는 많은 이윤을 창출할 수 있는 중추신경계 질환, 심혈관계 질환을 치료하기 위한 신약 개발에 집중되어 있다. 감염성 질환 약은 압도적으로 중·저소득 국가에서 필요로 하고, 고소득 국가의 수요가 적기 때문이다. 저자는 권력과 자본을 가진 나라에 필요한 신약만 개발되는 지식 생산의 불평등 문제를 면밀하게 검토함으로써 연구자들이 '어떤 지식을 생산해야 하는가'의 윤리 의식에 대해 적극적으로 생각해 보도록 한다.

4. 이익섭, 〈헐리다〉

방언 조사 때였는데 가족 상황을 얘기하는 중에 "육 남맨데 둘이 헐렜다구. 망넹이가 헐리구, 둘째가 인재 또."라고 하였다. 그곳에서 내 조사에 적극적으로 참여한 분은 그때 나이 80대 중반의 이분과 90세를 막 넘은 이분의 맏형이었다. 아마 내가 몇 형제분이냐고 물었을 것이다. 그때 나온 대답인데 육 남매 중에 둘이 헐렸다는 것이다. 직감적으로 그 둘이 이 세상을 하직했다는 것은 알겠는데 '헐렸다'는 표현이 신기하고 놀라웠다.

사실 '헐리다'는 하나도 새로울 것도 없고 신기할 것도 없는 평범하고 평범한 단어이다. '헐다'의 피동형으로 "판잣집도 헐리고 초가집도 헐리고, 집이란 집은 다 헐렸다."와 같이 쓰이는, 누구에게나 익숙한 말이다. 그런데 그날 그 자리에서 '헐렸다'는 단어를 들었을 때는 무척이나 낯설게 들렸다. "헐렸다고? 아니, 사람이 죽은 게 헐렸다니 대체 이게 무슨 말인가?" 그렇게 좀 얼떨떨하였던 것이다.

그런데 이내 이때의 '헐리다'가 참으로 오묘한 표현이라는 느낌이 들었다. 육 남매든 오 남매든 형제자매는 그 자체로 하나의 우주다. 육각형이 되든 오각형이 되든 하나의 몸처럼 움직이며 자라왔고 살아왔다. 그중 누가 하나 먼저 세상을 떠나면 그것은 어느 한 모서리가 허물어진 것이고, 이미 온전한 육각형, 오각형이 아니다. 완미(完美)한 모습일 수 없다. 헐린 것이다.(중략)

'헐리다'는 새 단어를 만든 것은 아니나 그 뜻을 이렇게 확장한 것은 역시 새 단어를 하나 탄생시킨 것이나 다름없다. 국어사전의 '헐리다'에 몇 가지 용법이 예문과 함께 실려 있지만 이런 용법은 없다. 새 개념을 하나 만들어 낸 것이다.

내가 특히 이 단어에, 이 단어의 이러한 용법에 마음이 쏠리는 것은 그 단어에 담긴 애틋한 마음결이 느껴져서다. 말이 형제요 자매지 멀리 지내려면 얼마나 멀리 지내는가. 하찮은 재산으로 분란을 일으키고 소송도 마다하지 않는 일이 얼마나 많은가. 그들은 결코 누가 먼저 죽어도 '헐리다'라는 말을 쓰지 않을 것이다. 도무지 그런 마음이 한 조각도 일어나지 않을 것이다. '헐리다'라는 단어를 쓸 때는 육 남매가 하나같이 소중하였기 때문일 것이다.

앞의 '헐리다'의 용례가 워낙 특수하여 그 한 개인의 말하자면 개인어일지도 모르겠다는 의심이 없지 않았다. 그런데 나중 다시 같은 사례를 만났다. 고향 시골집에서 자고 차를 몰고 나오는데 아는 분이 길가에 서 있었다. 시내버스를 기다린다는 것이다. 하루에 겨우 두 번 오는 시내버스를 기다리는 것인데 그러지 말고, 수시로 버스가 다니는 큰길까지라도 내 차로 가자고 모셨다. 나보다 다섯 살쯤 위인 분인데 시내로 동갑계를 하러 가는 길이란다. 그러면서 덧붙였다. 동갑계원이 애초 스무 명이었는데 다 헐리고 이제 반도 채 안 남았다고. 다시 '헐리다'를 만난 것이다. 그분은 그 말을 하며 한숨을 쉬었는데, 거기에서도 '헐리다'에는 애틋한 애정이 담겨있었다.

나는 꽤 오래전에 누님을 잃었다. 그때는 '여의다'는 단어에서 맴돌며 내 슬픔을 더듬었다. '헐리다'를 알고 나서 보면 그것은 헐리는 것이었다. 우리는 위로 누님, 그리고 나, 아래로 누이동생이 셋, 오 남매다. 누님이 떠난 것이 우리 오각형이 헐린 것이다. 나머지 넷이 다시 사각형이 되는 것이 아니라 지금 우리는 일그러진 오각형이다. 늘 그 빈자리가 허전하고 허전하다.

안타까운 것은 이제 나이가 이만큼 되고 보니, 헐리지 않은 것이 거의 하나도 없다는 것이다. 국문과 동기는 56학번이라고 5월 6일 문리대 언저리에서 정기적으로 만나는데, 요즈음은 최대한 동원해도 고작 열 명이 만난다. 스물다섯 명 중 아홉 명은 타계하고 나머지는 병석에 있거나 행방을 모른다. 한 해 후배들까지 섞어 9공탄이란 별명을 달고 한동안 학과 안팎으로 꽤나 기세가 높았던 모임도 있었는데, 하나가 정년도 되기 전에 세상을 떠나면서 헐리기 시작하더니, 그 후 이런저런 사정으로 지금은 4공탄이 되었다. 옛날 흑백 사진을 보다 보면 아득한 슬픔이 밀려오곤 한다. 이리 헐리고 저리 헐리고 어찌 그리도 많이 헐렸는지, 셋이 찍은 사진에서 나 홀로 남은 사진은 왜 그리 많은지. 나는 초등학교 때나 중학교 때나 고등학교 때나 워낙 그릇이 작아서였는지 셋이 단짝이 되곤 했는데, 그 셋이 찍은 사진들이, 사진을 찍기 어려웠던 때였음에도 용케 한 장씩 남아 있는데, 공교롭게도 어느 사진에서나 나 혼자만 외롭게 남았다. 도무지 온전한 것이 없다.

어찌 가족뿐이며, 어찌 모임뿐이랴. 우리 몸은 더하면 더했지 덜하지 않지 않은가. 머리카락이 빠지고, 치아가 빠지기 시작한 것은 워낙 오래전이어서 '헐리다'의 축에도 들지 못한다. 눈이며 귀며 한쪽부터 어두워지는 것도, 한쪽 무릎쯤 못 쓰는 것도 앞뒤를 다투어 네 일이요 내 일이다. 허리에 무엇을 박고, 심장의 무엇을 갈고 하는 보수 공사 이야기도 쉽게 쉽게 듣게 되었다. 넘어지기는 왜들 그리 잘 넘어지는지, 그저 부러뜨리고 난리들이다.

생각하면 '헐리다'라는 단어 하나에 의미를 붙이고, 그 색다른 쓰임에 감탄을 하고 있는 일도 부질없는 일이다. 아직은 남아서 헐린 일을 가슴 아파하고 있지만, 그러나 그 또한 잠깐일 것을. 모두가 질서 정연한 운행(運行)인 것을. 밤이 익으면서 밤송이가 열려 그 영근 알알이 하나씩 떨어지는 모습은 얼마나 아름다운 질서며 또 장엄한 완성인가. 마침 숲이 단풍으로 한창 곱다. 가서 그 숲속의 고요가 주는 안식에 안기고 싶다. 괴테의 시가 또 위안을 주겠지.

산봉우리란 산봉우리 모두 고요하고
어느 나뭇가지에서도 들리는 소리 하나 없네
숲속 새들 재잘거림도 멈추었나니
기다리라
그대 또한
머지않아
편히 쉬게 되리니

학술적인 글에서는 의미의 경계가 뚜렷한 어휘를 사용한다. 그러나 어휘 의미는 고정된 것이 아니다. 글을 쓰면서 어휘를 선택할 때 신중하게 숙고하는 이유이다. 이 글은 이익섭의 〈헐리다〉(《헐리지 않는 것이 없는데》, 푸른사상, 2016, 22-26면)에서 가져왔다. 우연히 방언 조사에서 확인된 '헐리다'의 특수 용례를 계기로 단어의 의미 확장을 고찰하는 글이다. 본래 '헐리다'는 건축물이나 사물이 무너지는 상태를 지시하였으나, 특정 공동체 내에서는 가족이나 동료의 죽음을 지칭하는 어휘로 사용된다. 글쓴이는 '헐리다'의 사용에서 그 의미가 단순한 상실의 지시가 아닌, 공동체적 결속과 그 해체의 감각을 내포함을 포착한다. 언어는 단순한 기호 체계가 아니라, 공동체의 세계관과 정동 구조를 반영하는 상징적 자원이며, 따라서 어휘 천착은 언어학적 차원 이상의 중요한 의의를 지닌다. 하나의 어휘에 대한 깊은 천착은 정서적 의미의 확장을 보여 주는 것을 넘어서 학문영역에서 추구해야 할 치밀한 태도를 생각하게 한다.

5. 스티븐 핑커, 김한영 외 옮김, 《언어본능》

생물에 대한 특별한 직관은 삶의 초기에 시작된다.

(중략)

아이들이 보육원이나 유치원에 갈 연령이 되면 생물들이 숨겨진 본질을 가진 여러 종류로 분류된다는 사실을 미묘하게 이해한다. 심리학자인 프랭크 케일은 다음과 같은 독특한 질문을 하고 아이들에게 답하도록 했다.

> 의사 선생님들이 너구리 한 마리를 잡아서 (너구리를 보여 준다) 털을 약간 깎아 냈어요. 그리고 남아 있는 부분을 온통 검은색으로 염색했어요. 그렇지만 등 한가운데는 하얀 줄을 길게 남겨두었어요. 그러고는 수술을 해서 그 몸속에 아주 좋지 않은 냄새가 나는 커다란 주머니를 집어넣었어요. 다 하고 나니 그 동물은 이런 모양이 되었어요. (스컹크 사진을 보여 준다) 이것은 스컹크일까요, 너구리일까요?
>
> 의사 선생님들이 이렇게 생긴 커피포트를 가져왔어요. (커피포트의 사진을 보여 준다) 그리고 손잡이를 떼어내고 위를 막고, 또 꼭대기 손잡이를 떼어내고 주둥이를 막았어요. 그리고 밑을 떼어내고 평평한 금속 조각을 붙였어요. 그런 다음 작은 막대기를 하나 달고, 그 속에 창문을 만든 다음, 그 금속용기에 새모이를 채웠어요. 다 하고 나니까 이런 모양이 되었어요. (새 모이통의 사진을 보여 준다) 이것은 커피포트일까요? 새 모이통일까요?
>
> 의사 선생님들이 이 장난감들을 가져왔어요. (태엽 감는 새의 사진을 보여 준다) 여러분이 이것을 열쇠로 감으면 입이 열리고 속에 있는 작은 기계가 음악을 연주해요. 선생님들이 이것을 수술했어요. 훌륭하고 부드러워 보이도록 진짜 털을 입히고 훨씬 좋은 부리를 달았어요. 그런 다음 태엽 감는 열쇠를 떼어버리고, 그것이 날개를 퍼덕이며 날고 울 수 있도록 새로운 기계를 넣었어요. (새의 그림을 보여 준다) 그것은 진짜 새일까요? 장난감 새일까요?

새 모이통으로 변해버린 커피포트(또는 화장실 휴지로 변해버린 한 벌의 카드)와 같은 인공물의 경우, 아이들은 액면 그대로 변화를 수용했다. 새 모이통은 새에게 모이를 주게끔 되어 있는 그 어떤 것이므로 그것은 새 모이통이다. 그러나 스컹크로 변해버린 너구리(또는 오렌지로 변해버린 자몽)와 같은 자연 세계에 있는 종의 경우 훨씬 수용도가 떨어졌다. 스컹크의 옷 속에 어떤 보이지 않는 너구리적 성질이 남아 있었고, 그래서 그들은 새로운 생물체를 스컹크라고 말하지 않았다. 그리고 새로 변해버린 장난감(또는 머리빗으로 변해버린 고슴도치) 같은 자연물과 인공물 사이의 경계 위반의 경우에도 그들은 단호했다. 새는 새고 장난감은 장난감이다. 또한 케일은 아이들이 동전을 녹여 열쇠를 만들고 다시 열쇠를 녹여 동전을 만든다는 생각에는 아무런 문제의식도 드러내지 않지만, 송아지를 밴 말을 소 엄마와 소 아기라고 부른다는 생각에는 강한 불편함을 드러냄을 보여 주었다.

물론 다른 문화 출신 성인들에게도 동일한 종류의 직관이 있다. 문맹의 비도시 지역 나이지리아인에게 다음과 같은 질문을 했다.

> 어떤 학생들이 피파야를 가지고 (파파야 사진을 보여 준다) 그 꼭대기에 녹색 뾰족한 잎을 붙였습니다. 그리고 표면에 가시투성이의 천을 덮었습니다. 이제 그것은 이런 모양입니다. (파인애플 사진을 보여 준다) 이것이 파파야일까요, 파인애플일까요?

그들의 전형적인 대답은 "그건 파파야예요, 왜냐하면 파파야는 하늘이 내린 자신의 구조를 가지고 있고, 파인애플도 나름대로의 기원을 가지고 있기 때문이지요. 어떤 것이 다른 것으로 바뀔 수는 없어요."였다.

어린아이들 역시 동물들이 더 큰 범주에 속한다는 것을 알고 있으며, 그들의 일반화는 단순한 외형의 유사성이 아니라 범주 자격에 의해 정의되는 유사성을 따른다. 수잔 겔만과 엘런 마크먼은 세 살배기 아이들에게 플라밍고의 사진과 박쥐의 사진, 또 플라밍고보다는 박쥐를 더 많이 닮은 찌르레기의 사진을 보여 주었다. 그들은 아이들에게 플라밍고는 새끼들에게 으깬 먹이를 주지만 박쥐는 새끼들에게 젖을 먹인다고 말한 다음, 찌르레기는 새끼들에게 어떤 먹이를 줄지 물어보았다. 더 이상의 정보가 없는 경우 아이들은 외형으로 판단해 젖이라고 대답했다. 그러나 플라밍고와 찌르레기가 새라는 힌트가 주어지자, 아이들은 그것들을 한 덩어리로 묶어서 으깬 먹이라고 대답했다.

스티븐 핑커의 《언어본능》(개정 2판, 동녘사이언스, 2008, 645-648면; Steven Pinker, *The Linguistic Instinct*, 1995.)에서 발췌했다. 이 글은 아이들을 대상으로 한 실험 사례를 통해, 사실상 분류와 범주의 경계가 어떻게 작동하는지를 보여 준다. 아이들은 커피포트가 새 모이통으로 변하는 것은 곧잘 받아들이지만, 너구리가 스컹크로 바뀌는 상황은 인정하지 않는다. 이는 인공물의 범주는 외형과 기능의 변화로 이동 가능한 반면, 생물의 범주는 단순한 외형 변형을 넘어서는 강고한 본질에 의해 지탱됨을 시사한다. 장난감 새와 진짜 새의 대비 역시 인공물과 자연물 사이의 경계가 훨씬 엄격한 차원임을 드러낸다. 나이지리아 응답자들이 파파야와 파인애플의 변환 불가능성을 말한 것도 같은 맥락에서 이해할 수 있다. 즉, 분류 체계에는 변화 가능한 경계와 직관적으로는 넘기 어려운 경계가 공존한다. 중요한 것은 이러한 경계가 단순히 관찰된 속성의 유사성이 아니라, 보이지 않는 기원과 본질에 의해 정당화된다는 점이다. 따라서 분류란 표면적 유사성의 조직이 아니라, 본질주의적 사고가 작동하는 권역에서 유지되는 질서라 할 수 있다. 그 질서에 대한 도전은 직관 이상의 지성을 요구한다.

6. 김영식, 〈아리스토텔레스와 뉴턴의 운동 이론〉

인류의 사상사상(思想史上) 가장 획기적인 전환들 중의 하나로 16~17세기 과학혁명을 통한 자연관의 변화를 들 수 있다. 이 자연관의 변화가 마침내는 새로운 근대 과학을 성립시켰고, 오늘날 우리가 가지고 있는 근대적 자연관이 이 변화의 결과로 얻어진 것이다. 이 변화의 가장 핵심이 되는 내용은 운동에 관한 관념의 변화이다. 즉 고대서부터 16세기까지 계속 받아들여져 오던 아리스토텔레스의 운동 이론이 오늘날 우리가 받아들이고 있는 뉴턴의 운동 이론으로 바뀐 것이 그것이다. 그러면 운동에 관한 이 두 가지 이론을 살펴보자.

먼저 아리스토텔레스에 의하면 운동은 물질의 한 상태로부터 다른 상태로의 변화를 가리킨다. 따라서 그는 운동을 이러한 변화의 '과정'으로 이해하며 이러한 변화를 가져오기 위해서는 원인이 있어야 한다고 믿는다. 무거운 물체가 떨어지거나 가벼운 물체(예를 들어 불 같은 것)가 올라가는 운동에 대해서는 그 원인으로서 그는 그 물체들 자체의 무거움과 가벼움을 든다. 즉 무거운 물체는 그 무거움 때문에 무거움의 본연의 위치인 우주의 중심, 즉 지구의 중심을 향해 가며(떨어지며), 가벼운 물체는 그 가벼움 때문에 가벼움의 본연의 위치인 우주의 바깥쪽을 향해 간다(올라간다)는 것이 그것이다. 운동의 원인이 이처럼 운동하는 물체 자체에 있지 않고 그 외부에 있을 수도 있다. 예를 들어 무거운 물체를 힘을 써서 들어 올리거나, 정지해 있는 수레를 밀어서 움직이거나 하는 경우 이렇게 외부에서 가해 주는 힘이 그런 운동들의 원인이 되는 것이다.

한편 뉴턴의 운동에 관한 이론은 이와는 전혀 다르다. 뉴턴에 의하면 물체의 운동 자체가 그 물체의 상태이며 외부에서 아무런 작용이 없으면 물체는 그 상태를 그대로 유지하려고 하고, 따라서 같은 속도를 가지고 그 운동을 계속하려고 한다. 물론 물체는 정지해 있을 수도 있고 이 경우는 운동의 속도가 영인 특별한 경우가 되는 것이다.

이처럼 뉴턴에게는 물체의 정지 상태와 운동 상태가 다 물체의 상태이며 이 점에서 운동을 한 정지 상태에서 다른 정지 상태로의 변화 과정으로 본 아리스토텔레스와는 크게 비교가 된다. 또 이렇게 운동 자체를 물체의 상태로 보게 된 결과, 외부에서 가해지는 힘은 물체의 상태, 즉 운동 상태를 변화시키게 되고, 다시 말하면 물체의 운동 속도를 변화시키게 된다. 따라서 아리스토텔레스가 물체의 운동을 지속시키기 위해서는 계속해서 외부로부터의 힘의 작용이 필요하다고 믿은 데 반해 뉴턴은 외부에서 아무런 작용이 없으면 운동하는 물체는 저절로 같은 운동 상태를 유지한다고, 즉 등속운동을 한다고 본 것이다.

물론 위의 두 가지 이론 중 우리에게는 뉴턴의 운동 이론이 훨씬 더 수긍이 가고, 아리스토텔레스의 운동 이론은 경우에 따라서 이상하게 느껴질 수도 있다. 그러나 그것은 우리가 어려서부터 뉴턴의 운동 이론을 배우고 그것에 젖어 있기 때문이다. 실제 우리의 일상 경험은 오히려 아리스토텔레스의 운동 이론과 훨씬 잘 부합된다. 예를 들면 자연현상 중에 외부로부터 아무런 작용이 없이 운동 상태를 유지하는, 즉 관성 운동을 하는 직접적인 예를 우리는 거의 보지 못한다. 우리가 흔히 보는 운동 현상들은 거의 모든 경우 외부로부터의 작용이 없어지면 운동이 곧 정지하고 만다. 앞에서 본 수레를 미는 일이나 무거운 물체를 움직이는 일이 모두 이의 좋은 예이다. 무거운 물체가 낙하하는 경우도 아리스토텔레스식의 설명이 지구와 물체 사이의 인력을 가정해서 그에 입각한 설명보다 훨씬 일상 경험과 더 잘 들어맞는다. 결국 이렇게 일상 경험에서 보는 운동 현상들을 잘 설명해 줄 수 있었기에 아리스토텔레스의 운동 이론이 아리스토텔레스 이래 근 2천 년 동안을 계속해서 받아들여져 왔던 것이다.

물론 아리스토텔레스의 운동 이론에 문제가 전혀 없었던 것은 아니어서, 몇몇 지엽적인 문제들이 계속 존재했다. 가령, 어째서 물체가 일단 던져진 후, 즉 힘을 가해준 사람의 손을 일단 떠난 후, 더 이상 외부의 힘을 받지 않으면서도 땅에 떨어질 때까지 한참 동안 운동을 계속하는가 하는 문제나, 어느 물체에 가해준 힘과 그 힘에 의해 일어나는 그 물체의 운동의 속도 사이의 관계에 관한 문제는 중세를 통해서 계속해서 말썽이 되었으며, 이에 관한 끈질긴 고려가 결국은 새로운 운동 이론이 생기는 데 도움이 되기도 했다.

그러나 아리스토텔레스의 운동 이론을 대체한 뉴턴의 운동 이론이 얻어지기 위해서는 굉장한 관념적인 전환이 필요했다. 그 가장 큰 요소로서, 실제 우리가 관측할 수 있는 복잡한 현상을 단순한 현상들로 분석해내고 이 단순한 현상들에 적용되는 이상화된 조건들을 상상할 수 있는 능력이 요구되었다. 예를 들어 던져진 물체의 포물선운동이 사실은 중력에 의한 상하운동과 수평 방향

등속운동의 두 간단한 직선운동의 중합이라고 보고 이들 간단한 직선운동들을 따로따로 살핀 후 다시 이를 합쳐서 생각할 수 있었다거나, 수레에 힘을 가해서 끌고 가는 운동에 사실은 사람의 힘 외에도 이와 반대 방향으로 수레와 지면과의 마찰력이 작용하고 있다는 것을 인식하고 마찰이 없는 이상적인 조건하에서의 운동에 관해서 살펴볼 수 있게 하기 위해서는 고도의 이론적, 추상적 능력이 필요했던 것이다. 실제로 이런 일들이 얼마나 어려웠고 천재적 능력을 필요로 했나 하는 것은 새로운 운동 이론으로의 전환이 한꺼번에 한 사람에 의해 얻어지지 못하고 갈릴레오, 데카르트, 호이겐스 등의 천재적인 과학자들이 실수를 되풀이하는 우회적인 노력을 거쳐서 뉴턴에 이르러서야 어느 정도의 정리가 되었다는 사실로부터 잘 알 수 있다.

위에서 본 전환이 어려웠던 다른 한 이유는 그 전환이 운동에 관한 이론의 전환만이 아닌 자연관 전체의 전환을 함께 해야 했기 때문이다. 아리스토텔레스와 뉴턴의 운동 이론은 각각 아리스토텔레스와 뉴턴의 자연관 전체에 바탕을 두고 있었고, 이런 자연관 전체를 그대로 두고서 그와 밀접히 결부되어 있는 운동 이론만의 변화를 얻어낼 수는 없는 일이었기 때문이다.

아리스토텔레스는 우주의 모든 사물과 현상이 '본질'(essence 또는 form)로서 이루어져 있다고 믿었고, 따라서 이런 것들의 본질을 알아내는 것을 주목적으로 했다. 운동은 이러한 한 본질(상태)이 다른 본질(상태)로 변화하는 과정이었고, 따라서 운동의 이해에 있어 중요한 것은 변화 과정 자체의 이해보다도 이처럼 한 본질이 다른 본질로 변화하게 하는 목적의 이해였으며, 대부분의 경우 변화의 결과로 가지게 되는 본질 자체를 목적으로 생각해서 이러한 본질의 이해에 주력한 것이다.

이에 반해 뉴턴의 자연관은 우주의 모든 사물과 현상이 운동하고 있는 물질 입자로만 이루어져 있다고 보았고, 모든 현상을 물질과 그것의 운동으로만 설명할 수 있다고 보았다. 따라서 아리스토텔레스가 색깔, 맛, 냄새, 소리 등의 성질들을 그것들 자체로서 본질이라고 생각하고, 더 분석하지 않고 그대로 받아들인 데 반해, 뉴턴의 자연관은 이런 모든 성질이 사실은 물질 입자의 운동의 여러 형태인데 사람의 감각기관이 색깔, 맛, 냄새, 소리 등으로 느끼는 것에 불과하다고 생각했다. 이런 이유에서 물질 입자의 상태로서 운동의 이해가 중요시된 것은 쉽게 이해할 수 있다.

결국 이러한 자연관의 차이 때문에 아리스토텔레스는 물체의 정지와 운동을 엄격히 구별하고, 운동하는 물체에 대해서는 무엇이 그 운동을 일으키는가를, 그리고 운동 자체에 관한 이해를 두고서도 기껏해야 운동을 일으키는 외부의 작용력과 그 결과로서 일어나는 운동의 속도 사이에 어떤 관계가 있느냐를 주목한 데 반해, 뉴턴은 운동과 정지를 둘 다 물체의 상태로 보고 무엇이 이 상태를 변화시키는가에 관심을 두어서 운동의 변화를 일으키는 외부의 작용력과 그 결과로 일어나는 운동속도의 변화, 혹은 속도와 질량의 곱인 운동량의 변화와의 관계에 주목하게 된 것이다. 속도의 변화를 나타내는 가속도와 힘과의 관계를 표시하는 '뉴턴의 제2 법칙'이 얻어지기 위해서 이런 자연관의 변화가 선행해야 했다는 것은 두말할 나위도 없다.

이 글은 김영식의 《역사와 사회 속의 과학》(서울대학교출판부, 1994, 65-70면)에 수록되어 있다. 비교 방법을 활용하여 아리스토텔레스와 뉴턴의 운동 이론이 가진 차이점을 여러 기준을 설정하여 짚어 본다. 이러한 운동 이론의 차이가 우주의 모든 사물과 현상을 이해하고 해석하는 자연관 전체의 차이에서 비롯된다는 사실을 알려 준다.

7. 최정원, 〈같은 대상 속에서 다른 것을 본다〉

최근 이슈에 관심이 많은 사람이라면, 제임스웹 우주망원경(James Webb Space Telescope, JWST)에 대해 들어봤을지도 모른다. 미국 항공 우주국(National Aeronautics and Space Administration, NASA)과 우주망원경 과학연구소(Space Telescope Science Institute, STScI)가 협력·개발하여, 2021년에 발사한 우주망원경이다.[1] 비교적 최근에 발사된 우주망원경이며 수 년의 연구 끝에 나온 기술들이 접목된 산물이라, 많은 사람들이 관심을 가지고 있으며, 관측 사진의 아름다움에 감탄하고 있다. SMACS 0723이라는 은하단을 찍은 제임스웹 망원경 최초의 공식 사진인 '제임스웹 최초의 딥 필드(Webb's First Deep Field)'를 미국 대통령 조 바이든이 공개할 정도이면,[2] 이 새로운 인류 기술의 산물과 이것이 가져다줄 새로운 발견에 대한 사람들의 호기심과 관심이 어느 정도인지 짐작할 수 있다.

하지만 제임스웹 망원경이 주목을 끈 것은 말 그대로 그것이 발사된 최근 2, 3년 정도이며, 그전에는 그렇게 대중에게 알려진 것은 아니었다. 오히려 사람들은 허블 우주망원경(Hubble Space Telescope, HST)이라는 말이 더 친숙하게 느껴질 것이다. 그도 그럴 것이, 허블 우주망원경은 1990년에 발사되어 지금까지도 그 궤도에 자리 잡고 있는 만큼, 30년 넘게 자신의 임무를 수행해 왔기 때문이다.[3] 이런 이야기를 듣다 보면, 자연스럽게 제임스웹 망원경이 곧 수명을 다할 허블 망원경의 대체재인지 궁금해지기도 한다. 사실 이는 어느 정도 맞는 이야기이다. 실제로 많은 언론에서 제임스웹 망원경을 '허블 우주망원경의 후계자'라는 표현에 빗대어 설명하기도 하며,[4] 둘은 같은 천체를 관측하기도 했다.

그러나, 제임스웹 망원경이 단순히 허블 망원경의 수명이 다해감에 따라

---

1 NASA, On the Shoulders of a Giant, *NASA Science Website*, https://science.nasa.gov/mission/hubble/observatory/hubble-vs-webb, 2023. 10. 16.

2 NASA, NASA's Webb Delivers Deepest Infrared Image of Universe Yet, *NASA Science Website*, 2022. 7. 12., https://www.nasa.gov/image-article/nasas-webb-delivers-deepest-infrared-image-of-universe-yet, 2023. 10. 16.

3 NASA, On the Shoulders of a Giant, *NASA Science Website*, https://science.nasa.gov/mission/hubble/observatory/hubble-vs-webb, 2023. 10. 16.

같은 역할을 수행하기 위해 발사된 우주망원경이라고 말하기에는, 분명 그 둘에는 뚜렷한 차이점이 있다. 상식적으로 생각해 보아도 30년이 넘는 동안 여러 기술의 진보가 이루어졌고, 그동안 허블 망원경의 한계를 보완하기도 했을 터이니, 분명 여러 면에서 차이점이 있다는 것은 충분히 예측할 수 있다. 이 글에서는 두 망원경의 가장 큰 차이점인 '관측 가능한 파장 대역'을 살펴보고, 이로부터 비롯되는 다른 차이점들을 이어서 살펴보고자 한다.

위에서 언급했듯이, 제임스웹과 허블 우주 망원경의 가장 크고 뚜렷한 차이는 관찰 가능한 파장의 대역이다. 허블 망원경의 경우 적외선 근처를 볼 수는 있지만, 가시광선과 자외선 영역의 일부를 관측하도록 설계되었다(파장 길이: 100nm~2,500nm). 반면에 제임스웹 망원경의 경우, 더 깊은 적외선 영역대를 관측할 수 있다(파장 길이: 600nm~28,500nm). 즉, 훨씬 파장이 긴 영역을 관측할 수 있다.[5]

사실 이는 단순히 '서로 다른' 영역을 관찰할 수 있다는 것만을 의미하지 않는다. 천문학 관측 연구에 있어 파장이 긴 전자기파를 관측한다는 것은 중요한 의미를 지닌다. 파장이 길면, 행성이나 별이 만들어지는 곳 부근의 먼지와 가스를 뚫고 올 수 있어 이전에는 볼 수 없었던 것을 자세히 볼 수 있기 때문이다. 또한, 지상에서 어느 정도 관측 가능한 가시광선이나 전파 영역과는 달리, 적외선 영역은 지구 대기의 수증기 등이 흡수하여 관측이 어려운 편이다.[6] 따라서 대기의 영향을 받지 않는 '우주' 망원경이 넓은 영역의 적외선을 관측할 수 있다는 것은 그만큼 더 많은 대상을 관측할 수 있음을 의미한다.

이렇게 관측하는 빛의 파장이 다르다는 것은, 자연스럽게 볼 수 있는 공간의 차이로 이어진다. 우리가 어떠한 파장의 빛을 관찰하느냐는 곧 어디까지 관찰할 수 있는가의 문제로 연결되기 때문이다. 우주는 팽창, 즉 공간이 늘어나

---

4 최준호, 〈'허블의 후계자' 제임스웹… 우주망원경 성탄절 교대식〉, 《중앙일보》, 2021. 12. 24., https://www.joongang.co.kr/article/25035015, 2023. 10. 18.

5 NASA, On the Shoulders of a Giant, *NASA Science Website*, https://science.nasa.gov/mission/hubble/observatory/hubble-vs-webb, 2023. 10. 16.

6 Michael Seeds, Dana Backman, *Horizons: Exploring the Universe*, 14th Edition, Boston: Cengage Learning, 2016, p.75.

고 있기 때문에 빛 역시 파장이 점차 길어지는 '적색편이 현상'이 나타난다.[7] 따라서 우주 초기에 형성된 빛을 관측하기 위해서는 그만큼 긴 파장의 영역을 관측할 필요가 있다. 이러한 이유로 두 우주망원경은 볼 수 있는 범위가 달라지는데, 허블 망원경의 경우 약 10억 살의 우주 나이의 공간까지 관측할 수 있는 반면, 제임스웹 망원경은 약 3억 살의 우주 나이 공간까지 더 관측할 수 있다.[8]

마지막으로, 두 우주망원경의 궤도와 위치 역시 차이가 있다. 허블 망원경은 지구 상공 약 525km인 곳에서 지구를 돌고 있다. 필요한 경우 허블 망원경에 가서 임무를 수행할 수 있는 정도의 거리이다. 반면에 제임스웹 망원경은 제2 라그랑주점이라는 위치에 있는데, 이는 지구에서부터 약 150만 km 떨어져 있는 위치이다.[9] 즉, 달보다도 약 4배 가까이 떨어져 있는 상당히 먼 거리이다. 사실 우주망원경이 지구에 가까울 때 여러 이점이 있다. 가령, 보수가 필요한 경우 부품 수리·교체를 통해 망원경의 수명을 연장할 수 있는데, 실제로 허블 우주망원경은 지금까지 다섯 차례의 수리가 이루어진 바 있다.[10] 그러나 제임스웹 망원경의 경우 사실상 직접 수리하는 것이 불가능한 거리에 위치해 있다. 이렇게 먼 위치에 둔 이유는 무엇일까?

물론 여러 가지 이유를 들 수 있지만, 한 가지 이유로 역시 '적외선' 영역을 관측한다는 것을 들 수 있다. 열을 가지는 물체는 온도에 관련된 파장의 빛을 내놓게 되는데, 태양과 지구가 방출하는 적외선은 제임스웹 망원경이 다른 적외선을 관측하는 데 어려움을 준다. 그래서 태양으로부터 어느 정도 거리를 유지하고 있는 것이다. 또한, 제임스웹 망원경에는 태양 차단막이 있는데, 이를 이용하여 타 천체로부터의 빛을 차단해 저온을 유지하고 있다.[11] 이를 위해서는 태양, 지구, 달이 망원경에서부터 같은 방향에 놓여야 하고, 이런 조건들은

---

7 *Ibid.*, pp. 110-111.

8 NASA, On the Shoulders of a Giant, *NASA Science Website*, https://science.nasa.gov/mission/hubble/observatory/hubble-vs-webb/, 2023. 10. 16.

9 *Loc. cit.*

10 David Devorkin, Repairing Hubble, *National Air and Space Museum*, 2014. 4. 23., https://airandspace.si.edu/stories/editorial/repairing-hubble, 2023. 10. 18.

11 NASA, On the Shoulders of a Giant, *NASA Science Website*, https://science.nasa.gov/mission/hubble/observatory/hubble-vs-webb, 2023. 10. 16.

만족시키기 위해 지구보다 더 큰 궤도로 태양을 공전하는 것을 선택하게 된 것이다.

관측하는 파장 영역이 다르다는 차이점은, 그 밖에 볼 수 있는 우주 영역, 망원경이 위치해야 하는 궤도 등 여러 가지의 다른 점들을 유발한다. 제임스웹 망원경은 곧 수명을 다할 허블 망원경의 단순한 대체가 아니다. 관측에 있어서 생기는 차이점들은 그동안 우리가 관측했던 대상의 다른 부분을 볼 수 있게 해준다. 이미 2021년부터 허블 망원경이 볼 수 없었던 부분을 관측하여 많은 대중과 과학자들을 열광하게 했던 제임스웹이 또 어떤 새로운 발견을 해낼지 기대되는 이유이다.

제임스웹 우주망원경과 허블 우주망원경의 비교를 통해 천체 관측의 역사를 조명한 학생의 글이다. 두 우주망원경은 관측 파장 대역에서 차이를 보이며, 이러한 파장의 차이는 자연스럽게 관측 가능한 공간의 범위와 망원경이 위치하는 궤도의 차이로 이어진다. 결과적으로 글은 두 망원경의 특징을 견주어 이해하게 할 뿐 아니라, 이들을 단순한 대체 관계가 아닌 상호보완적이고 역사적인 관측의 두 수단으로 인식하게 함으로써, 인류가 우주를 바라보는 시야가 어떻게 확장되어 왔는지를 시간의 공백 없이 전달한다.

8. 존 카디너, 강유리 옮김, 〈잡초란 무엇인가〉

잡초가 흥미로운 이유는 정의 내리기가 너무 어려워서이기도 하다. 잡초에 관한 책이나 수필은 물론 '잡초란 무엇인가'에 대한 철학적 논쟁도 유구하다. 하지만 정원을 가꿔본 사람이라면 누구나 한눈에 잡초를 알아본다. 농사를 짓는 사람이라면 누구나 잡초와 깊은 관계를 맺고 있다. 하지만 잡초에 대한 정의 대부분은 그다지 만족스럽지 않다.

잡초란 "장점이 아직 발견되지 않은 식물"이라는 랠프 월도 에머슨(Ralph Waldo Emerson, 19세기 미국의 초월주의 사상가·옮긴이)의 경구에 사람들은 웃음을 터뜨린다. 영리한 표현이 아닐 수 없다. 그러나 아주 흔하고 성가신 이 식물들이 요리, 의학, 일상생활에 두루 요긴하게 쓰였다는 사실은 수 세기 동안 잘 알려진 사실이다. 하지만 매년 수십억 달러의 방제 비용이 들어가는 오늘날의 교잡성, 다배수성, 제초제 저항성, 후생변형성 잡초는 초월주의자를 묵상에 잠기게 하거나 어린 시절에 소박한 기쁨을 주었던 식물이 아닐 가능성이 크다.

잡초는 "제자리를 벗어난 식물"이라는 옛말을 만족스럽게 여기는 사람들도 있다. 그러나 잡초는 자신에게 맞는 장소라면 어디든 자리를 잡고 번식하는 식물이다. 따로 정해진 자리는 없다. 잡초는 토양 교란, 화학 농법, 유전자 변형 작물, 농약으로 인한 지하수 오염이 나타난 땅에서 자라는 경우가 많다. 사실 이 골칫덩어리 식물들은 인간이 없애려고 애쓰다 본의 아니게 적응을 도와준 결과 득세하게 되었다.

그보다 일반적인 잡초의 정의법은 다음과 같다. 우선 잡초를 없애야 하는 이유를 나열한다. 그리고 그 목록에 부합하는 식물을 잡초라고 정의한다. 가장 흔한 '잡초의 특성' 목록에는 쉬운 발아, 끈질긴 종자, 빠른 성장, 자가수분, 다량의 씨앗, 종자 산포 능력 등이 포함된다. 이 중 몇 가지 특성을 충족해야 잡초로 인정받을 수 있는지는 아무도 모른다. 이런 특성이 전혀 없어도 잡초일 수 있는지, 아니면 모든 특성이 있더라도 잡초가 아닐 수 있는지 아무도 모른다. 진정한 잡초는 그러한 범주화를 거부한다. 어떤 사람에게 잡초인 식물이 다른 사람에게는 귀한 식물, 야생화나 약초일 수도 있다. 그래서 사람들이 잡초를 성가셔하고 짜증스러워할수록 내 직업 안정성은 높아진다.

나는 미국 연방대법관 포터 스튜어트(Potter Stewart)의 “딱 보면 안다”(1964년 음란물에 대한 법적 판단 기준을 언급하는 과정에서 쓴 표현이다·옮긴이)만큼 잡초에 잘 들어맞는 정의를 찾지 못했다. 애매한 정의지만 솔직하고 기능적이다. 식물은 인간의 가치 기준에 따라 잡초가 된다. 인간의 가치 기준이란 경제적 이익, 아름다움에 대한 인식, 사회규범 등을 의미한다. 바꾸어 말해, 어느 농부가 고부가가치 작물을 기르려고 거금을 투자했는데, 어느 순간 돌연변이 괴짜 식물이 밭에 들끓어 작물을 말려 죽이고 손쓸 수 없는 상태가 되었다면, 그 식물이 정말 잡초인지에 대한 어떠한 철학적 반추도 필요하지 않다. 문제의 괴짜 식물은 성행위나 신체 기능과 관계된, 생생하고 거칠고 상스러운 표현으로 정의될 가능성이 크다.

‘잡초’라는 개념을 정의하기 어려운 이유는 ‘잡초’가 말 그대로 개념이기 때문이다. 달리 말해, 어느 식물이 사람들에게 혐오스럽게 여겨지면 잡초가 되는 것이다. 이 사회식물학적 순환 논리에서 식물 생리와 인간 문화는 서로 얽혀 있어서 분리할 수 없다. ‘잡초’를 정의하기 어려운 것은 그들이 우리와 너무 닮았기 때문인지도 모른다. 우리는 잡초에서 우리 자신의 모습을 본다. 인간은 공간을 잠식하고 자원을 독차지한다. 천성적으로 끼어들기 좋아하고 뻔뻔스러우며 경쟁심 많고 밉살스럽다. 어떤 사람들은 나쁜 냄새가 나고 어떤 사람들은 까탈스러우며 어떤 사람들은 못생겼다. 잡초도 비슷하다.

인간과 잡초는 역사적, 진화적으로 뒤엉키며 무관한 두 종 사이에 독특한 협력 관계를 구축했다. 나는 이 인간-식물 상호작용을 공진화의 관점에서 설명하는 것이 지나친 비약이라고 생각하지 않는다. 두 종이 상대방의 변화에 반응해 가며 함께 진화해 나가는 것이 바로 공진화다. 나는 순수한 기술적 정의를 조금 확장한 의미로 이 용어를 조심스럽게 사용하려고 한다. 공진화는 종간 상호작용 없이는 일어나지 않았을 변화를 가져온다. 마찬가지로, 인간과 잡초는 서로 돕고 부추기면서 상대가 없었으면 일어나지 않았을 행동, 적응, 생리, 유전적인 변화를 일으킨다. 게다가 잡초의 적응도가 높아지고 분포 범위가 넓어짐에 따라 인간의 태도와 기술과 행동도 변화해 왔다.

존 카디너의 저서 《미움받는 식물들: 아직 쓸모를 발견하지 못한 꽃과 풀에 대하여》(강유리 옮김, 윌북, 2022; John Cardina, *Lives of Weeds*, 2021)에서 발췌하였다. 잡초는 '아직 그 장점이 발견되지 않은 식물' 또는 '제자리를 벗어난 식물'로 정의되기도 하고, 일반적으로는 '제거되어야 할 속성을 보유한 대상'으로 정의되어 왔다. 모두 잡초의 실상에서 벗어난 인간중심적 관점의 정의이다. 잡초는 인간의 가치 기준에 따라 타자화되어 온 것이다. 잡초를 정의 내리기 어려운 이유는, '혐오스럽게 여겨지는 식물이 곧 잡초'라는 일종의 순환 논리 속에서 잡초가 하나의 개념처럼 다루어져 왔기 때문이다. 환언하면, 우리 자신도 그 속성에 따라 얼마든지 잡초와 같다 말할 수 있으며, 이와 같은 주체와 대상의 착종 관계는 잡초를 하나의 대상으로서 정의하기 어렵다는 두 번째 이유가 된다. 글쓴이는 잡초를 정의해 온 과정과 그것의 한계에 메타적으로 접근함으로써 대상의 본질을 재인식하는 계기를 마련하고, 인간과 식물을 공진화(共進化)의 관점에서 상호적으로 바라볼 것을 제안한다. 본질 탐구든, 한 편의 글에서의 의미를 한정하는 방향이든 정의하기에서 중요한 것은 대상을 바라보는 시각이 대상의 참된 모습과 유리되지 않는 것이라야 한다는 점일 것이다. 이 글은 대상을 정의해 온 시각에 문제를 제기하는 일종의 비판적 정의를 시도함으로써, 정의 주체와의 상호성 속에서 대상에 대한 새로운 인식의 가능성을 열어 보인다. '디아스포라' 정의하기 예시에서처럼 대상과의 관계적인 사유를 엿볼 수 있다는 점이 특징이다.

9. 이광근, 〈현대 컴퓨터의 모델, 튜링 기계의 고안〉

현재 우리는 컴퓨터 없이는 단 하루도 살 수 없는 세상에 살고 있다. 문서 편집과 같은 업무적인 일부터 시작해, 인터넷 검색, 동영상 수업, 동호회 활동이나 게임과 같은 여가생활까지, 컴퓨터가 일상생활에서 차지하는 비중은 어마어마하다. 컴퓨터는 지금까지 인류가 발명한 여러 가지 도구 중에서 일찍이 다른 것에는 없던 아주 독특한 능력을 지닌 도구다. 그렇다면 이러한 컴퓨터는 어떻게 탄생하게 됐을까? 1936년, 영국의 앨런 튜링(Alan Turing, 1912~1954)이라는 청년은 다음 제목의 논문을 런던 수리학회(London Mathematical Society)에 제출한다.

"계산 가능한 수에 대해, 수리명제 자동생성 문제에 응용하면서"
(On Computable Numbers, with an Application to the Entscheidungsproblem)

이 논문에서 튜링은 컴퓨터의 근본적인 디자인을 최초로 선보인다. 이때 튜링은 고작 24세였다. 제목만으로는 도저히 컴퓨터와 관계없을 것 같은 이 논문은 컴퓨터의 기본 설계도가 됐다. 이렇듯 현대 컴퓨터의 모델을 최초로 고안한 튜링을 기념해 그것을 '튜링 기계(Turing Machine)'라고 부른다. 또한, 컴퓨터 분야의 노벨상을 "튜링상(Turing Award)"이라고 할 정도로, 튜링 기계의 고안은 20세기 이후 과학사의 10대 사건에 뽑힐 만큼 중요한 사건이다.

1934년, 튜링은 케임브리지(Cambridge)대학 수학 학부 과정을 최우수 성적으로 마친 우수한 학생이었다. 그 후 1936년 9월, 프린스턴(Princeton)대학 고등연구소(Institute for Advanced Study)로 유학 떠나기 직전인 5월에 이 논문을 제출한다. 그런데 이런 비범한 도구를 최초로 설계한 논문 제목이 좀 이상하지 않은가? 재미있게도, 위의 논문은 "이러한 특이한 도구를 디자인했으니 보라."라고 주장한 논문은 아니다. 위의 논문은 그 당시 수학계에 내리친 청천벽력과 같은 좌절을 튜링이 다시 증명해 보인 작품이다.

그런데 이 논문에서 컴퓨터의 원천 설계도가 슬그머니 드러난다. 아이러니하게도, 좌절을 증명하는 작품 속에 인류의 정보혁명을 이끌 도구의 설계도가 주요 소품으로 등장했던 것이다. 그렇다면, 그 당시 수학계에 내리친 청천벽력과 같은 좌절은 무엇인가? 그것은 1931년, 미국의 수학자 쿠르트 괴델(Kurt Gödel, 1906~1978)이 증명한 다음과 같은 사실이었다. “기계적인 방식으로는 수학의 모든 사실을 만들어 낼 수 없다.”

이 같은 괴델의 증명이 있기 전까지, 유럽 수학계에서는 기계적인 방식으로 모든 수학적인 사실들을 만들어 낼 수 있을 것이라는 희망을 품고 있었다. 그래서 이러한 기계가 개발되면 수학자들이 고된 짐을 벗을 수 있을 것이라는 꿈에 부풀었었다. 그런데 괴델은 이러한 생각을 하는 이들에게 “그 꿈은 절대 이루어질 수 없으니, 꿈 깨시오”라고 벼락을 내리쳤던 것이다. 튜링은 이 좌절을 새롭게 증명하는 과정에서 간단한 기계 부품들을 정의했다. 그 후, 이 부품들로 하나의 특별한 기계를 만들어 보이는데, 그 기계가 바로 컴퓨터였다. 여기서 말하는 컴퓨터는, 오늘날의 컴퓨터와는 아직 거리가 있다. 튜링 기계는 수학 원리로 구성된 가상기계였기 때문이다.

그런데 튜링은 그 증명에서 왜 기계 부품들을 정의할 필요가 있었을까? 튜링의 증명은 단도직입적이다. 그것은 바로 기계적인 방식만으론 모든 수학적인 사실들이 만들어질 수 없다는 것이다. 튜링은 이 ‘기계적인 방식’이 뭔지를 곧바로 정의해 간다. 우선, 레고 블록 세트와 같은 아주 단순한 나삿 종류의 기계 부품들을 정의한다. 그리고 그 부품들로 만든 기계들로 돌릴 수 있는 것만을 ‘기계적인 방식’이라고 정의한다. 그 후, 이 방식으로는 절대 돌릴 수 없는 계산 문제 하나를 선보인다. 그 계산 문제의 답은 참인지 거짓인지 아무도 알 수 없다. 이를 통해 기계적인 방식으로 참인 사실을 모조리 만들어 낼 수 있는 것은 아니라는 결론을 이끌어낸다. 튜링은 이 증명의 중간을 통과하면서 컴퓨터의 설계도를 펼쳐 보인다. 그 증명의 중앙부는 하나의 의문으로 시작한다.

튜링이 정의한 ‘기계적인 방식’이 과연 ‘기계적인 방식’의 전부일까? 튜링이 정의한 기계 부품들만 있으면 어떤 기계적인 계산도 척척 해내는 기계를 만들어 낼 수 있는 것일까? 튜링은 이 의문에 대해, 그렇다는 증명 대신 기계들의 예를 보여 준다. 이 예시들 중 ‘궁극의 기계’라는 특이한 기계를 만들어 보이는데, 튜링은 이 궁극의 기계를 이용해서도 작동시킬 수 없고, 참인지 거짓인지도 알 수 없는 계산 문제가 있다는 것을 보인다. 그런데 바로 이 궁극의 기계에 컴퓨터의 원천 설계도가 담기게 된다. 이 궁극의 기계를 소개하기 전에, 우선 튜링이 정의한 기계 부품들이 무엇인지 살펴보자. 그 기계 부품들은 매우 단순하다. 아래 그림은 기계 부품으로 만든 튜링 기계의 한 예이다.

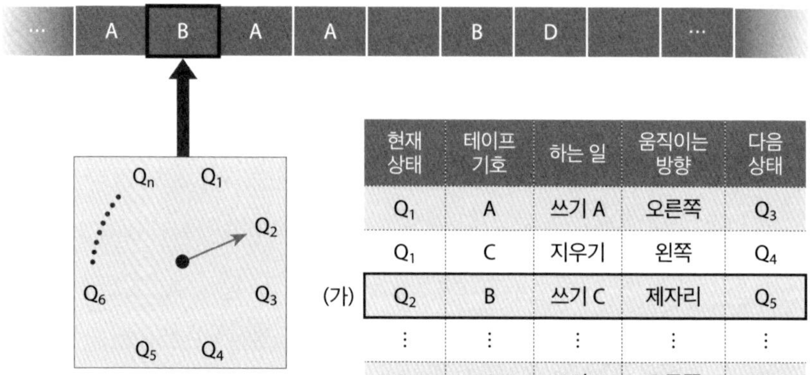

	현재 상태	테이프 기호	하는 일	움직이는 방향	다음 상태
	Q_1	A	쓰기 A	오른쪽	Q_3
	Q_1	C	지우기	왼쪽	Q_4
(가)	Q_2	B	쓰기 C	제자리	Q_5
	⋮	⋮	⋮	⋮	⋮
	Q_n	A	쓰기 B	오른쪽	Q_1

기계 부품으로 만든 튜링 기계의 한 예. 기계의 부품은 테이프, 테이프에 기록되는 기호, 그 기호를 읽고 쓰는 장치, 장치의 상태, 기계의 작동 규칙 표로 이루어진다. (가)와 같은 가로줄 하나가 하나의 작동 규칙이고 이 규칙들이 유한개 모여서 작동 규칙 표를 이룬다. 박스 안의 시곗바늘은 현재 상태를 가리킨다.

부품들은 총 다섯 가지로 이루어져 있다. 그것은 무한히 많은 칸을 가진 테이프, 테이프에 기록되는 기호들(A, B, C… 등 유한개), 테이프에 기록된 기호를 읽거나 쓰는 장치, 그 장치의 상태들(Q_1, Q_2 … 등 유한개), 기계의 작동 규칙 표이고, 기계마다 이 다섯 가지 부품이 구체적으로 정해진다.

기계의 작동 규칙은 다음과 같다. 우선 몇 개의 기호들을 테이프에 읽고 쓰게 될 것인지, 장치의 상태들이 몇 개나 되는지, 작동 규칙 표는 무엇인지, 테이프의 시작 모습과 읽고 쓰는 장치의 시작 상태, 테이프의 시작 위치가 정해진다. 이렇게 정의된 기계가 작동 규칙 표에 정의돼 있는 규칙대로 작동하면서 정해진 계산을 진행하게 되는 것이다. 작동 규칙에 표현되는 기계의 작동은 매우 간단한 일로만 제한된다. 테이프 칸의 기호를 읽고 쓰면서 테이프를 한 칸씩 좌우로 움직여 가는 일만 할 수 있다. 이러한 과정을 거치면서 기계의 상태가 매번 변경된다. 튜링이 만들어 보인 '궁극의 기계'도 이렇게 구성돼 있으며, 이 기계에 컴퓨터의 원설계가 담기게 된다. 이것은 즉, 이 기계에 컴퓨터의 핵심 능력(하나의 컴퓨터가 모든 일을 할 수 있는 능력)이 처음으로 등장했다는 뜻이다.

이 궁극의 기계는 두 가지 대담한 설계를 담고 있다. 첫째는, 임의로 정의한 튜링 기계(작동 규칙 표와 테이프 초기 상태)를 일렬로 된 테이프에 표현할 수 있다는 것이다. 둘째는, 테이프에 표현된 기계의 정의를 이해하고, 그 동작을 그대로 흉내 낼 수 있도록 작동 규칙 표를 정의한 것이다. 이는 고정된 작동 규칙 표에 따라 테이프에 기록된 임의의 기계를 그대로 흉내 낼 수 있다는 뜻이다.

튜링은 1943년, 플라워스와 공동으로 세계 최초의 연산 컴퓨터 '콜로서스'를 제작했다. 튜링은 이 궁극의 기계를 '보편 만능 기계(Universal Computing Machine)'라고 불렀다. 필요한 계산을 수행하는 튜링 기계를 그 기계의 테이프에 입력하면, 입력된 튜링 기계의 작동을 그대로 흉내 내 주기 때문이다. 튜링은 이 기계로 자신이 정의한 모든 기계적인 계산을 해낼 수 있었다.

오늘날의 컴퓨터는 바로 튜링의 보편 만능 기계를 그대로 구현한 것이다. 이쯤에서 현대 컴퓨터를 살펴보자. 거기에는 튜링이 정의한 기계 부품들이 고스란히 구현돼 있다. 테이프는 메모리칩으로, 테이프에 읽고 쓰는 장치는 메모리칩과 입출력 장치로 발전했으며, 작동 규칙 표는 중앙처리장치(CPU)로 발전했다. 만일 실행시키고 싶은 계산이 있다면, 그것의 작동 규칙 표(소프트웨어)를 만들어 메모리에 넣어주기만 하면 된다. 그러면 컴퓨터는 그 소프트웨어의 정의대로 일을 수행할 것이다. 이렇듯, 현대 컴퓨터는 튜링이 정의한 기계적인 방식으로 동작할 수 있는 모든 프로그램을 실행시킬 수 있는 보편 만능의 기계다. 또한, 튜링의 이론은 현대 컴퓨터뿐만 아니라, 로봇의 설계 등에도 큰 도움을 주고 있다.

하지만, 아직 인류가 알지 못하는 문제가 있다. 그것은 바로 튜링의 기계를 능가하는 컴퓨터의 등장이 가능할지 여부다. 튜링이 정의한 기계적인 방식을 넘어서는 컴퓨터가 가능할까? 아직까지는 가능하다고도, 불가능하다고도 증명된 바가 없다. 그러나 누가 알겠는가. 1936년, 튜링이 현대 컴퓨터의 근본적인 디자인을 선보인 지 1백 년 후인 2036년쯤, 또 다른 24세의 학생이 어느 구석에서 튜링의 기계를 능가하는 컴퓨터를 암시하는 디자인을 슬쩍 펴 보이는 일이 생길지.

이 글은 '기초과학 분야 20세기 이후 10대 사건' 시리즈 중 하나로, 한국과학창의재단이 운영하는 과학포털 사이트인 '사이언스올(www.scienceall.com)'에 2010년 7월 25일 게재되었다. 이 글에서는 서사의 방법을 활용하여 영국의 앨런 튜링이 괴델의 증명을 새로운 방식으로 증명하는 과정에서 튜링 기계가 제안되었음을 소개하고, 비교의 방법을 통해 튜링 기계가 현대 컴퓨터의 이론적 토대를 제공하였음을 알려 준다.

10. 오희숙, 〈음악적 천재는 타고난 것인가, 만들어진 것인가?〉

"천재의 능력은 '타고난 것'인가 아니면 '학습 가능한 것'인가?"

이 문제는 아마도 천재와 관련하여 가장 먼저 그리고 가장 많이 제기되는 문제일 것이다. 과연 평범한 인간이 도달할 수 없는 뛰어난 예술적 능력이란 과연 학습과 부단한 노력으로 도달할 수 있는 것일까? 영화 〈아마데우스〉에서는 "마치 하늘에서 내리는 눈을 맞듯이" 영감을 받아 노력이나 학습 없이 대단한 작품을 쏟아내는 모차르트와 꾸준하고 치밀한 교육과 노력을 기울여서 기교를 연마한 살리에리의 모습을 통해 두 유형의 천재를 첨예하게 대립시키고 있다. '천재'의 관념에는 사실 '타고난 재능'이 강하게 각인되어 있다. 그럼에도 사람들은 '그러한 재능이 노력을 통해서도 실현되지 않을까' 하는 일말의 희망을 가져보게 된다. 실제로 '타고난 재능'과 '학습과 연마를 통해 획득된 재능'의 문제는 천재미학의 흐름 속에서 직·간접적으로 항상 내재하고 있었다.

천재미학 사상의 단초를 제공한 그리스 철학에서도 이 두 문제의 대립이 발견된다. 예술 창작에서 영감을 중요하게 보았던 플라톤의 《이온》에 따르면 뛰어난 능력은 신적인 것에서 출발하는 것으로, 이는 '신적인 영감'과 '타고난 재능'을 지지하는 천재론의 출발점이 된다. 즉 천재란 모든 인간적 가능성을 초월하여 신적인 영향을 받으며 자신이 선택하는 것이 아니라 선택을 받게 되는 수동적 존재인 것이다. 반면 아리스토텔레스의 《시학》은 시의 본질과 작시의 원리를 체계적으로 정리함으로써, 예술 창작의 원리를 규명하였다는 측면에서 '학습을 통한 예술 창작'의 가능성을 내포하고 있다. 즉 아리스토텔레스의 논의에 의하면, 예술의 창작은 무의식적 요소보다는 예술의 원리를 학습하고 이를 연마하는 의식적 노력의 결과라는 것이다. 그러므로 여기서 천재적 능력을 '학습과 연마'라는 측면에 연결할 수 있는 계기를 만들어 준다. 더 나아가 롱기누스(Longinus)는 예술의 최고의 가치인 '숭고미'의 실현을 위해 법칙을 학습하는 것이 의미가 있다는 점을 지적한 바 있다.

(중략)

그렇지만 롱기누스는 궁극적으로 '타고난 재능'이 중요함을 역설하였고, 이러한 측면에서 플라톤과 아리스토텔레스의 견해를 종합하였다고 볼 수 있다.

이후 자연의 모방을 예술의 원동력으로 본 모방미학에서는 예술을 천재의 소관으로 전제하면서, 천재적 능력에 수반되는 학습의 중요성을 강조하였다. '모방적 천재미학론'을 펼친 뒤보(A. Dubos), 바퇴(C. Batteux), 레싱(G. E. Lessing)이 여기에 해당한다. 뒤보는 완전성을 추구하는 천재의 요소로서 '노력(학습)'과 '오랜 기간의 연마'를 언급하였고, 레싱은 아래와 같이 교육의 역할을 강조하였다.

> 우리는 천재를 교육을 통해서 얻어야 한다. 한 소년의 총체적 영혼의 에너지를 사람들은 가능한 한 많이 끊임없이 유사한 관계에서 교육시키고 확대시켜야 한다.

그렇지만 이러한 학습에는 '타고난 재능'이 전제되어 있다는 점을 주지할 필요가 있다. 즉 뒤보는 완전성을 추구하는 천재란 '노력(학습)'과 '완전할 수 있는 천부적이고도 자연적인 소질'의 결합으로 이해하면서, 노력만으로 '천재'에 도달할 수 없음을 시사한 것처럼, 바퇴와 레싱 역시 학습과 관계없는 예술가의 기본적 소양을 전제로 하고 있다. 이렇게 '선천적 재능'과 '후천적 노력'이라는 두 가지 요소는 천재의 능력을 논할 때 나타나는 주요 키워드로서, 이 두 가지 요소를 결합한 경우를 '절충적 천재'라는 개념으로 설명할 수 있을 것이다. 소위 '절충적 천재'는 이후 지속적으로 천재미학에서 논의되었는데, 대표적인 경우로 '에디슨(J. Addison), 슈바르트(Ch. F. D. Schubart), 가티(A. Gathy) 등을 언급할 수 있다.

(중략)

이러한 맥락에서 이 시기의 천재는 자연적인 소질과 인위적인 교육의 종합, 즉 '교육에 의한 천재(Bildungs-Genie)'와 '자연적인 천재(Natur-Genie)'의 종합으로 이해되었다고 볼 수 있다. 말하자면 사유하고 발견하는 정신적인 능력

(inventio)과 자연적인 소질(dispositio)이 결합될 때 천재성이 가장 잘 발현될 수 있다는 것이다.

그렇지만 '질풍노도 시대'를 거쳐 독창성 미학을 근거로 한 현대적인 '천재' 개념이 전개되면서 천재의 능력은 '타고난 것'이라는 주장이 주를 이루게 된다. 천재의 신적인 능력을 예찬한 샤프츠베리(Shaftesbury)는 "그 어떤 시인도 신이 부여한 상상력이나 추정 없이 자신의 독자적 방식으로 그 어떤 것도 할 수 없다."라고 주장하였고, 칸트와 쇼펜하우어의 천재미학에서는 '선천적 재능' 개념이 확고하게 자리 잡았다.

> 천재란 어떤 규칙에 따라 배울 수 있는 숙련의 소질이 아니다. (중략) 천재란 생득적인 심의 능력이다. (Kant, KdU §46)

> (중략) 선율 속에 인간의 의욕과 감각의 모든 가장 깊은 비밀을 드러내는 것이 천재의 작업이며, 그 작용은 (중략) 어떠한 반성이나 의식적인 계획성에서도 멀리 떨어져 있는 영감이라고 말할 수 있을 것이다. (Schopenhauer, WV, 328)

이렇게 범접할 수 없는 타고난 재능의 소유자인 천재상은 19세기에 절정을 이루어 천재 신화를 형성하게 되었다. 이러한 주장은 위대한 작품을 접할 때 평범한 사람이 느끼게 되는 '경이'를 설명하는 적절한 모델을 보여 준다고 할 수 있다.

반면 20세기에 들어서는 내부적 요인보다 외부적 요인에 관한 관심이 높아지면서, '선천적 재능'에 대한 의문이 제기되었다. 이는 음악에서만 나타난 현상은 아니었다. 과학 분야의 대표적 천재로 꼽히는 뉴턴과 아인슈타인에 대한 천재성 연구에서도 이러한 움직임이 나타난다.

> '세상의 몰이해 속에 고독하게 연구한 천재'라는 뉴턴과 아인슈타인의 이미지는 이들의 업적이 당시의 과학자들이 이해할 수 없을 정도로 난해하고 심원한 것이었다는 생각과 맞붙어 있다. 이들은 홀로 우주의 비밀을 탐구할 수밖에 없었으며, 이는 다시 위대한 천재는 항상 고독하고 주변의 도움을 받기는커녕 멸

> 시와 냉대만 받는다는 생각으로 이어진다. 이러한 통념은 아주 조금은 진실이기도 하다. (중략) 그렇지만 고독한 천재라는 이미지는 이들 업적의 난해함과 마찬가지로 과장된 것이다. 뉴턴과 아인슈타인은 (중략) 오랫동안 노력했다.

즉 이들 과학 천재는 "신동이나 초인적 지능"을 지닌 천재가 아니었으며, 뛰어난 지적 능력과 함께 "날카로운 분석력, 탁월한 종합 능력, 세밀한 점에도 주의를 기울이는 관찰력, 한 가지 문제에 집중해 끈기 있게 연구할 수 있는 능력, 한 가지 문제를 다른 문제와 연관시킬 수 있는 능력 등" 때문에 뛰어난 업적을 창출할 수 있었다는 것이다.

이렇게 천재의 타고난 재능에 대한 의미를 약화시키는 중요한 계기는 '교육'과 '환경' 그리고 '성실한 노력'이라 할 수 있을 것이다. 이러한 맥락에서 음악 천재와 관련해서는 천재의 뒤에서 그들에게 헌신한 부모의 역할에 주목하기 시작하였다. "신동들 뒤에서 그들의 길을 열어준 부모들의 헌신적인 뒷받침"이 있었다는 견해는 특히 모차르트의 경우에 많이 논의되었다. 사캉(M. Sacquin)의 《천재의 역사》에는 "아들의 재능을 온 유럽에 알리는 데 정성을 다했던 레오폴드 모차르트(Leopold Mozart)"가 "모차르트의 신화를 재현하기 위해 밤늦게까지 아들을 피아노 앞에 붙들어 놓은" 모습을 묘사하고 있는데, 이렇게 모차르트에 대한 아버지의 헌신적이고 체계적인 뒷받침은 익히 알려진 사실이다. 또한 타고난 재능보다는 천재 본인의 진지한 노력의 부분이 많이 부각되기 시작하였다. 앞 장에서 다룬 바 있는 아인슈타인이 언급한 천재의 "신들린 근면성"이나 키비가 언급한 "워커홀릭", 즉 "일중독 천재"는 바로 음악가의 의식적인 노력을 잘 드러내고 있다.

특히 20세기의 새로운 연구 방향은 '천재의 사회학' 즉 천재가 개인적 문제가 아니라 사회적 결과물이라는 시각이다. 천재를 바라보는 기존의 시각에 대한 비판이 나타나면서, 사회와의 관계 속에서 뛰어난 예술가를 조망하는 것이 필요하다는 것이다.

> 우리는 '천재적 재능'의 성숙이 그 개인의 인간적 운명과는 별개로 완성되는 자동적이고 '내면적인' 과정이라는 생각과 드물지 않게 마주치게 된다. 이런 생각

은 위대한 예술작품의 창조가 그 창조자의 사회적 실존, 즉 여러 사람들과 관계를 맺고 살아온 한 사람으로서 그의 성장 과정이나 그의 체험과는 무관하다는 관념과 결합되어 있다. (중략) [그러나] 이러한 분리는 인위적일 뿐만 아니라 오해를 불러일으키는 까닭에 불필요하다.

음악의 분야에서 이러한 연구는 천재의 전형을 이루는 모차르트와 베토벤에 대해서 집중적으로 나타났다. 또한 음악적 창작 과정을 연구하는 '음악시학'의 연구 역시 타고난 재능만으로는 천재라는 현상을 설명할 수 없음을 보여 주는 계기를 만들어 주었다.

이 글은 오희숙의 《음악과 천재: 음악적 천재미학의 역사와 담론》(서울대학교출판문화원, 2012)의 일부이다. 이 글은 다른 어떤 예술 분야보다도 천재성이 중요하게 작용하는 것처럼 여겨졌던 음악 분야에서 의외로 음악적 천재에 대한 미학적 논의가 이루어지지 않았다는 문제의식에서 출발한다. 고대에서 현대에 이르는 문헌에 나타난 천재의 개념과 역할을 추적하면서 그 이면에 담긴 음악적 천재의 미학적 의미들을 폭넓게 검토하고 있다. 시대와 분야에 따라 다르게 규정된 '천재'의 개념과 의미를 확인하는 과정을 눈여겨볼 만하다.

11. 김미주, 〈기억을 걷는 시간, 잊혀 가는 것들에 대한 책임〉

잊어서는 안 되는 일들이 있다. 가령 자신의 이름이나 사랑하는 사람들과의 추억 같은 개인적인 것에서부터 사회를 함께 살아가면서 필요한 양심, 인정, 도덕 등의 인륜적 가치까지, 인간으로서의 삶을 위해 필수적으로 기억하고 머릿속에 지니고 살아야 하는 것들이 있다. 그러나 가끔 사람들은 이러한 것들을 망각하고, '더불어 사는 인간'으로서 기억해야 할 의무가 사람들의 머릿속에서 침몰하는 일들이 발생한다.

세월호가 침몰했다. 한 나라의 안전과, 사회의 투명성과, 인간의 양심도 함께 침몰해가고 있었다. 세월호의 침몰은, 침몰해가고 있었던 중요한 것들을 다시 끌어올릴 것을 경고했다. 그러나 시간의 흐름 속에서 '잊지 않겠습니다'라며 기억을 이어 나갈 것을 다짐하던 노란리본은 점차 빛이 바래졌다. 마치 죽음처럼, 노란리본은 사람들의 기억 속에서 망각되었고 생각하기에 조금은 불편한 존재가 되었다.

그러나 잊어서는 안 될 일들은 말 그대로 '잊어서는 안 될, 기억해야 할' 일들이다. 기억을 마주할 때의 마음 어딘가의 무거움과 불편함으로 그것을 외면해버리는 것은 기억 속에 담긴 의무를 저버리는 것이기에. 이미 흐릿해진 죽은 기억일지라도 끊임없이 더듬고 닦아서 되새겨야 한다. 박명미 작가는 잡초를 통해 흐릿해진 기억을 더듬기로 한다.

박명미 작가가 감상자들에게 가장 먼저 보여 주는 것은 아이러니하게도 '죽음'이다. 'Into Drawing 31: 낮은 물음'이라는 제목을 따라 아래로 계단을 내려오면 죽은 나무와 잡초들이 보인다. 앙상하고 말라비틀어진 가지가 사각 박스에 심겨 유리창 너머에 있다. 뒤쪽 올림픽 공원의 푸른 잔디밭과 무성한 나무들과 대비되는 죽음이 느껴진다. 그마저도 차가운 유리창에 가로막혀 있는데, 작품이라기보다 바깥의 풍경에 지나지 않는 느낌이 든다. 유리창 앞에는 카페의 테이크아웃 컵들이 줄지어 있다. 몇 개는 텅 비어 있고, 몇 개는 흙만 담겨 있고, 몇 개는 말라비틀어지거나 파리한 잡초들이 심겨 있다. 박제한 생명에서 느껴지는 죽음이다.

곧이어 잿빛 휘장이 눈을 사로잡는다. 거대한 먹색 한지가 공중에 매달려 있고, 그 사이로 빛이 새어 나온다. 어두운 종이를 가르고 나아가는 빛들을 멀리서 보면 그 전체는 밤하늘 같기도 하고 별빛이 비친 밤바다 같기도 하다. 가까이 다가가 보면 큰 종이에 작은 사각형의 종이들이 여기저기 붙어있다. 흑백사진을 반전시킨 것처럼, 까만 한지에 하얀색으로 무엇인가 그려진 종이다. 빛을 통과시킨 구멍들은 의미를 알 수 없는 초성들의 형상이다. 〈어디에 있는지 모른다: 사건, 세상 없는 인간〉이라는 제목의 이 작품은, 더욱 알 수 없는 의문만 남긴 채 감상자를 다음으로 이끈다. 죽음이라는 이미지와, 별빛과 어둠, 의문의 글자와 종이라니, 무엇을 의미하는 것일까.

의문을 안고 다음 작품으로 걸어가면, 〈금초 드로잉〉이 있다. 따스한 조명과 금실, 금분으로 그려진 드로잉이 어우러져 환하게 빛난다. 드로잉의 주인공은 금과는 거리가 멀어 보이는, 흔한 길가의 풀들이다. 증폭되는 의문은 베일로 가려진 방에 들어가서야 해소된다. 〈바다, 죽은 나무에 물주고 그리기. 죽은 잡초 찾기〉라는 이름의 3채널 영상 작품이 상영된다. 한쪽 벽면에는 세월호, 희생자들을 집어삼킨 진도 바다가 넘실댄다. 맞은편에는 죽은 잡초를 찾아 올림픽공원 곳곳을 돌아다니는 작가의 모습이 보인다. 가운데 벽에는 전시의 처음을 장식하던 죽은 나무의 그림이 덩그러니 놓여 있다. 작가의 이야기가 그 위로 나타난다.

작가는 자신이 낳은 회화가 세상으로 나가 소통의 다리가 될 수 있을지 궁금했다고 밝힌다. 그리고 캔버스나 프레임에서 벗어나, 길가의 이름 모를 풀들, 소위 잡초들을 선택하면서 그 물음을 세상에 고요히 던진다. 작가는 잡초들을 카페 테이크아웃 컵에 옮겨 심고, 시중에 판매되는 식물과 함께 팔았다. 팔린 잡초가 주인에게 갈 때 작가가 그린 잡초 드로잉과 이름, 가격 등이 기입된 종이가 딸려 갔다. 팔리지 않은 다수의 잡초들은 하나는 금분으로, 하나는 흑백으로(먹지에 하얀색으로) 사진이 찍히듯이 드로잉되었다. 그 뒤 올림픽 공원 곳곳에 죽었거나, 시들어가는 잡초들을 매주 5개씩 심었다. 49일이라는 시간 동안, 작가는 죽은 나무에 물을 주기도 하고, 어딘가에 심긴 잡초들에 대한 기억을 더듬으며 찾았다. 찾은 잡초는 다시 컵에 담아서 데려왔다. 지금까지 보아 온 의문의 작품들은 그러한 행동의 결과물인 것이다.

영상이 상영되는 방을 나오면 검은 종이에 그려진 잡초 드로잉 모음 〈죽은 잡초 심고 드로잉하기〉가 시커먼 다발처럼 다가와 보는 이를 붙잡는다. 공원에 심은 후 찾지 못한 잡초들의 드로잉을 모아놓은 형상은, 꼭 영정사진을 연상케 한다. 하지만 금초 드로잉처럼 선명하기보다 흐릿한 흑백사진처럼 와 닿는다. 한편 찾은 잡초들의 드로잉은 그 맞은편에 있었던 검은 휘장(〈어디에 있는지 모른다: 사건, 세상 없는 인간〉)에 덕지덕지 붙어 있다. 종이의 정체를 알게 된 순간 작가는 사실 휘장에 있는 초성글자들은 세월호에서 돌아오지 못한 희생자들의 이름이라고, 고백한다.

흔히 사진은 기억의 은유라고 한다. 그러나 흐린 사진은 망각의 은유라고 한다. 리히터는 그의 작품 〈루디 아저씨〉에서 의도적으로 흐림 효과를 사용함으로써 관객이 과거의 사실을 인지하는 데 더 많은 노력을 요구하게 만들었다. 결과적으로 나치라는 전쟁과 관련된 기억을 망령처럼 재현하면서, 흐림 효과는 기억의 불연속으로 인한 집단적 망각을 암시하는 은유로 사용된 것이다.[1] 이처럼 흐린 사진은 망각되는 것들에 대해 말한다. 작가는 잡초를 '사진처럼' 그리면서 기억에 대한 물음을 던지는 것이 아니었을까. 팔려 간 잡초는 매우 선명하게, 팔려 가지 못하고 남겨져 죽은 잡초는 한 장은 금분으로 선명하고 찬란하게, 한 장은 흑백으로 흐릿하게 사진 찍듯이 남긴 것. 그것은 작가가 기억이라는 존재를 캔버스 밖으로 꺼내 옴을 의미한 것일 게다.

빛날 정도로 선명하고 뚜렷하게 눈에 들어오는 금초 드로잉에서, 바다와 나무와 잡초의 죽음을 말하는 영상의 방을 지나, 죽은 잡초 드로잉으로 건너오는 일련의 전시경로는 망각의 과정을 암시한다. 죽은 잡초를 어딘가에 심기 전 금분과 금실로 생생하게 남긴 것을 보는 이 역시 생생하게 느낀다. 선명하게 기억하는 것이다. 그러나 그 후 끝내 찾지 못한 잡초들을 마주할 때 잡초의 모습은 흐릿한 드로잉, 아니 흐릿한 사진일 뿐이다. 이는 작가의 머릿속 망각의 과정이자, 보는 이의 망각의 과정을 나타낸다고 할 수도 있다. 관객은 작가가 남긴 금초 드로잉을 보며 잡초의 존재를 기억하고, 영상을 보며 작가의 잡초 추적 행위를 함께한다고 할 수 있으니 말이다.

죽은 잡초에 대한 기억이 바다의 이미지와 함께 엮이면서 작가의 물음은

---

1 이경률, 《현대미술 사진과 기억》, 사진마실, 2007, 214면.

더욱 구체화된다. 생명의 이미지를 집어던지고 수많은 영혼을 집어삼킨, '그 사건'의 바다를 영상으로 담은 것은, 망각되어 가는 존재인 잡초들과 그 사건과의 연관성을 생각게 한다. 망각의 과정을 보여 준 것이 어쩌면 세월호에서 희생된, 돌아오지 못한 이들을 잊어 가는 우리의 모습을 암시한 것은 아닐는지, 하고 말이다. 찾지 못한 잡초들이 희미한 흑백사진처럼 드로잉되어 군락을 이루고, 찾지 못한 사람들의 이름이 흐릿한 초성이 되어 먹먹한 먹지에 수놓아진 것은 분명히 연결되는 지점이 있다. 작가는 '〈금초 드로잉〉-〈죽은 잡초 심고 드로잉하기〉'로 이어지는 작품을 통해 망각의 과정을 표현하면서, 흐려지는 기억에도 잡초를 찾아가는 행동을 49일 동안 반복한다. 또한 죽은 나무에 반복적으로 물을 준다. 이 반복은 세월호의 희생자들을 찾는 행동과 이어져 있는 것이다. 작가는 잡초와 죽은 나무, 그리고 바다를 통해서 죽음을 반복적으로 기억하고자 한다. 그리고 그 기억의 방식이 어떻게 이어져 나가야 할지, '잊지 않겠습니다'의 의미를 우리는 어떻게 받아들이고 어떻게 기억해야 할지 묻고자 한다.

사진은 과거시제를 담고 있으므로 기억 이미지로 활용된다. 작가는 드로잉의 방식을 '사진처럼 표현하기'로 결정하여 나타내었다. 그러나 드로잉을 전시함에 있어서 가변설치의 방식을 택하면서 끊임없이 잡초를 찾고 심는 과정의 반복을 전시에 표현했다. 이를 통해 작가는 기억은 과거에 멈춘 채 희미해져 가는 것이 아니라, 끊임없이 자발적으로 경험하고 새기며 기억해가는 진행형이어야 한다는 것을 말한다.

〈죽은 잡초 심고 드로잉하기〉를 본 뒤 전시실을 나가기 전 〈금초 드로잉〉이 다시 한번 눈길을 끈다. 전시장의 가장 중앙에 놓여있는 탓이기도 하겠지만, 작가의 염원이 담긴 의도라고도 생각된다. '〈금초 드로잉〉-〈죽은 잡초 심고 드로잉하기〉'로 이어지는 망각의 과정에서 다시 금초 드로잉으로 연결되는 시선의 흐름은, 망각의 시간을 거쳤지만 '잊지 말아야 할 것을 기억할 의무', '기억에의 책임'을 인식하게 되는 사람들의 각성을 나타낸다고 말할 수 있다. 팔리지 않아 선택되지도 않았던 금초들을 금빛으로 남기고, 그를 가장 눈에 잘 띄는 곳에 배치한 것은 자신과 거리가 먼, 하잘것없는 존재라도 기억하고 또다시 기억해주기를 바라는 염원인 셈이다.

찾지 못한 잡초들이 새카맣게 군락을 이루고 있는 반대편에는 찾은 잡초들의 드로잉이 휘장에 붙어 있다. 그러나 그 사이사이에는 진도 앞바다에서 돌아오지 못한 이들의 이름이 모여 아이러니함을 유발한다. 찾았지만 흐릿하게 표현되어 망각되어 가는 존재, 찾지 못한 채 시간이 흘러 이름의 초성만 남아 망각되어 가는 존재, 두 존재는 검은 휘장에 붙박인 상태로 머물러 있다. 작가는 빛이라는 존재를 통해 이들을 기억해달라고 당부하고 있다. 〈금초 드로잉〉에서 금빛의 찬란함을 통해, 망각을 깨달은 관객들이 다시 선명한 기억으로 눈을 돌리게 해, 기억에의 책임을 되새기도록 당부하고 있다. 또 휘장 사이에서 새어 나오는 별빛을 통해, 사실은 이 별빛이 돌아오지 못한 희생자들의 이름 사이에서 새어 나오는 빛임을 재차 인식하게 하면서 그들의 이름을 기억하고 찾는 과정을 멈추지 말아 달라는 부탁을 건네고 있는 것이다.

박명미 작가가 고요히 던졌던 낮은 물음을 들으면서 이제는 전시회장 바깥으로 올라가본다. 짧은 오르막 복도에 양옆으로 드로잉 액자들이 가득하다. 이번엔 〈팔린 잡초 드로잉〉이다. 잡초를 사 간 사람들에게 작가는 한 달 뒤 잡초들이 어떤 모습으로 있는지 드로잉을 해달라고 부탁했다. 돌아온 그림은 두어 점이었다. 작가는 자신이 그렸던 잡초의 모습 위에 파라핀으로 덮은 다음 그 위에 새로운 주인이 보내준 그림을 또 덮었다.

되돌아온 그림 중 하나는 매우 희미하게 흰 종이에 흰색의 잉크로 그려져 있었고 파라핀 너머의 작가 드로잉과 겹쳐 흐릿하게 보였다. 다른 하나는 마구 구겨진 종이였다. 작가가 자세하게 그린, 마치 사진 같았던 드로잉은 파라핀에 묻혀 '블러 처리된 사진'으로 변해가고 있었다. 가까이 다가서서 원래의 형체가 무엇이었을지 곰곰이 생각해 본다. 나아가 이 풀은 내가 시골집 근처에서 본 풀인데, 하고 본인의 기억도 떠올려 본다. 구겨진 종이가 덧대어진 액자에 와서는 기억에 대한 거부감을 느낀다. 기억을 흐리게 하는 파라핀을 통해, 망각 중인 자신의 무의식을 접하게 되는 과정이라고 할 수 있다. 희미해지며 망각되는 기억의 무의식 속을, 의식적으로 들여다보면서 그를 회상하고 기억해 볼 것을 실천하는 것이다. 전시회장 밖으로 나서는 이 오르막길이, 작가의 고요한 물음이 보는 이의 기억 속에서 울려 퍼지도록 하는 증폭제가 되는 것만 같다.

현대미술은 보고 듣고 느끼며 맥락에 관해 '생각해야 하는 미술'이라 한다. 보는 이가 단순히 시각적인 즐거움을 느끼는 것은 오락거리에 지나지 않고, 스스로 생각을 하는 단계로 나아가야 미술이 된다. 본인의 기억을 작품을 통해 끌어오고, 그를 기반으로 보는 이가 타인에게 질문을 할 수 있는, 혹은 스스로에게 질문을 던질 수 있게 하는 작품이 미술이라 할 수 있다. 기억과 인식의 확장을 통해 물음을 남긴다. 이러한 점에서 박명미 작가의 낮은 물음은 하나의 완성도 있는 미술로, 보는 이에게 고요한 물음으로서 다가간다. 그리고 보는 이 역시 고요하지만 꾸준한 물음에 약속을 하게 된다.

보는 이는 전시를 따라 걸으며 망각의 과정을 마주하고, 망각에서 벗어나 기억해줄 것을 염원하는 마음을 돌이켜보며, 망각해왔던 자신의 무의식을 의식적으로 들여다본다. 이러한 일련의 과정 끝에 기억에의 책임을 인식하고 세상으로 올라온다. 낮은 물음에서 시작해 기억을 걷는 시간을 거쳐 세상으로 올라오게끔 하는 것, 그것으로 더 이상 잊어서는 안 될 것들이 침몰하지 않기를, 하고 염원하는 마음이 고요히 퍼져나간다.

이 글은 소마미술관에서 2016년 10월 7일부터 23일까지 전시된 〈Into Drawing 31(박명미): 낮은 물음(The Low Question)〉을 감상한 후 그 느낌과 생각을 포착해서 쓴 학생의 글이다. 글쓴이는 전시 작품을 순서대로 묘사하면서 작품의 흐름을 따라가는 동시에 작가의 의도가 관람객에게 어떻게 전달되고 있는지를 자세히 서술하고 있다. 세월호 사건의 '기억'과 '망각'이라는 전시의 주제에 대한 해석뿐만 아니라, 그것이 어떤 표현 방식으로 전달되고 있는지에 대해서도 관심을 두고 있는 글이다. 도입부에 전시의 주제에 대한 자신의 생각을 밝히고 또 글의 마지막 부분에 그 내용을 정리하고 있어 글쓴이의 의도가 잘 드러난다.

12. 황재림, 〈아이들 세계에서 발견한 '우리'의 영역〉

초등학교 체육 시간에 팀을 나누라는 선생님의 목소리, 학급에서 운동을 잘하는 두 친구가 팀장이 되어 팀원을 한 명씩 골라 간다. '내 이름은 언제 불리지?'라는 막연한 기대감으로 기다리는 그 시간은 끔찍하게 길다. 누군가의 선택이 절실한 나는 시간이 지날수록 초조함과 절박함의 얼굴을 하고 있다, 오늘도 마지막으로 불린 내 이름과 함께 피구는 시작된다.

윤가은 감독의 영화 〈우리들〉의 첫 장면이다. 영화의 제목처럼 그 시절 우리가 겪었던 감정을 보여 준다. 관객들이 이입하게 될 영화의 주인공 '이선'은 학급에서 깍두기 같은 존재로 친구 한 명 없이 따돌림을 당하는 아이다. 선이는 여름방학이 시작되는 날 우연히 전학생 '한지아'를 마주치고, 자연스럽게 친구가 되어 마음을 나눈다. 그런 둘에게는 사실 서로에게 들키고 싶지 않은 비밀이 있다. 선이는 학급에서 소외되고 있었고, 지아에게는 부모님께서 이혼하셨다는 이유로 이전 학교에서 괴롭힘을 당한 경험이 있었다. 영어학원에서 지아는 선이를 괴롭히던 학급 친구 '보라'와 친해지고, 자신까지 따돌림을 당하지 않기 위해 방학이 끝난 뒤 선이를 대하는 태도를 바꾼다. 이를 계기로 둘 사이는 어긋나며, 서로를 향한 공격과 폭로로 갈등은 깊어진다.

하지만 이 영화를 단순히 학교폭력의 고발적인 주제로 이해하기에는 부족하다. 따돌림 문제가 인물 간 갈등의 원인이 되긴 하지만, 감독이 이야기하고자 하는 것은 왕따 문제의 심각성 따위는 아닐 것이다. 윤가은 감독은 아이들의 인간관계 내면을 들여다보고자 했다. 선이와 지아라는 두 아이의 관계 속 표현, 갈등을 대하는 모습, 그리고 '우리'라는 영역을 형성하는 방식은 어른인 우리와 얼마나 다른가? 영화 속 치밀하게 의도된 상징과, 연출로 비추고 있는 초등학교 4학년 아이들의 영역에서 '우리들'의 모습을 찾아보자.

선이는 풍족한 형편은 아니지만 부모님께 사랑을 받으며, 동생 윤이를 잘 챙기는 누나이다. 그러나 학교에서의 선이는 어딘가 서툴다. 또래에 비해 작은 체구에, 자신감 없는 모습으로 어디에든 끼기 위해 아이들의 눈치를 살핀다. 심지어 자신을 따돌리는 보라의 생일파티에 참가하기 위해 선물을 준비하고, 끝내 이용만 당한다. 학급 아이들의 '영역'에 들어가고자 하는 마음뿐인 관계에서 선이는 조금 미숙한 모습을 보여 준다. 실제로 지아에게 자신이 목격한 지아의 불편한 집안 사정 이야기를 꺼내거나, 보라에게 지아의 험담으로 쓰이는 내용을 전하기도 한다. 선이에게 나쁜 의도가 있지 않더라도, 서툰 표현들로 지아와의 갈등은 깊어진다. 이런 선이에게 끊임없이 누군가의 영역에 소속되고자 하는 열망이 강하게 느껴진다.

지아 역시 '우리'라는 영역에 소속되고 싶은 인물이다. 먼저, 지아에게는 가족이라는 영역이 가장 절실해 보인다. 부모님의 이혼으로 어머니를 자주 만나지 못하고, 아버지의 재혼, 원하지 않은 할머니와의 생활로 지아에게는 가족에 대한 갈망이 있다. 그런 지아에게 선이는 질투의 대상이었다. 엄마와 친근하게 지내는 선이가 부럽고, 자신의 폰에 울리는 친구 엄마의 전화에 속상하다. 이에 지아는 선이에게 심술을 내지만, 이것이 둘 사이가 틀어지는 계기는 아니다. 지아는 따돌림 경험을 되풀이하지 않기 위해 보라의 심기를 맞추며 선이를 함께 소외시킨다. 그러나 보라가 자신보다 높은 성적을 받은 지아를 배척하면서, 선이와 지아의 갈등은 고조된다. 오히려 '우리'의 영역에서 소외된 두 피해자가 싸우며 서로에게 상처만 주는 폭로전을 이어간다.

영화 속 여러 소재는 주제와 전개를 상징하는 은밀한 힌트로 사용되고 있다. 먼저 〈우리들〉의 첫 장면과 마지막 장면에서 겹쳐지는 놀이, '피구'는 아이들이 경험하는 인간관계의 특징을 잘 설명한다. 두 편으로 나누어진 각자의 영역에서 사방의 공격을 피하고, 되받아쳐야만 하는 피구의 룰은 어찌 보면 잔인하며 처절하다. 특히 공에 맞아 '아웃'이 된 후에도 상대편 진영의 뒤를 노려야 하는 피구의 특성은 선이와 지아의 관계를 떠올리게 한다. 이전 학교에서 따돌림을 당했던 지아는 새로운 학급에서 '아웃'되지 않게 상대방에게 공을 던진다. 피해자와 피해자의 싸움으로 번지는 이 게임은 '인', '아웃', '라인'의 구분이 철저하다. 이 흰 선 위에 오고 가는 피구공은 서로를 향한 공격만 있을 뿐이다. 내가 맞지 않기 위해 먼저 상대를 아웃시켜야 하는 이 놀이는 우리 사회와도 닮아 있다.

선이와 지아의 감정 관계는 선이의 손톱에서 볼 수 있다. 지아와 마음을 나누며 여름방학 때 함께 물들인 봉숭아는 둘의 신뢰 우정 관계를 상징한다. 영화 포스터에도 봉숭아꽃들 가운데 앉아있는 둘의 모습을 볼 수 있다. 방학이 끝난 후 달라진 둘 사이를 보여 주는 듯 손톱이 많이 자라 봉숭아물은 반 정도밖에 남아 있지 않다. 또한 선이와 지아의 갈등이 절정으로 치닫게 되는 보라의 개입은 엉성하게 발린 하늘색 매니큐어로 표현된다. 선이는 자신의 말이 지아를 깎아내리기 위해 이용됐다는 사실을 알고 보라가 빌려준 매니큐어를 황급히 지우지만, 봉숭아물은 거의 남아 있지 않다. 그리고 결말에서 선이는 자신의 손에 희미하게 남은 봉숭아물의 흔적을 발견하며, 지아를 향해 용기 낸다. 카메라가 의도적으로 비추는 선이의 손톱에는 지아에 대한 감정이 묻어난다. 이러한 연출에서 봉숭아물과 매니큐어의 대비를 통해 선이의 마음을 해석할 수 있다.

현실감 있는 아역배우들의 연기도 이 영화에 더 몰입하게 되는 매력적인 요소이다. 감독의 인터뷰에 따르면 영화 속 어린 배우들은 정식으로 연기지도를 받은 적이 없다고 한다. 대본을 통한 연기보다는 '상황극'을 하도록 촬영이 진행되어,[1] 아이들의 연기에 꾸밈이 없고 다큐멘터리를 본다는 느낌까지 들게 한다. 실제로 어린아이인 아역배우들에게 감정을 물어보고 대사를 수정하기도 하며, 아이들이 부담을 느끼지 않도록 멀리서 화면을 확대하는 관찰적 카메라 구도를 사용했다는 이야기를 전했다. 봉준호 감독이 '아역배우를 스크린에서 살아 숨 쉬게 하는 3대 마스터'라며 윤가은 감독을 극찬한 이유를 알 수 있다. 자연스러운 배우들의 대화 말투부터 표정, 묘사까지 그때 그 당시 우리의 모습을 보는 것 같다. 또한 아이들을 대상으로 한 다른 시나리오들과 다르게, 주인공 아이를 곤경에 빠트리거나 방관하는, 소위 악역 역할의 어른이 특징적으로 등장하지 않는다. 때문에 온전히 아이들의 세계에서 그들 사이의 관계와 감정 흐름에 더 집중할 수 있다.

어른이 된 우리는 왜 초등학교 4학년 아이들의 관계에 함께 마음이 저려올까? 선이와 지아의 모습은 현재를 살아가는 우리와 크게 달라 보이지 않는다. 선이처럼 '우리'라는 소속감을 가지기 위해 발버둥치기도 하며, 지아처럼 열등감으로 인한 심술적인 표현을 하기도, 자신의 울타리를 위해 누군가를 내치기도 한다. 심지어 우리 주변에 보라와 같은 인물이 드물지 않다. 우리 역시 한번 시작한 싸움으로 서로에게 공격의 공을 주고받으며 상처받을 뿐만 아니라, 이

---

1 정관용, 〈'우리들', '우리집'..윤가은 감독이 만드는 '우리'라는 세계〉, 《노컷뉴스》, 2019. 9. 4., https://www.nocutnews.co.kr/news/5207810, 2022. 4. 28.

를 멈추는 방법조차 제대로 모른다.

결말에는 둘의 종전을 암시한다. 선이와 지아의 관계처럼 한 번의 어긋남으로 긴 싸움을 했던 선이의 아버지와 할아버지, 그리고 동생 윤이의 이야기를 통해 선이의 태도는 미세하게 달라진다. 특히 "그럼 언제 놀아? 연우가 때리고, 나도 때리고, 연우가 때리고, 그럼 언제 놀아, 난 그냥 놀고 싶은데."라는 윤이의 대사는 선이와 지아에게 '대체 언제까지 싸울 것이냐' 묻는다. 계속해서 서로에게 더 큰 상처를 줄 수 있는 카드를 꺼내야만 했던 그들에게 윤이는 싸움을 멈추는 방법을 은밀하게 알려준다. 누군가는 멈추고 상황을 봐야 한다. 이후 선이는 지아를 바라보는 눈빛이 달라진다. 마지막 피구 장면에서 선이에게 자신의 이름이 얼마나 늦게 불리는지는 중요해 보이지 않는다. 그보다 아이들에게 또다시 배척된 지아에게 눈길이 간다. 그리고 지아에게 용기를 내며, 선이는 누군가의 영역에 들어가기보다 지아를 자신의 '우리'로 데리고 온다.

이 영화는 모두가 매달리는 인간관계 속 '우리'라는 영역에 대해 다시 생각해 볼 수 있게 해 준다. 영화의 제목 〈우리들〉 역시 중의적으로 해석할 수 있다. 어렸던 당시 '우리(our)'의 모습을 주목함과 동시에, 그 속에서 인간관계를 형성하는 영역적인 '우리(fence)'를 이야기한다. 영화 속에서 피구, 생일파티, 팔찌 등과 같은 소재는 아이들만의 울타리를 상징적으로 보여 준다. 그리고 그 형식이 달라졌을 뿐 어른들의 세계 역시 각종 표시와 소재들로 자신들의 우리를 확인하고, 타자를 배척하며 울타리를 견고하게 한다. 이런 점에서 마지막 장면의 선이의 용기와 성장은 관객에게 새로운 방향을 보여 준다. 누군가의 선택만을 받길 바라는 마음을 넘어, 우정으로 마음을 나눈 친구에게 먼저 싸움을 끝내는 손을 내밀고 자신만의 영역을 형성할 수 있다. 모두가 겪었던 관계가 서툰 그 시절을 보여 주며, 관객으로 하여금 '그때와 달라진 것이 있는가?' 스스로 묻게 한다.

영화 〈우리들〉은 나란히 선 선이와 지아의 머쓱한 표정으로 마무리된다. 영화가 끝난 뒤 둘의 관계는 어떻게 달라질까? 서로의 바닥까지 드러난 시점에서 선이와 지아는 다시 친해질 수 있을까? 이는 관객들이 생각하는 인간관계의 이상에 따라 다르게 예측할 수 있을 것이다. 윤가은 감독은 아이들의 인간관계를 섬세한 감정으로 풀어내며, 회상적인 공감을 넘어 오늘날 우리의 모습까지 돌아보게 한다.

이 글은 영화 〈우리들〉(윤가은 감독, 2016)을 보고 학생이 작성한 비평문이다. 〈우리들〉은 초등학교 4학년인 선이와 지아의 관계를 중심으로 아이들의 세계를 다룬 작품이다. 흔히, 어린아이들의 세계가 순수하고, 동심이 가득한 이미지로 그려지는 것과는 달리 이 작품은 아이들의 세계 역시 어른들의 세계와 마찬가지로 복잡하고 미묘한 관계 속에 놓여 있다는 점을 보여 준다. 필자는 이 작품의 소재, 상징적인 장치, 장면의 의미 등 작품의 내재적 요소를 분석하는 데 집중하며, 일차적으로 어린아이들의 관계 속에서 나(우리들)와 타자가 어떻게 구분되는지 읽어내고 있다. 그리고 그 결과 이 작품의 제목 '우리들'이 어린아이들뿐만 아니라 성인들까지 아우르는 중의적인 의미를 내포하고 있는 것으로 해석한다.

13. 이근, 〈아쉬움이 남는 경제학의 역사〉

대중을 위한 경제학은 어디에서 출발해야 할까? 전문 지식을 풀어 쓰는 가벼운 지식서들이 유행하는 추세여서인지, 서점의 경제·경영 코너에서도 이러한 종류의 관련 서적들을 쉽게 찾아볼 수 있게 되었다. 10년 전만 해도 초급 경제학 서적에서 경제학의 역사가 차지하는 비중은 적지 않았다. 대중서로서 베스트셀러에 올랐던 《부자의 경제학, 빈민의 경제학》이나 《죽은 경제학자의 살아있는 아이디어》가 그 대표적인 예일 것이다. 당시의 책들은 애덤 스미스에서 현대의 경제학자들에 이르는 경제사상을 해당 시기의 경제 상황들과 연관 지어 보이려는 접근을 취했다.

그런데, 최근의 대중 경제서들에서는 이러한 역사적인 접근이나 태도를 접하기 힘들게 되었다. 요즘의 책들은 대부분 대학교의 교양과목으로 개설된 경제학 개론의 체계를 따르고 있다. 즉 경제학 교과서의 표준 체계인 미시경제학과 거시경제학을 그대로 가져오되, 수학 공식이나 그래프와 같은 전문적인 진입장벽만 없앤 것이다. 시장경제의 지구적인 확산 때문일까? 아니면, 보편을 지향하는 경제학의 특성 때문일까? 이유야 어찌 되었든, 경제학에서 이렇게 사상의 발자취를 지워버리는 대가는 적지 않을 듯싶다. 선현의 지혜를 배우고 어리석은 과거를 되풀이하지 않기 위해 역사를 배운다는 일반적인 의미에서 말이다.

《세계사를 지배한 경제학자 이야기》는 야자와 사이언스 오피스 경제반이라는 독특한 이름을 지닌 집단이 엮어낸 책이다. 소개에 따르면, 이들은 국내외 저널리스트, 경제학자 등으로 구성된 정보 네트워크라고 한다. 책의 집필에 참여한 사람들은 주로 일본의 경제학사 전공자들이며, 해외 통신원의 자격으로 서양의 경제 관련 저널리스트 두 명이 참가했다. 집필진의 구성면에서 보면 아카데미와 저널리즘의 균형이라는 점에서 구색을 갖추고 있는 셈이다.

책은 크게 1부 역사 편과 2부 현대 편으로 나뉘어 있다. 역사 편에는 중상주의와 중농주의의 발흥과 애덤 스미스 및 맬서스, 벤담, 리카도, 밀을 묶는 고전파 경제학의 전개 과정을 거쳐, 고전파에 대한 경제학 비판을 통해 형성된 카를 마르크스의 사회주의론이 담겨 있다. 2부는 케인스 경제학의 형성 배경 및 그 이론과 통찰을 상세히 살피고, 케인스 경제학에 반대 입장을 취한 대표적인 이론인 프리드먼의 통화주의를 소개하고 있다. 케인스와 통화주의 사이에 폰 노이만의 게임이론과 인구이론이 등장하지만 현대 편의 전체적인 구성이나 흐름과는 잘 어울리지 않는다.

책의 장점을 꼽으라면 경제학 이론과 더불어 개설서로서의 친절함과 전기로서의 재미가 함께 녹아 있다는 것이다. 프롤로그에 실린 경제학의 이해를 돕는 9가지 사례 연구는 이후 접하게 될 다양한 경제 이론을 생생하게 음미할 수 있는 역사적 소재를 제공하고 있다. 또한, 책은 경제학자들의 이론적 업적을 소개하기에 앞서 그들의 생애와 사적인 에피소드 및 관련 사진들을 풍부하게 보여 주고 있다. 경제학이라면 지레 겁부터 먹는 사람일지라도, 애덤 스미스나 케인스의 사생활을 엿보는 재미에 어느덧 흥미를 느끼게 될지 모를 일이다.

책에서 가장 매력적인 부분을 꼽으라면 저자들이 공을 들인 흔적이 역력한 케인스에 대한 해설이다. 1970년대에 발생한 스태그플레이션과 더불어 케인스 경제학에 대한 이론적인 호소력이 약화된 이후, 그 경제학적 상상력까지 평가절하되는 것이 대체적인 분위기였다. 저자들은 케인스의 경제학이 형성된 역사적인 배경과 그의 이론이 지닌 공과를 다방면에서 섬세하게 조망함으로써 오늘날까지 지닐 수 있는 케인스의 가치를 재발견하고자 한다. 분명, 자본주의 세계의 건전한 발전을 위해 시장이 지닌 내적인 불안정성을 직시했던 케인스의 날카로운 통찰은 오늘날에도 여전히 유효하다.

하지만 보다 온전하고 발전적인 의미에서 경제학의 역사에 대한 개설서가 되기에는 이 책은 여러 가지로 부족해 보인다. 우선, 내적으로 볼 때 책의 구성 자체가 고르지 못하다. 각 경제학자의 생애를 소개하고 그의 이론을 요약 및 평가한다는 서술의 기조는 유지되는 편이지만, 그 형평성이나 통일성은 매우 낮다. 예를 들어, 현대 편에서 게임이론의 창시자인 폰 노이만 및 통화주의에 대한 소개는 지나치게 단호하고 간략하여 무모하다는 느낌까지 준다. 게임이론은 최근까지 경제학의 다양한 분야에서 각광받고 있는 인기 있는 방법론임에도 불구하고, 그 출발점만을 살짝 비추는 정도에서 멈추고 말았다. 이는 저자들이 스스로 꼽은 3대 경제학자(애덤 스미스, 카를 마르크스, 존 메이너드 케인스)의 중요성을 감안하더라도 지나치게 한편으로 기운 구성임이 틀림없다. 또한 동일한 장에서 저자가 달라질 경우 중복된 서술과 내용이 꽤 자주 등장한다는 것도 이 책의 약점이다. 경제학에 익숙하지 않은 독자를 위한 복습이라는 배려의 차원인지 알 수는 없지만, 500페이지에 달하는 책의 규모를 고려해 볼 때 깔끔함의 미덕도 갖추었으면 더욱 좋았을 것이다.

외적으로 본다면, 책이 다루지 않은 경제학자들의 소중한 통찰과 현대적 중요성이 독자들에게 전달될 수 없는 점이 크게 아쉽다. 물론, 모든 경제학자를 일일이 다룰 수는 없는 일이다. 하지만 현대에 와서 셀 수 없이 다양한 갈래로 전개된 경제학의 진면목을 살피기에 책의 학문적 테두리는 너무 낡았다. 특히 현대 경제학의 뼈대를 이루는 미시경제학의 출발점을 제시한 한계학파와 자본주의 발전의 동태적인 측면을 포착했던 슘페터가 빠진 것은 선뜻 수긍하기 힘들다.

경제학이 자연과학적 의미에서 과학이 될 수 없다는 것이 엮은이와 저자들의 입장이긴 하지만, 경제학의 과학화를 지향했던 한계학파가 현대 경제학에 가장 큰 영향을 끼친 세력임을 부인하기는 힘들다. 제번스, 멩거, 발라(Walras)를 거쳐 마셜을 통해 완성된 한계학파는 시장에서 경제 행위자들이 보여 주는 행태를 분석하는 데 필요한 미시적 기초를 제공했다. 특히 발라는 시스템으로서의 경제에 대한 엄밀한 수리적 분석을 최초로 시도한 인물이기도 하다. 한계학파에 대한 저자들의 평가와 입장이 어떠하든 간에, 한계학파를 음미하지 않고 마르크스에서 곧장 케인스로 직행해 버린 것은 책의 구성상 커다란 공백이다.

자본주의의 동태적 발전 과정을 이론화한 슘페터를 지나친 것 또한 문제이다. 책은 부록으로 실린 12대 경제이론이라는 요약 페이지를 통해 슘페터를 간략히 다루고 있는데, 그에 대한 저자들의 평가는 지나치게 혹독하고 부당하다. 저자들은 그의 성장이론은 분명 참신하다고는 하겠지만 리얼리티가 결여되어 있고, 슘페터로부터 경제사를 배울 수는 있지만, 새로운 경제이론의 구축과는 완전히 동떨어져 있었던 것이라고 단정한다. 하지만 경제학 연구의 최근 흐름은 저자들의 평가와는 상반된 경향을 보여 주고 있다. 기업의 혁신 과정에서 발생하는 역설 때문에 자본주의 자체가 붕괴할 것이라는 슘페터의 예언은 틀린 것이지만, 자본주의에 고유한 혁신의 메커니즘 및 이를 통한 경제 전체의 구조 변동에 대한 그의 통찰까지 그릇된 것은 아니었다. 슘페터 이전의 경제학이 균형과 정학(statics)에 몰두했던 데 반해 그는 불균형과 동학(dynamics)에 주목했다. 슘페터의 이러한 선구적인 통찰은 기업이론, 경제성장론, 경제발전론 등 다양한 분야로 확산되어 가고 있다. 특히 근래에 가장 주목받는 경제학의 하나인 진화 경제학은 슘페터의 이론을 진화 생물학에 접목하여 시장 경제의 진화에 대해 값진 연구 성과를 생산하고 있다.

에필로그를 통해 저자들 스스로 밝혔듯이, 이 책의 출판 취지는 경제학의 주요한 흐름을 쉽게 소개하여 보다 많은 사람들이 경제에 관심을 갖도록 이끈다는 것이다. 번역이지만 본서가 이러한 의도를 보다 적극적으로 해석했더라면 어땠을까 싶다. 원저의 고르지 못한 부분을 다듬어 내고 빠진 부분을 독자적으로 보충하는 정성이 곁들여졌더라면, 이 책은 대중성과 더불어 현대성까지 갖춘 뛰어난 경제학 역사서가 되었을 것이다.

이 글은 경제학부 교수인 글쓴이가 《서평문화》 52호(한국간행물윤리위원회, 2003)에 기고한 것으로, 대중적 경제학 서적 《세계사를 지배한 경제학자 이야기》(야자와 사이언스 오피스 경제반 편, 신현호 역, 국일증권경제연구소, 2003)에 대한 전문가 서평이다. 대상 서적이 해당 분야에서 갖는 의미 등 출판 맥락을 독자에게 소개하고, 형식적 구조와 내용적 균형에 대해 깊이 있게 분석한다. 서평이 갖추어야 할 기본 구조와 담아야 할 핵심 내용이 무엇인지 파악하는 데 이 글이 도움이 될 것이다.

14. 이관수, 〈천문학 혁명을 과학 혁명으로 확산하다〉

때로는 고전을 읽으며 즐거움은커녕 뿌듯함을 얻기도 어려울 때가 있다. 특히 과학 고전들이 그런 경우가 종종 있다. 예컨대, 맥스웰의 《물질과 운동(Matter and Motion)》(1876, 미번역)은 현대의 독자가 상당히 맹숭맹숭한 책으로 읽어 버리기 쉽다. 현대의 교과서를 말로 옮겨 놓은 것 같다는 느낌을 받지만, 겨우 그것뿐이라면 애써 구식 교과서를 읽을 필요가 없지 않는가? 그런 과학 고전들은 그 이전의 서술과 비교하면서, 그리고 현대의 설명과 대조하면서 꼼꼼하게 점검해야 재미가 쏟아진다. 그때야 비로소 느낄 수 있는 흥분과 긴박감, 그리고 때로는 이제는 좌절되었지만 당시에는 장대하였던 꿈을 들여다보는 맛은 참으로 중독성이 있다. 문제는 그렇게까지 읽기에는, 바쁘다고들 이야기하는 현대의 삶에서 짬을 내기가 어렵다는 점이다.

반면에 갈릴레오의 《시데레우스 눈치우스(Sidereus Nuncius)》는 여러모로 전혀 그렇지 않다. 일단 갈릴레오의 글들은 경쾌하다. 선배인 코페르니쿠스가 조심스럽고, 전문성의 숲 속에서 숨바꼭질했다면, 갈릴레오는 마치 처음 잡은 개구리를 엄마에게 보여 주는 아이처럼 자랑이 대단하다. 같은 시기의 케플러가 알프스 이북의 날씨처럼 음울하고 진지하다면, 갈릴레오는 어학교에 간 이탈리아노 청년처럼 짐짓 과장되게 발랄하다.

성향의 차이 이상으로 《시데레우스》가 읽기 쉬운 이유는 그것이 이론적 사유보다는 눈으로 보는 바를 내세우며 전개되었다는 점이다. 분량도 짧다. 1610년 검열을 통과한 원고는 39쪽에 불과하였다. 우리말 번역문으로는 좀 늘어나서 69쪽인데, 중간중간 알아보기 쉬운 그림들이 수십 개 삽입되어 있다. 이 그림들이 핵심이니 그림책이라고 불러도 너무 심한 과장은 아닐 듯하다.

이 '그림책'은 인류 최초로 출판된 망원경 천문관측 팸플릿인데, 여기서 갈릴레오는 달에 산과 계곡이 있다는 것을, 망원경으로 보면 맨눈으로 보이지 않던 무수히 많은 별들이 보인다는 점을, 은하수는 그런 작은 별들이 모임이라는 사실을, 그리고, 가장 널리 알려진바, 목성에 4개의 위성이 달려 있다는 우주적 스캔들을 그가 보고 그린 그림들을 통해 알렸다. 예나 지금이나 많은 사람들이 전문적인 수학 연산을 넌더리 내지만, 눈으로 보는 것은 어려워하지 않는다.

이리하여 천문학 분야에만 국한되어 있던 태양중심설의 파란이 자연철학 전반에 확산되는 신호탄이 쏘아졌다. 지구중심설에서는 위성이란 개념이 아예 성립할 수 없지만, 태양중심설에서는 유독 지구에만 위성인 달이 있다는 점이 난센스로 지적되던 시절이었다. 하지만 주신(主神)의 이름을 딴 목성(Jupiter)이 위성을 거느린다면, 지구가 달을 거느리는 것이 뭐가 문제일까? 천상계에서 고고하게 빛나는 달에도 산과 계곡이 있다면, 지구가 울퉁불퉁하다는 이유로 지구가 천상계에 속할 수 없다는 말을 믿을 수 있을까? 아니 나아가 천상계와 지상계의 구별이 엉터리인 것은 아닐까? 철학자들이 이야기하던 정도보다 훨씬 더 많은 별들이 보인다면, 그들이 우주와 세계에 대해 모르고 있는 것은 얼마나 많겠는가? 이렇게 갈릴레오의 그림들은 아리스토텔레스주의에 대한 믿음을 침식시켰다.

한 걸음 물러나 살펴보면, 갈릴레오는 순진한 보고자가 아니었다. 실은 현대인은 언뜻 떠올리기 힘든 심각한 문제가 있었다. 불완전한 지상계에 존재하는 불완전한 인공물에 불과한 망원경, 그것도 갓 발명되어 믿음직스럽지 못한 구석이 많아 보이는 망원경을 얼마나 믿을 수 있을까? 지상에서야 지상의 물건이니 그럭저럭 쓸 만하게 작동한다고 해도, 망원경이 천상계도 있는 그대로 보여 준다고 믿을 수 있을까? 혹 갈릴레오가 본 것이 모두 인위적인 허상이 아닐까? 천상계와 지상계의 엄격한 구분을 타파하고 싶어 했던 갈릴레오로서는 피해 갈 수 없는 의문이었다.

이 난관을 갈릴레오는 호들갑과 과장 그리고 책략으로 우회하였다. 《시데레우스》 곳곳에 "대단한", "놀라운" 같은 수식어가 수두룩하다. 자신이 새롭고 대단한 도구인 망원경으로 대단한 발견을 하였으니, 묻고 따지기 이전에 같이 대단하게 감탄하자는 투였다. 또 달의 지름의 30배 커 보이니 부피는 27,000배나 커 보인다고 허풍을 쳤다. (한 면만 보면서 동시에 부피를 '보는' 사람은 예나 지금이나 없다.) 크고 작은 책략도 뒤섞여 있는데, 별의 밝기를 1등급에서 12등급까지라고 당연한 듯 말하는 것은 작은 것이었다. 간신히 맨눈으로 보이는 별이 6등급이니 7~12등급은 아직 없는 말이었지만, 마치 잘 확립된 용법인 양, 그래서 망원경으로 별을 보는 일이 당연한 것인 양 기정사실화해 버렸다. (이런 수법은 후일 쇼펜하우어가 말싸움에서 이기는 술수로 적시한 바 있다.) 또 목성의 위성들을 당시 유럽 최고의 명문인 메디치가에 헌정해 버렸다. 메디치가의 영광을 함부로 부인할 수 없으니, '메디치의 별'을 용인하게 되고, 그러면 은근히 태양중심설로 기울게 되리라 기대했다. (갈릴레오는 상당한 재정적 이익도 같이 거두었다.) 엄정하고 논리적인 학자라기보다 자유분방한 개구쟁이 소악당을 방불케도 하지만 그런 소악당을 어찌 미워할 수 있을까?

인류가 망원경으로 처음 하늘을 본 순간을 같이 목격해 보자는 느낌으로 읽어나가면 이런 모습들이 바로바로 눈에 들어오니, 《시데레우스》는 과학 고전 중에서 가장 널리 즐길 수 있는 책이다. (갈릴레오가 첫 천문관찰자는 아니지만 그보다 빨랐던 이들은 출판하지 않았다.)

우리말 번역은 원본이 아니라 르네상스 말기부터 근대 초까지의 천문학에 정통한 반 헬덴의 영역본을 저본으로 사용했다. 덕분에 반 헬덴의 자세한 해설과 평가가 곁들여져 있어 무척 편리하다. 몇몇 기관명은 뜻을 살린 영문 표현을 옮기는 것보다는 라틴어 원문을 음차하는 것이 더 멋들어지지 않았을까 싶기도 하지만, 과유불급일 성싶기도 하다.

이 글은 '과학명저 읽기' 시리즈 가운데 하나로 사이언스타임즈(www.sciencetimes.co.kr)에 2013년 6월에 게재되었다. 1610년 갈릴레오 갈릴레이가 저술한 《시데레우스 눈치우스》(장헌영 옮김, 승산, 2004)에 대한 서평이다. 현재의 관점에서 갈릴레이의 책이 지닌 가치를 형식과 내용의 측면으로 구분하여 경쾌하게 서술하고 있다.

15. 김초엽, 〈장애와 기술, 약속과 현실 사이〉

장애를 극복하는 따뜻한 기술?

난치성 질환이나 장애가 있는 사람들은 '언젠가……'로 시작하는 위로의 말을 자주 듣는다. "언젠가 의학이 발전하면 치료 방법이 나올 거예요." "언젠가 기술이 발전하면 고칠 수 있을 거예요." 나 역시 많이 들었던 말이다. 소설가로서 했던 인터뷰 기사에 이런 댓글이 달린 적도 있다. "불쌍해. 그래도 언젠가 청력을 회복할 기술이 나올 거예요." 아마도 사람들은 비극적인 현실에 처한 장애인들이 '언젠가는……'이라는 희망을 품고 살아가기를 바라는 마음으로 그런 말을 건네는 듯하다. 듣는 입장에서는 조금 당혹스럽기도 하다. 이러다 할머니가 될 때까지 '언젠가는……' 하는 위로를 들으면 어떡하지? 나쁜 의도라고 생각하지는 않는다. '언젠가'를 기원하는 그 모든 말이 불필요하고 무례하다고 말하고 싶지는 않다. 힘든 상황에 처한 사람에게 어떤 말을 해야 할까 고민하다가 건네는 위로일 수도 있다고 생각한다. 그런데 이 흔한 '위로' 속에서 우리 사회가 기술과 장애, 의학과 장애의 관계를 어떻게 바라보는지가 선명하게 드러난다.

발전된 기술로 채운 미래의 상상도에서 우리는 낙관적 세계를 본다. 질병도 장애도 사라진 세계, 노화로 인한 고통이 없는 미래, 어쩌면 죽음마저도 극복한 미래. 그 미래에는 장애인들이 정상성을 획득하고, 질환을 가진 사람들은 치료될 것이라는 약속이 만연해 있다. 걷지 못하는 사람이 휠체어를 박차고 일어나 걷고, 듣지 못하는 사람이 세상의 소리를 다시 듣게 될 것이라는 희망이 낙관의 대미를 장식한다. 그리고 사람들은 그 모든 기술에 '따뜻한'이라는 수식어를 붙이며 찬사를 보낸다.

(중략)

기술은 장애의 종말을 가져올까

과학 뉴스는 하루가 멀다 하고 특정 질환이나 선천성 장애의 원인을 규명했다는 연구 결과를 보도한다. 살펴보면 실제로 문제를 해결하는 단계에 들어선 것이 아니라, 질환에 영향을 미치는 유전자 단서의 일부를 알아냈다거나 세포 수준에서의 치료법을 발견했다는 이야기다. 후속 연구가 잘 진행될 경우 기대를 해볼 수도 있다는 정도다. 그래도 사람들은 그런 뉴스를 접하며 '언젠가는 반드시……'라는 희망을 갖는다. 그런데 과학이 정말로 모든 질환의 원인을 낱낱이 규명하여 치료하는 일이 가능할까. 설령 그런 일이 가능해진다고 해도 정말로 장애가 세상에서 '제거'될까.

질병과 장애를 치료하려는 시도 자체가 잘못되었다고 말할 수는 없다. 누군가는 장애를 가진 자신을 있는 그대로 인정하면서도 동시에 장애를 치료하기를 원할 수도 있다.[1] 문제는 장애를 가진 사람들이 더 나은 삶을 살아가기 위해서는 '손상'을 제거해야 한다는 생각이 사회의 지배적인 관점이라는 것이다. 치료만이 유일한 해결책이라는 관점은 현실에서 장애인들이 지금보다 더 잘 살아갈 수 있는 다양한 가능성을 지워버린다.

자폐는 장애와 과학의 관계에 대해 생각해 볼 수 있는 적절한 사례다. 질환 유전체 연구 대상 중에서 가장 주목받아 온 질환의 하나이며, 현재도 자폐의 원인 유전체에 대한 연구가 대규모 데이터에 기반해 활발하게 진행되고 있다. 다소 과장을 섞으면, 자폐의 원인을 규명했다거나 치료의 실마리를 발견했다는 기사가 거의 매일 보도될 정도다. 그런데 이처럼 '주목받는' 것이 당사자들에게는 도움이 되었던 것은 아니다. 스티브 실버만(Steve Silberman)은 《뉴로트라이브》에서 자폐의 역사를 서술하면서 과학과 의학이 자폐의 원인을 알아내고 자폐인을 교정하려 했던, 그러나 거의 항상 실패했던 사례들에 주목한다. 미국에서는 '오티즘 스피크스(Autism Speaks)' 같은 기관들이 많은 돈을 모금하지만 이 돈은 자폐인과 그 가족의 일상을 지원하는 대신, 자폐의 원인과 위험 인자들을 밝히는 연구로만 흘러 들어간다. 자폐인과 그 가족들은 자폐를 교정하려고만 했던 의료적·문화적 접근이 얼마나 많은 자폐인들을 고통으로 내몰았으며, 때로는 죽음에 이르게 했는지를 증언한다. 자폐인들은 이러한 의료화에 대응하여 자폐를 신경전형적(neurotypical)이지 않은 뇌를 가진 사람으로 보는 신경다양성

1 장애와 질병은 연관되어 있지만 다른 개념이다. 질병이 장애를 초래하기도 하고, 장애가 질병에 영향을 미치기도 한다. 그러나 장애는 신체·정신의 손상과 환경의 상호 작용으로 인한 제한을 말하는 것이지 그 자체로 질병은 아니다.

운동을 벌이고 있다. 실버만은 신경다양성운동에 대해 이렇게 쓴다.

> 신경다양성 옹호자들은 이 선물을 자연의 실수로 볼 것을 제안한다. 해결해야 할 수수께끼이자 산전검사와 선택적 유산 같은 기술로 제거해야 할 질병으로 볼 것이 아니라, 이런 특성을 인류의 소중한 유전적 유산으로 받아들이고 적절한 지원을 제공하여 심각한 장애로 이어지는 측면들을 개선하자는 것이다. 언젠가 자폐증의 원인을 밝혀내겠다는 목표 아래 엄청난 돈을 쏟아부을 것이 아니라, 자폐인과 가족들이 지금 당장 좀 더 행복하고 건강하고 생산적이며 안정적인 삶을 누릴 수 있도록 도와야 한다는 뜻이다. 우리가 각 인종별 유전적 특성이 완전히 밝혀질 때까지 인권 문제를 해결하지 않고 미뤄둔다거나, 언젠가 과학의 도움으로 걷게 될 때까지 휠체어 사용자들을 공공건물에 들어오지 못하게 한다면 어떨까?[2]

의사들이나 자폐인의 부모, 자폐인 당사자들 중에도 신경다양성 개념을 받아들이지 않거나, 그 한계를 지적하는 사람들이 있다. 이를테면 신경다양성 개념이 보다 중증의 장애를 가진 사람들을 대표하지 않는다거나, 신경다양성의 가치를 받아들이더라도 여전히 치료를 필요로 하거나 원하는 사람들이 있기 때문에 의료적 모델이 자리 잡을 공간이 있어야 한다는 주장이다.[3] 자폐는 스펙트럼이고 개인에 따라 그 기능과 상태가 매우 다양하기 때문에 치료 방법의 발전이 당사자들의 선택지를 늘리는 방향이라면 그것을 나쁘다고 말할 수는 없다. 그러나 현실의 무게추가 어디로 기울어 있는지 생각해 볼 필요가 있다. 장애를 가진 채로도 잘 살아갈 수 있는 환경을 만들자는 주장과 기약은 없지만 언젠가 나올 치료법에 희망을 걸자는 주장 중에서 지나치게 후자에만 무게가 실려 있는 것은 아닐까? 우리 사회에는 장애인을 기술과 의학으로 교정하려는 정상성 규범이 굳건하게 자리 잡고 있어 장애인의 현실을 개선하자는 목소리가 발붙일 곳이 없다.

---

2 스티브 실버만, 강병철 옮김, 《뉴로트라이브》, 서울: 알마, 2018, 606-607면.

3 Ginny Russell, Critiques of the Neurodiversity Movement, *Autistic Community and the Neurodiversity Movement*, November 8, 2019, pp.187-303.

'치료를 선택하지 않을 자유'를 말하는 것이 너무 이상적으로 보일지도 모르겠다. 치료할 방법이 있으면 당연히 치료해야 하는 것 아닌가? 교정할 기술이 있다면 당연히 그 기술을 선택해야 하지 않는가? 그러나 현실이 단순하지 않다는 것을 우리는 이미 알고 있다. 모든 수술에는 부작용과 위험성이 있고, 신체를 교정하는 일이나 기계 장치와 연결되는 일 역시 마찬가지다. 라식과 라섹, 시력 교정술, 임플란트 치아 시술 같은 흔한 수술조차도 때로는 심각한 부작용이 보고된다. 여전히 많은 사람들이 눈 수술 대신 안경을, 임플란트 치아 대신 보철을 선택한다. 치료는 선택지가 될 수는 있어도 절대적이고 유일한 해결책이 될 수는 없다. 완벽한 기술이 없는 현실에서 '완벽한 치료법이 나오면 어떻게 할 것인가?'라고 묻는 것은 무의미하다. 설령 먼 미래에 좋은 신경보철 다리가 개발되더라도 경사로를 선택하는 이들이 남아 있을 것이다. 인공 와우가 개발된 지 수십 년이고 이식 수술도 늘어났지만, 여전히 인공 와우 대신 '농인 정체성'을 택하는 사람들이 있는 것처럼.

기술철학자이자 장애학자인 애슐리 슈(Ashley Shew)는 기술의 발전이 장애인의 문제를 해결하는 유일한 방법이라는 관점을 테크노에이블리즘(Technoableism)[4]이라고 칭하며 비판한다. 테크노에이블리즘은 기술 낙관론에 기반한 비장애중심주의다. 이러한 관점은 장애를 손상된 몸을 가진 개인의 문제로 환원하고, 그 개인에게 기술적 지원이나 교정을 통해 장애를 제거할 것을 혹은 정상적인 기능을 회복할 것을 요구한다.[5] 테크노에이블리즘의 관점에서 청각장애인에게 가장 필요한 것은 보청기나 인공 와우 혹은 청력 자체를 회복할 수 있는 의료적 시술이지, 수어 통역이나 문자 통역이 아니다. 수어로 의사

---

4 에이블리즘(ableism)은 비장애중심주의, 장애차별주의, 능력차별주의 등으로 번역된다.

5 [Blog Post] Ashley Shew, Technoableism: Cyborg bodies and Mars, *Technology and Disability*, November 2017,
https://techanddisability.com/2017/11/11/technoableism-cyborg-bodies-and-mars;
[Blog Post] Ashley Shew, Stop Depicting Technology as Redeeming Disabled People, *Nursing Clio*, April 2019,
https://techanddisability.com/2019/05/01/stop-depicting-technology-as-redeeming-disabled-people;
Ashley Shew, Ableism, Technoableism, and Future AI, *IEEE Technology and Society Magazine*, Vol. 39, No. 1, March 2020.

소통하거나 음성 대신 문자 정보를 제공받는 것보다는 '소리를 듣는 것'이 정상성 규범에 더 부합하기 때문이다.

왜 휠체어를 위해 경사로를 설치하는 것보다 로봇 외골격이 더 주목과 찬사를 받을까? 이동 보조기기를 이용하는 것보다는 '걷는' 것이 더 정상성에 가깝게 여겨지기 때문이다. 하지만 누군가에게는 소리를 더 잘 듣게 하는 기술보다 수어나 문자 정보를 제공하는 것이, 로봇 외골격보다 휠체어가 더 적합할 수 있다. 장애인들의 몸은 설령 같은 유형의 장애라 해도 규격화할 수 없을 만큼 다양하며, 사람마다 서로 다른 상황에 처한다. 테크노에이블리즘은 장애인들이 실제 삶에서 각각의 기술을 어떻게 느끼고, 그것과 상호작용하는지를 구체적으로 고려하지 않는다.

테크노에이블리즘은 장애와 기술에 대한 사회의 협소한 관점을 드러낸다. 온정과 시혜로 뒤덮인 시선들은 장애인 사이보그의 현실에는 눈을 감고, 미래적인 이미지만을 기술 낙관주의의 홍보 대사로 내세운다. 지금 이곳의 장애인들이 경험하는 고통과 장벽을 해결하는 일을 '언젠가' 기술이 발전할 미래로 자꾸만 유예한다. 경사로와 엘리베이터, 수어 통역을 실현하는 데 최첨단의 놀라운 기술이 있어야만 하는 것은 아닌데도 말이다. 애슐리 슈는 기술을 통한 궁극적인 '장애의 종말'을 이야기하는 것은 마치 인류의 역사에서 '전쟁의 종말'을 말하는 것처럼 허황된 아이디어라고 말했다. 구체화되지 않은 낙관론은 현실의 고통을 축소해버린다.

우리가 과학기술에 거는 기대는 너무나 쉽게 현실과 어긋나고 또 미끄러진다. 어떤 기술도 완전무결한 해답이 될 수는 없다. 기술 낙관론자들이 약속하는 기술 유토피아는 결코 그런 방식으로 이곳에 도래하지 않을 것이다. 그렇기에 우리는 불완전한 기술과 불완전한 인간의 몸으로 지금 이 세계를 바꾸어 나가야 한다. 언젠가 나타날 기적의 과학기술에 미리 찬사를 보내는 대신, 이미 현실에서 기술과 밀접한 관계를 맺고 살아가는 사이보그들의 구체적인 경험에 주목해야 한다.

이 글은 김초엽과 김원영이 공동 집필한 책 《사이보그가 되다》(사계절, 2021) 중 제3장 〈장애와 기술, 약속과 현실 사이〉의 일부(65-66면, 81-88면)로 김초엽이 집필한 부분이다. 저자는 미래에 개발될 최첨단 기술이 장애와 질병을 치료하고, 인간의 고통을 사라지게 할 것이라는 낙관론적 주장을 비판적인 시각에서 검토한다. 필자는 이러한 낙관론이 장애가 반드시 극복하거나 제거해야 할 대상이라는 왜곡된 시각을 강화할 뿐만 아니라, 기술이 가능하게 해 줄 것이라는 기대와 실질적으로 장애인들이 누릴 수 있는 현실 사이의 간극을 간과하게 한다는 점에서 문제가 있다고 주장한다. 이 글은 비단 기술이 장애와 맺는 관계를 넘어서서 미래 인간의 신체와 기술이 어떻게 만나야 하는지, 우리 세계가 어떻게 재설계되어야 하는지에 대해 질문을 갖도록 한다.

16. 허준이, 〈무례, 혐오, 허무의 달콤함에 길들지 말길〉

안녕하세요, 07년도 여름에 졸업한 수학자 허준이입니다. 우리가 80년을 건강하게 산다고 가정하면 약 3만 일을 사는 셈인데, 우리 직관이 다루기엔 제법 큰 수입니다. 저는 대략 그 절반을 지나 보냈고, 여러분 대부분은 약 3분의 1을 지나 보냈습니다. 혹시 그중 며칠을 기억하고 있는지 세어 본 적 있으신가요? 쉼 없이 들이쉬고 내쉬는 우리가 오랫동안 잡고 있을 날들은 3만 일의 아주 일부입니다. 먼 옛날의 나와, 지금 여기의 나와, 먼 훗날의 나라는 세 명의 완벽히 낯선 사람들을 이런 날들이 엉성하게 이어 주고 있습니다. 마무리짓고 새롭게 시작하는 오늘 졸업식이 그런 날 중 하나일 수 있겠다는 생각이 듭니다. 그런 하루를 여러분과 공유할 수 있어서 무척 기쁩니다.

학위수여식에 참석할 때 감수해야 할 위험 중 하나가 졸업 축사가 아닌가 합니다. 우연과 의지와 기질이 기막히게 정렬돼서 크게 성공한 사람의 교묘한 자기 자랑을 듣고 말 확률이 있기 때문입니다. 저는 겁이 나서, 아니면 충실하게 지내지 못한 대학 생활이 부끄러워 15년 전 이 자리에 오지 못했습니다만, 여러분은 축하받을 만한 일을 축하받기 위해 이를 무릅쓰고 이곳에 왔습니다.

졸업식 축사에서는 어떤 이야기를 하면 좋을까요? 십몇 년 후의 내가 되어 자신에게 해줄 축사를 미리 떠올려 보는 것도, 그 사람에게 듣고 싶은 축사를 지금 떠올려 보는 것도 가치 있지 않을까 싶습니다. 생각해 보세요. 당연하게 떠오르는 말은 없습니다. 지난 몇천 일, 혹은 다가올 몇천 일간의 온갖 기대와 실망, 친절과 부조리, 행운과 불행, 그새 무섭도록 반복적인 일상의 세부 사항은 말하기에도, 듣기에도 힘들거니와 격려와 축하라는 본래의 목적에도 어울리지 않을 것입니다. 구체화한 마음은 부적절하거나 초라합니다.

제 대학 생활은 잘 포장해서 이야기해도 길 잃음의 연속이었습니다. 똑똑하면서 건강하고 성실하기까지 한 주위 수많은 친구를 보면서 나 같은 사람은 뭘 하며 살아야 하나 고민했습니다. 잘 쉬고 돌아오라던 어느 은사님의 말씀이, 듬성듬성해진 성적표 위에서 아직도 저를 쳐다보고 있는 듯합니다. 지금 듣고 계신 분들도 정도의 차이와 방향의 다름이 있을지언정 지난 몇 년간 본질적으로 비슷한 과정을 거쳤으리라 생각합니다. 그리고 이제 더 큰 도전, 불확실하고, 불투명하고, 끝은 있지만 잘 보이진 않는 매일의 반복을 눈앞에 두고 있습니다. 생각보다 힘들 수도, 생각만큼 힘들 수도 있습니다.

이제 본격적으로 어른입니다. 실패를 두려워하지 말고 도전하라. 편안하고 안전한 길을 거부하라. 타협하지 말고 자신의 진짜 꿈을 좇아라. 모두 좋은 조언이고 사회의 입장에서는 특히나 유용한 말입니다만, 개인의 입장은 다를 수 있음을 여러분은 이미 고민해 봤습니다. 제로섬 상대평가의 몇 가지 통명스러운 기준을 따른다면, 일부만이 예외적으로 성공할 것입니다. 여러 변덕스러운 우연이, 지쳐버린 타인이, 그리고 누구보다 자신이 자신에게 모질게 굴 수 있으니 마음 단단히 먹기 바랍니다. 나는 커서 어떻게 살까, 오래된 질문을 오늘부터의 매일이 대답해 줍니다. 취업 준비, 결혼 준비, 육아, 교육, 승진, 은퇴, 노후 준비를 거쳐 어디 병원 그럴듯한 일인실에서 사망하기 위한 준비에 산만해지지 않기를 바랍니다. 무례와 혐오와 경쟁과 분열과 비교와 나태와 허무의 달콤함에 길들지 말길, 의미와 무의미의 온갖 폭력을 이겨내고 하루하루를 온전히 경험하길, 그 끝에서 오래 기다리고 있는 낯선 나를 아무 아쉬움 없이 맞이하길 바랍니다.

오래전의 제가 졸업식에 왔다면 무슨 이야기를 해 줘야 할까 고민했습니다만 생각을 매듭짓지 못했습니다. 그가 경험하게 될 날들이 안쓰럽기도 하고 가슴 먹먹하게 부럽기도 합니다. 여러분은 자신에게 선물할 어떤 축사를 떠올리셨을지 궁금합니다.

수학은 무모순이 용납하는 어떤 정의도 허락합니다. 수학자들 주요 업무가 그중 무엇을 쓸지 선택하는 것인데, 언어를 어떻게 사용할 것인가에 대한 가능한 여러 가지 약속 중 무엇이 가장 아름다운 구조를 끌어내는지가 그 가치의 잣대가 됩니다. 오늘같이 특별한 날 특별한 곳에서 특별한 사람들과 함께하니 들뜬 마음에 모든 시도가 소중해 보입니다. 타인을 내가 아직 기억하지 못하는 먼 미래의 자신으로, 자신을 잠시지만 지금 여기서 온전히 함께하고 있는 타인으로 받아들일 수 있을까 궁금해집니다. 졸업생 여러분, 오래 준비한 완성을 축하하고, 오늘의 새로운 시작을 축하합니다. 서로에게, 그리고 자신에게 친절하시길, 그리고 친절을 먼 미래의 우리에게 잘 전달해 주길 바랍니다. 응원합니다. 축하합니다. 감사합니다.

이 글은 허준이 교수의 제76회 후기 학위수여식(2022년 8월 29일) 축사를 글로 옮긴 것이다. 그는 박사과정 재학 시절부터 40세가 되기도 전에 리드 추측, 로타 추측 등 11개의 난제를 증명한 공로를 인정받아, 2022년 수학계의 노벨상으로 불리는 필즈상(Fields Medal)을 수상했다. 필즈상을 수상한 직후, 졸업식 축사 연사로 초청되어 대학을 졸업하고 새로운 출발 지점에 서 있는 후배들에게 세상의 폭력에 길들지 말고, 나와 타인을 온전하게 받아들이며 살아가라는, 따뜻하면서도 단호한 당부의 메시지를 전달하고 있다. 이는 졸업생뿐만 아니라 앞으로 대학에서 새로운 세계를 마주할 신입생들에게도 위로와 격려가 될 것이다.

주

1 김우창, 〈나와 우리〉, 《궁핍한 시대의 시인》(김우창 전집 1), 서울: 민음사, 2017/1977, 518-519면.

2 김성우, 《인공지능은 나의 읽기-쓰기를 어떻게 바꿀까—지금 준비해야 할 문해력의 미래》, 파주: 도서출판 유유, 2024, 26면.

3 Joseph Bizup, BEAM: A Rhetorical Vocabulary for Teaching Research-Based Writing, *Rhetoric Review* 27. 2008, pp.72-86.

4 Christine L. Alfano and Alyssa J. O'Brien, *Envision in Depth—Reading, Writing, and Researching Argument*, 4th ed. London: Pearson, 2016/2013/2010/2008, pp.188-190.

5 엘렌 식수, 신해경 옮김, 《글쓰기 사다리의 세 칸》, 서울: 밤의책, 2022. [Hélène Cixous, *Three Steps on the Ladder of Writing*, 1994]

6 Goffman의 해당 논문은 1955년 *Psychiatry*라는 저널에 게재되었고, 1967년 Pantheon Books에서 책으로 출간되었다. 교재 65면에서 편찬서로 다루는 형식을, 교재 67면에서 저널에 실린 자료로 다루는 형식을 보인다. 교재 69면 주석 7번은 책으로 인용하는 방식을 보인다.

7 베르너 하이젠베르크, 김용준 역, 《부분과 전체》, 서울: 지식산업사, 2005, 201-203면. [Werner K. Heisenberg, *Der Teil und das Ganze*, 1969]

8 조대호, 〈분류의 다양한 형태〉, 김상환·박영선 편, 《사물의 분류와 지식의 탄생: 동서 사유의 교차와 수렴》, 서울: 이학사, 2014, 290면.

9 프란시스 베이컨, 이종흡 옮김, 《학문의 진보》, 서울: 아카넷, 2002, 522면. [Francis Bacon, *The Advancement of Learning*, 1605]

10 권희철, 〈틈새 찾기〉, 김지연, 《조금 망한 사랑》, 파주: 문학동네, 2024, 306-307면.

11 한정원, 〈여기, 분류되지 않는 존재가 뛴다〉, 《서울대저널》 190, 2025. 4.

12 에리히 프롬, 정성환 옮김, 《소유냐 삶이냐》, 서울: 홍신문화사, 2000. [Erich Fromm, *To Have or to Be?*, 1976]

13 Samuel H. Scudder, In the Laboratory With Agassiz, *Every Saturday* 16, 1874. 4. 4., pp. 369-370.

14 최정원, 〈같은 대상 속에서 다른 것을 본다〉(학생 글).

15 최정원, 같은 글.

16 최정원, 같은 글.

17 플라톤, 강성훈 옮김, 《에우튀프론》, 파주: 아카넷, 2021. [Platon, *Euthyphro*, B.C. 399]

18 찰스 다윈, 김관선 옮김, 《종의 기원》, 파주: 한길사, 2014, 99-100면. [Charles Darwin, *The Origin of Species*, 1859]

19 서경식, 김혜신·최재혁 옮김, 《디아스포라 기행: 추방당한 자의 시선》, 파주: 돌베개, 2023/2006, 25-27면. [徐京植, 《ディアスポラ紀行: 追放された者のまなざし》, 2005]

20 김초엽·김원영, 《사이보그가 되다》, 파주: 사계절, 2021, 54면.

21 정과리, 《문신공방·둘》, 서울: 역락, 2018, 128-129면.

22 이승호·이현영, 《기후학의 기초》, 서울: 두솔, 2002, 3-6면.

23 막스 베버, 전성우 옮김, 《직업으로서의 학문》, 파주: 나남, 2017, 41면. [Max Weber, *Wissenschaft als Beruf*, 1919]

24 스티븐 툴민, 고현범·임건태 옮김, 《논변의 사용》, 서울: 고려대학교출판부, 2006, 171, 179-183면. [Stephen Toulmin, *The Uses of Argument*, 1958]

25 허현희·김진성·자선화·정혜주, 〈도시 빈곤 지역 주민의 주변화와 건강 불평등의 관계에 대한 질적 연구〉, 《보건과 사회과학》, 제4집, 2016, 21, 23-24면.